儒家思想政治教育理论研究

THEORETICAL STUDY OF CONFUCIANISM IN IDEOLOGICAL AND POLITICAL EDUCATION

卢有志　祖国华◎著

中国社会科学出版社

图书在版编目（CIP）数据

儒家思想政治教育理论研究／卢有志，祖国华著．—北京：中国社会科学出版社，2021.9

ISBN 978－7－5203－8693－7

Ⅰ.①儒…　Ⅱ.①卢…　②祖…　Ⅲ.①儒家—思想政治教育—研究　Ⅳ.①B222.05

中国版本图书馆 CIP 数据核字(2021)第 139851 号

出 版 人　赵剑英
责任编辑　杨晓芳
责任校对　王　振
责任印制　王　超

出　　版　中国社会科学出版社
社　　址　北京鼓楼西大街甲 158 号
邮　　编　100720
网　　址　http://www.csspw.cn
发 行 部　010－84083685
门 市 部　010－84029450
经　　销　新华书店及其他书店

印刷装订　三河弘翰印务有限公司
版　　次　2021 年 9 月第 1 版
印　　次　2021 年 9 月第 1 次印刷

开　　本　710×1000　1/16
印　　张　15
插　　页　2
字　　数　239 千字
定　　价　79.00 元

目　录

第一章

引　言

第一节　研究的背景与价值

对于儒家思想政治教育理论的研究，无疑是有价值的。而对于其价值的考察首先需要我们回到其研究背景之中，阐明究竟在何种背景下我们来开展儒家思想政治教育理论的研究及其意义价值所在。

一　问题的缘起

（一）现实需要

当今时代，思想政治教育与社会发展之间的关系日益密切。一方面，社会发展需要与时代发展相适应的思想政治教育作为思想和价值引导，使其成为自身前行的动力和精神支撑；另一方面，思想政治教育需要根据时代特征和时代要求不断审视和反思自身，使自身不断适应时代新的精神需要，更好地发挥其应有功能，并在此过程中不断扬弃自身。因此，思想政治教育与社会发展相辅相成、互为前提，二者的协同发展对于推动一个国家的思想文化进步至关重要。正因如此，发挥思想政治教育的实效性，深入开展思想政治教育理论研究尤为关键。

而儒家思想政治教育理论的研究更有其迫切的现实需要。这是因为，首先，随着全球化趋势的增强以及我国经济、政治、社会和文化等的迅速发展，国内的教育环境发生深刻变化。作为“以政治思想教育为核心与重点的思想、道德和心理综合教育实践”① 的思想政治教育，必然要相

---

① 陈秉公：《思想政治教育学原理》，辽宁人民出版社 2001 年版，第 3 页。

应地发生改变以适应新形势的需要。也就是说，思想政治教育在它所处的每一个时代都要发挥其关键的实效性，在当今纷繁复杂的时代更应如此，更应起到其重要的价值引导以及思想、道德和心理教育的作用。其次，全球化以及经济社会的快速发展必然对学生的思想和心理状况产生影响，学生的理想信念以及价值观等受到多方面的冲击，尤其受到西方价值观的冲击，再加上学生自身正确的价值观并未完全稳定地树立起来，因此，思想上会产生很多困惑，价值出现混乱，容易导致不良的思想状况，如拜金、唯权钱至上、道德意识下降等。再次，西方长期以来一直对我国进行居心叵测的意识形态渗透，而高校是意识形态安全重镇，因此需要高度关注和警惕高校学生的思想行为变化。最后，社会的快速发展也致使学生在学习、就业、情感等方面产生较大压力，使学生心理上存在一定问题。如紧张焦虑情绪、疲惫感增强等。所有的这些现实因素都迫切需要思想政治教育发挥其重要的教育作用，继续在新时期发挥思想引领作用。

然而我国进入市场经济时代以来，思想政治教育研究在较多方面显得滞后，对于新时期出现的新情况，思想政治教育理论显得有些不够适应，其实效性相对较低。因此迫切需要进一步丰富和完善思想政治教育理论。那么，追溯历史，从以儒家为代表的中华优秀传统文化中汲取营养是一个很好的选择，这是因为“中华文化源远流长，积淀着中华民族最深层的精神追求，代表着中华民族独特的精神标识，为中华民族生生不息、发展壮大提供了丰厚滋养”①。中华传统文化是中华民族的文化基因、文化血脉，是中华民族不断发展壮大、不断与时俱进的精神基础。她既蕴含着丰厚的养料，又承载着中华民族的思想积淀，因此，从中华传统文化中汲取营养来丰富思想政治教育理论，是符合我们的历史与现实、符合我们的精神旨归的最佳选择。而儒家思想作为中华传统文化的代表，其内蕴的思想政治教育理论更需要我们深入挖掘并在新时期进行创造性的转化。

（二）学科建设需要

研究儒家思想政治教育理论，除了现实需要之外，也有学科建设的

① 习近平：《习近平谈治国理政》第一卷，外文出版社2014年版，第164页。

需要。一方面，从思想政治教育学科及其所属的马克思主义理论一级学科建设角度来看，需要儒家思想政治教育理论。根据中央 2005 年 12 月下达的《关于调整增设马克思主义理论一级学科及所属二级学科的通知》，2006 年马克思主义理论被正式确立为一级学科，而思想政治教育与马克思主义基本原理、马克思主义发展史、马克思主义中国化研究、国外马克思主义研究一道，被划为马克思主义理论下设的二级学科。这样，思想政治教育学科作为一个既古老（内容）又崭新（形式）的学科呈现在我们面前。因此，如何发展思想政治教育学科，使这一学科与其他四个二级学科一起共同推进马克思主义理论一级学科的发展，成为学科建设的一个重要内容。儒家思想政治教育理论无疑会为思想政治教育学科的发展提供有益的思想资源，推动其进一步发展。

另一方面，从思想政治教育学科自身的内在发展角度来看，也需要儒家思想政治教育理论。与其他四个二级学科一样，思想政治教育学科自身既有理论优势，也存在着一定的局限，具体表现为“学科研究的对象范围尚存在历史性局限，从而学科边界不够明晰；学科研究对象的历史局限，造成了理论层次不够明晰；学科内容规范不够明晰；运动形式不够明晰”[①] 等。面对这些理论局限，我们首先要厘清一些思想前提，第一，我们既要立足于中国当下，又不拘泥于社会现实；既要认识到思想政治教育理论是为当下服务，又要认识到它作为一种理论具有超越性，是社会的普遍现象，古今中外都有思想政治教育。第二，研究思想政治教育要遵循历史唯物主义的原则和方法，做到论从史出，史论结合，因此，对于思想政治教育历史的研究尤为关键。第三，思想政治教育的运动形式，不能仅仅局限于学院化的说教这样一些外在的形式，还要使教育形式与学生的文化基因、心理结构相契合，这样，思想政治教育理论才会更有说服力。因此，这样一些思想前提就自然地引领我们把研究视角转向历史，转向我们传统的思想政治教育史，转向这一历史进程中最具有代表性的儒家思想政治教育理论。因为，儒家思想政治教育理论既具有强大的历史感，在思想政治教育史中占据着尤为重要的地位，又符

① 张澍军：《试论思想政治教育学科前沿的若干重大问题》，《马克思主义研究》2011 年第 1 期。

合中国人的心理特质，历代中国人不可避免地受到它的熏陶和教诲，因此也容易为当今时代的学生所接受，也正因如此，思想政治教育的效果也会更为明显。

二 研究的理论价值

（一）有助于明晰思想政治教育的理论层次

对儒家思想政治教育理论进行研究，有助于明晰思想政治教育的理论层次。这是因为，长期以来，一些人普遍对思想政治教育这门学科持一种偏见，存在着误解，认为思想政治教育这一学科门槛低，只要有一定的文化基础，任何人都可以指手画脚，其他任何学科也都能染指其中。更有甚者，认为思想政治教育学科较其他学科而言没有学问，也没有什么专门的研究领域。之所以会产生这样的误解和偏见，一方面由于人们对思想政治教育学科了解得不多，没有进行深入研究，另一方面也与这一学科自身的特点以及学者研究它的侧重点相关。

思想政治教育学科既是一种理论，又与实践紧密相关。或许是由于它与实践之间的关系表现得过于密切，使得表面看来，其理论性淹没于实践性之中，似乎这一学科只有实践而没有理论。而且从学科角度看，这门学科的原理体系建构还不是很完善，还需要一个长期建设过程。但是，深入学科内部我们就会发现，思想政治教育这门学科有着较强的理论性。现行理论蓝本包含着三个理论层次，即自身的元理论或者说基本原理、中国现代思想政治教育原理以及中国现代思想政治教育的实践应用理论。[①] 我们可以从这门学科研究对象的理论层次中看出，虽然这三个层次之间有一定的交叉重合，三者并未完全剥离，但是它既具有很强的理论性，又具有很强的实践性，是理论指导实践、实践与理论密切结合得比较突出的代表。

儒家思想政治教育理论较多属于元理论层次，对于它的研究，一方面可以进一步明晰其理论层次，使元理论的研究边界更为清晰，避免与实践应用性理论混为一谈，有利于理论更好地指导实践；另一方面，可

① 张澍军：《试论思想政治教育学科前沿的若干重大问题》，《马克思主义研究》2011 年第 1 期。

以更加凸显思想政治教育学科的理论性，使人们认识到思想政治教育理论有其理论传承，有其历史性，有深厚的思想根基以及强大的生命力。

（二）有助于厘清儒家思想政治教育的历史脉络

对儒家思想政治教育理论进行研究，有助于厘清儒家思想政治教育的历史脉络。首先，对于思想政治教育历史的学习和把握是我们展开思想政治教育理论研究的一个基本前提。对于人文社会科学的研究者来说，梳理和把握某一学科的发展历史是继续开展研究的重要基础，无论是对于思想政治教育学科还是其他学科来说皆是如此。了解其中某个重要学派的思想政治教育发展历程，对于专门从事这部分研究的学者来说也尤为关键。儒家作为中国封建社会占统治地位的重要学派，其思想政治教育理论必定在很大程度上以理论思维的形式展现着当时的历史风貌和政治风尚，因此，对儒家思想政治教育理论的梳理和把握，不仅对于史学研究有重要意义，而且对于思想政治教育的传承与发展来说也有重要的思想价值。其次，对于儒家思想政治教育历史的学习和把握从根本上来说是为了更好地与时代相结合，更好地为现实和未来服务。按照德国哲学家黑格尔的观点，历史是不断生成的，其中蕴含着当下和未来，正因如此，历史的规律中就蕴含了当下与未来的发展规律，对历史规律的把握有助于对当下和未来发展的把握。马克思主义认为，人类的历史发展过程存在着一定规律，英国历史学家卡尔也提出，"虽然历史从不重复自身，但历史呈现着某些规律性，容许某种概括，这可以当作是未来行动的指南"①。这些思想具有相似性，那就是都认为，历史的发展进程看似纷繁芜杂，历史与现实、未来看似不具有相通性，并不相关，但是历史偶然性表象中却蕴含着一定的必然性和发展规律，这些规律可以为人们所揭示和把握，并成为指导当下和未来的重要思想依据。因此，研究儒家思想政治教育历史，以史为鉴，有着重要理论和现实意义。最后，对于儒家思想政治教育历史脉络的梳理与把握，可以进一步厘清儒家思想的历史、分析当前研究现状，这对于未来儒学的研究来说也具有一定的学术价值。

（三）有助于挖掘儒家思想政治教育的理论特质

对儒家思想政治教育理论进行研究，有助于挖掘儒家思想政治教育

---

① E. H. 卡尔：《历史是什么?》，陈恒译，商务印书馆 2007 年版，第 11 页。

的理论特质。首先，研究儒家思想政治教育的理论内容，可为当前提供重要的理论参考。儒家思想政治教育可以说是儒家思想的实证化，是儒家思想在实际政治生活中的具体实践。儒家思想在封建社会占据着主导地位，并长期使中国社会处于和谐安宁的状态，这与其中的思想政治教育密切相关。因此，深入研究儒家思想政治教育理论的思想内涵，挖掘其精神内核，探索其理论魅力，对于取其精华、去其糟粕，使之在现实政治生活中仍然保持生命力并发挥重要作用，具有重要的理论参考意义。其次，在厘清儒家思想政治教育历史脉络的基础上深入挖掘儒家思想政治教育的理论特质，有助于儒家思想政治教育体系的建立，更进一步说，有助于当前思想政治教育体系的创新。理论特质是一种理论的独特品格，是理论传承和发展的关键要素，一种理论一般会展现为丰富多彩的样态，但大多以其独特的理论特质为核心，其研究对象、研究主体、研究方式、研究角度等大多围绕理论特质展开。当然，一种理论的特质也是多方面的，但是这并不影响其在理论发展过程中所扮演的关键角色。正因如此，理论特质在理论体系的建立过程中也将处于核心地位，发挥着关键作用。因此，深入挖掘儒家思想政治教育的理论特质，有助于儒家思想政治教育体系的建立。同时，无论是思想政治教育的学科体系还是理论体系，其创新和发展都需要一个长期过程，需要汲取很多有益成分，儒家思想政治教育理论作为历史上比较成功的案例，值得我们借鉴。最后，从一个比较独特的视角即思想政治教育角度切入儒家文化，从而对儒家文化进行再思考，也具有一定的学术价值。儒家文化在整个中华民族的发展历程中发挥着重要作用，这是不言而喻的，对于儒家文化的研究也一直是学界比较关注的焦点，学者们总会从儒家学说丰厚的文化底蕴和思想内涵中挖掘出思想瑰宝。目前学界对儒家文化的整理和研究涉及很多角度，但是从思想政治教育角度切入儒家文化的相关研究还比较少见。因此，从这一角度出发研究儒家文化，并形成一定的理论成果，可以在一定程度上丰富儒家文化的研究成果。

三　研究的实践价值

（一）有助于培育社会主义核心价值观

对儒家思想政治教育理论进行研究，有助于培育社会主义核心价值观。首先，以儒家为代表的中华优秀传统文化是社会主义核心价值观的思想资源和理论支撑。习近平总书记指出，“要深入挖掘和阐发中华优秀传统文化讲仁爱、重民本、守诚信、崇正义、尚和合、求大同的时代价值，使中华优秀传统文化成为涵养社会主义核心价值观的重要源泉”①。社会主义核心价值观的 24 个字 12 个词，蕴含着中华传统文化的思想精髓，而且尤为突出的是，这些字词几乎都能在儒家思想中找到理论依据。因此，儒家文化特别是儒家思想政治教育理论为社会主义核心价值观奠定了坚实的思想文化根基，使社会主义核心价值观在实际的培育过程中更有感召力和说服力。其次，儒家文化的成功培育经验值得社会主义核心价值观借鉴。儒家文化在封建社会占据主导地位，其仁义礼智信等重要思想内容在历史发展过程中也处于核心地位，是当时人们在实践活动中所遵循的重要行为准则和价值尺度。在某种意义上可以说，这些思想理念是当时社会的价值观，人们受到它的感召和引领，逐渐从外在的约束转化为自觉自律，形成一定的社会风尚，最终实现人际和谐、安居乐业、国泰民安。因此，儒家文化在历史上对于社会统一价值观的形成产生了重要影响，并推动了社会的和平与稳定发展。所以，儒家文化的培育经验给我们带来重要启示：社会主义核心价值观的培育要以儒家文化的培育和传播为榜样，这就必须对儒家文化特别是对儒家思想政治教育思想进行深入学习和研究，并进行创造性的转化。再次，弘扬以儒家为代表的中华传统文化是社会主义核心价值观的培育路径之一。中华民族创造了中华优秀传统文化并深深地受其影响，在历史发展过程中，儒家文化对整个中华民族的影响最为深远，它直接影响了中华民族的思维方式、价值取向和行为模式，它作为一种文化基因流淌在人们的血液中，存在于当下人们的心中。因此，深入研究和弘扬儒家文化，并将其与人们内在的文化心理相契合，有助于人们接受扬弃了中华传统文化基础上所形成的社会主义核心价值观。

（二）有助于展现思想政治教育的历史性与实践性

对儒家思想政治教育理论进行研究，有助于展现思想政治教育的历史性与实践性。毛泽东同志曾经指出，“无产阶级和革命人民改造世界的

① 习近平：《习近平谈治国理政》第一卷，外文出版社 2014 年版，第 164 页。

斗争，包括实现下述的任务：改造客观世界，也改造自己的主观世界——改造自己的认识能力，改造主观世界同客观世界的关系”[①]。包括思想政治教育在内的教育从本质上来看就是人们改造自己主观世界的一种实践活动。人与外界交换的过程，本质上是人的社会化过程，就是人的实践过程。人在实践中，实践又是不断变化发展的，因此，以实践为基础的思想政治教育也就成为一种动态的、不断生成发展的理论。这就决定了思想政治教育的历史性与实践性。[②] 当前的思想政治教育理论，一方面，它必然蕴含着儒家思想政治教育的思想元素，是对儒家思想政治教育历史性地扬弃和发展的结果；另一方面，它又立足于当前中国特色社会主义实践，不是从“本本”出发，而是对现实的思想把握。因此，对于儒家思想政治教育理论进行研究，有助于展现思想政治教育的历史性与实践性，有助于明晰思想政治教育在不同历史时期的展开和发展过程以及如何满足当时时代和社会实践的要求，有助于儒家思想政治教育理论在当今以不同的形式继续发挥作用。

（三）有助于弘扬中华优秀传统文化

对儒家思想政治教育理论进行研究，有助于弘扬中华优秀传统文化。在新时期继续研究包括儒家思想政治教育理论在内的儒家思想文化，挖掘其中的思想瑰宝，是学者们自觉弘扬中华优秀传统文化、使其在现代社会继续传承发展的一种表现。学者们多年来乐此不疲地研究儒家文化，既是由于儒家文化中蕴含着丰厚的思想宝藏，也在一定程度上源自弘扬和传承中华优秀传统文化的强大使命感。因此，在强化内在动力的前提下，研究儒家思想政治教育理论，既能对儒家文化的现有研究产生一定的理论贡献，也会以理论成果的形式展现和阐发中华传统文化，这在一定意义上就是在弘扬和传承中华优秀传统文化。同时，弘扬中华优秀传统文化也有助于中国文化软实力的提升。习近平总书记强调，“中华优秀传统文化是我们最深厚的文化软实力，也是中国特色社会主义植根的文化沃土”[③]。文化软实力既是中国立足于世界的重要伟力，也是实现中华

---

① 毛泽东：《毛泽东选集》，人民出版社 1991 年版，第 296 页。

② 张澍军：《德育哲学引论》，中国社会科学出版社 2008 年版，第 190 页。

③ 习近平：《习近平谈治国理政》第一卷，外文出版社 2014 年版，第 161 页。

民族伟大复兴的重要前提。而中华优秀传统文化是文化软实力的重要资源和宝库。因此，弘扬中华优秀传统文化，既是对历史文化的传承和发展，也对现实的文化软实力的提升起着关键性作用。

现代社会是一个碎片化的社会，人们在高速运转的社会进程中往往容易产生各种困惑。面对这样一些新问题新困境，或许我们转回身追溯至雅斯贝尔斯所说的轴心时代，追溯至中华优秀传统文化，能够寻求到解决当前人类问题和困惑的答案。

第二节　研究现状

关于儒家文化或儒家思想政治教育理论的研究，目前国内外学者已经取得了丰硕成果，这些成果质量参差不齐，其中不乏一些精品。以下分三个方面梳理当前国内外研究现状。

一　中国内地相关研究现状

中国内地是研究儒家思想政治教育理论的重要阵地，近年来，学者们围绕着这一主题，力图突破当前思想政治教育理论中存在的问题，并试图在历史与现实的碰撞中寻求一条新道路。

（一）关于儒家政治思想史的梳理

关于儒家政治思想史的梳理，内地学者大多是将其置于中国政治思想史大的视域下完成的。自民国时期开始，学者们就开始关注中国政治思想史的研究，迄今为止，已形成大量有价值的成果。学者们从多种角度梳理分析中国的政治思想史。刘麟生、陶希圣、陈安仁、朱升苹、肖公权、吕振羽等学者，在民国时期就已出版了关于中国政治思想史的专著，他们主张中国自古就有属于自己的政治思想，中国或许缺少西方式的科学精神，但并不缺少政治思想。因此他们力图通过研究中国政治思想史，并结合西方的自由、民主、平等等精神，救国救民。进入现代社会，学者们研究中国政治思想史的视角也发生一定变化。杨幼炯、萧公权按照断代史的划分，把中国政治思想史划分为古代、中古、近代、现代以及现代之后几个发展阶段，在每一阶段中，他们又着重分析了包括儒家学派在内的各学派代表性人物的政治思想。[①] 丁原明主要从社会形态变更的角度出发，把中国政治思想史划分为奴隶制国家时期（包括形成、发展以及瓦解时期）、封建国家时期（包括形成、巩固、进一步发展、鼎盛、由盛转衰以及衰落时期）、鸦片战争和太平天国时期、戊戌变法时期以及辛亥革命时期，每一时期又着重介绍了当时代表性人物的政治思想。[②] 朱日耀是根据朝代的划分把中国政治思想史划分为商、西周、春秋战国、秦汉、三国、两晋、南北朝……直到新文化运动时期几个阶段，每个阶段又按照派别着重介绍代表性人物的政治思想。[③] 吕思勉在新时期出版的中国政治思想史，是按照讲座的形式并根据各朝代的划分进行梳理的。[④] 这本专著形式简洁，内容既通俗易懂，学术性又较强。刘泽华主编的《中国政治思想史研究》，以论文集的形式收录了大批名家的政治思想史研究成果，是一本高质量的著作。[⑤]

还有一些学者从儒家学术思想史出发，研究儒家政治思想史。这方面的代表是刘蔚华和赵宗正对中国儒家学术思想史的梳理。他们在梳理儒家学术思想史的过程中以马克思主义为指导，认为马克思创立了亚细亚生产方式理论，并“从研究东方社会发展的特点入手，发现有一种与之相适应的亚细亚思想方式存在”[⑥]，即儒学。在此研究理念的基础上，他们比较详尽地梳理了儒家学术的发展历程，着力阐释了儒家思想的观点、成就、得失、思维方式以及表现形式等内容，其中不乏儒家的政治思想元素。

以上学者从中国思想史或儒家学术史等总体视域出发研究儒家的政治思想史，虽然他们写作的思路和形式有所差异，但是都对儒家的政治思想有所涉猎并作了进一步梳理和解读。由于写作重点并非在儒家政治思想之上，因此，这些成果不可能专门针对儒家政治思想进行十分详尽的梳理和阐释。

---

① 杨幼炯、萧公权：《中国政治思想史》，上海书店 1989 年版。

② 丁原明：《简明中国政治思想史》，山东大学出版社 1990 年版。

③ 朱日耀：《中国政治思想史》，高等教育出版社 1992 年版。

④ 吕思勉：《中国政治思想史》，中华书局 2012 年版。

⑤ 刘泽华：《中国政治思想史研究》，湖北教育出版社 2006 年版。

⑥ 刘蔚华、赵宗正：《中国儒家学术思想史》，山东教育出版社 1996 年版，第 2 页。

（二）关于儒家及其代表性人物思想政治教育理论的研究

关于儒家及其代表性人物思想政治教育理论的研究，内地学者也形成了一些相关成果。唐国军对儒家传统思想政治教育理论模式展开了相关研究，形成了一系列研究成果。他认为，修身与教化是儒家思想政治的教育体系，上层君子通过修身使下层小民服从其教化，这是一种双层伦理结构模式。基于此，君子就是儒家思想政治教育的主体，他通过内修、外铄与践行实现内圣外王之道，而民众就是思想政治教育的客体，他们通过多种途径被教化，因而不在社会中作乱。儒家思想政治教育的教化学说是对西周传统的继承和发展。① 内地多数学者是从儒家某一代表性人物出发研究其思想政治教育理论的。郧在廷认为，孔子有一套完整的思想政治教育理论体系，"君子不器"是思想政治教育的人格设计，"仁"与"礼"是思想政治教育的价值核心，"文、行、忠、信"是思想政治教育的内容。② 江沈红认为，孔子的现实政治诉求是以礼为核心，在实践中辅以仁德，这就构成了孔子的思想政治教育理论体系。③ 田虹和姜国峰认为，"保民而王"是孟子思想政治教育的目标，修身、治法、推施仁政、尊德乐道是孟子思想政治教育理论的内容。④ 陈付庆认为，荀子明于天人之分的世界观教育、积极进取的人生观教育、先义后利的义利观教育、隆礼重法的政治观教育、注重修身的道德观教育是荀子思想政治教育理论的主要内容，这些内容以及荀子的教育方法仍然具有启示意义。⑤ 唐国军认为，董仲舒为汉代儒家思想政治教育理论的实践化提供了重要的思想基础，其"大一统"与"独尊儒术"、兴办太学与养士用贤、政治更化与"教化"为本等理论，深深地影响了汉代乃至后世思想政治教育理论。⑥

以上学者对儒家及其代表性人物的思想政治教育理论进行了集中阐

---

① 唐国军：《"修身"与"教化"：儒家思想政治教育体系论》，《广西社会科学》2007 年第 11 期。

② 郧在廷：《简论孔子的思想政治教育理论》，《北京印刷学院学报》2011 年第 5 期。

③ 江沈红：《孔子思想政治教育内涵初探》，《理论月刊》2012 年第 12 期。

④ 田虹、姜国峰：《孟子思想政治教育理论探析》，《沈阳工程学院学报》2014 年第 2 期。

⑤ 陈付庆：《荀子的思想政治教育理论探究》，《群文天地》2012 年第 15 期。

⑥ 唐国军：《董仲舒与儒家思想政治教育理论的实践化》，《广西社会科学》2008 年第 3 期。

释，这些成果数量不多，其中的某些观点也值得商榷。因此，儒家思想政治教育理论还有很大的研究空间。

（三）关于儒家思想政治教育对当代启示的研究

内地学者对儒家思想政治教育对当代的启示展开了相关研究，形成了大量研究成果。这些成果主要体现在以下几个方面。

首先，儒家的代表性思想对当代思想政治教育的启示。学者们挖掘儒家思想中的精髓，并力图阐释这些思想精髓对当代思想政治教育有哪些启示。孔宪峰认为，当前思想政治教育的理念、目标、内容和方法都借鉴了儒家“和”文化，儒家“和”文化蕴含着丰富的思想宝藏。① 李红和耿亚军也认为，儒家的和谐思想是构建当前高校思想政治教育新局面的关键，当前以人为本、教学相长、知行合一和虚实相兼的高校思想政治教育思想就是在儒家和谐思想基础上发展起来的。② 唐珊石认为，儒家的诚信观是对高校学生进行诚信教育的基础。③

其次，儒家思想在思想政治教育中的作用。陈敏和鲁力认为，儒家思想政治教育的价值在于，从个体层面看，它有利于树立正确的世界观、人生观、价值观和审美观；从社会层面看，它有利于培育和践行社会主义核心价值观，提高我国的文化软实力，以及坚定“三个自信”。④ 王丹认为，儒家文化丰富了现代思想政治教育的内涵，为思想政治教育提供了理论依据并为其解决了“方法论”问题，儒家文化为思想政治教育营造了良好的氛围，有助于加强现代思想政治教育中的人类道德教育。⑤ 何宇红认为，弘扬儒家文化中的厚德载物、仁爱、爱国主义、以人为本、和谐发展、恪守诚信、自强不息等思想理念，并对其进行创造性转化，对于当前的思想政治教育来说至关重要。⑥

---

① 孔宪峰：《思想政治教育视野下儒家“和”文化研究》，中国书籍出版社2013年版。

② 李红、耿亚军：《继承儒家和谐思想，构建高校思想政治教育新局面》，《中南民族大学学报》2005年第6期。

③ 唐珊石：《儒家诚信观与我国当代大学生诚信教育》，《辽宁行政学院学报》2011年第5期。

④ 陈敏、鲁力：《论儒家文化的思想政治教育价值》，《理论学刊》2015年第1期。

⑤ 王丹：《论儒家文化对现代思想政治教育的价值》，《内蒙古师范大学学报》2014年第6期。

⑥ 何宇红：《儒家文化与大学生思想政治教育》，《黑龙江高教研究》2009年第10期。

再次，当前思想政治教育对儒家德育思想的借鉴。陈红娟在分析了儒家德育思想的基础上，提出儒家的德育思想为现代思想政治教育提供了思想借鉴，即培养受教育者的自觉性，加强教育过程的实践性以及增强环境熏陶的有效性。① 邱玥和孔祥慧认为，儒家德育在先、修身为本、君子人格、孔颜乐处、有教无类和师道尊严等德育思想内容，值得高校思想政治教育借鉴。②

以上学者围绕儒家思想政治教育对当代的启示展开了一系列研究，这些成果内容比较丰富，涉及领域也比较广泛，为儒家思想政治教育理论在新时期的传承和发展起到了一定的推动作用。

（四）关于儒家政治理论的研究

内地学者关于儒家政治理论的研究成果也颇丰。傅永聚和任怀国认为，儒家的政治路线可用“礼治仁爱”四字概括。“礼与仁始终是儒家思想的两大支柱，儒家的具体政策基本上都是以这个政治路线为指导的。儒家政治思想最基本的特征是，主张全面继承礼乐文化”，“儒家政治思想的主要内容围绕着如何具体妥善地处理君民关系与君臣关系而展开，总的精神是为了实现‘以天下为一家，以中国为一人’的和谐统一的价值理想。”③ 林存光认为，孔子与儒家的道德政治理念包括两方面的价值取向，“一是追求政治本身的文明化”，因此“修身”成为严格的道德要求；“二是他们期望政治在整个人类文明进程中发挥一种守护、播化人道价值的重要作用”，因此从儒家的视角来看，政治文明“从根本上讲应是以道德理性、仁政爱民为根基，以实现人类的道德生活为最高目的的”④。宋洪兵认为，先秦儒家政治思想的历史进路是从忧患意识到批判意识，儒家的王道政治无法在道德修养与政治领袖、道德理性与历史理性之间给出令人信服的证明，所以其价值主要体现在社会批判功能及政治理想

---

① 陈红娟：《思想政治教育对儒家德育思想的借鉴》，《思想政治教育研究》2007 年第 1 期。

② 邱玥、孔祥慧：《儒道德育思想对当前思想政治教育的启示》，《人民论坛》2012 年第 14 期。

③ 傅永聚、任怀国：《儒家政治理论及其现代价值》，中华书局 2011 年版，第 2—3 页。

④ 林存光：《儒家式政治文明及其现代转向》，中国政法大学出版社 2006 年版，第 2 页。

方面，不应过分夸大儒学政治思想的现代和现实价值。[①]

还有一些学者梳理了儒家政治思想的发展脉络。郝虹梳理了汉末魏晋时期儒家政治思想的发展历程，认为其在这一阶段的发展主要表现为三方面特点：一是在人才任用上，由重德轻才走向德才因时而定；二是在政治主导思想上，由尚儒轻法走向儒法并举；三是在吸收了名法两家思想的基础上，形成魏晋礼法之治。[②] 王曰美认为，改革开放以来，学术界对儒家政治思想的研究进入黄金期，主要表现在“传统性”文章增多、研究领域不断拓宽、研究深度不断加大、关于政治思想专题研究的著作大量问世、“大陆新儒家”的出现等几个方面。[③]

以上学者从不同角度切入对儒家政治理论的研究，他们或是总结儒家政治理论的特点，或是挖掘儒家政治理论的核心理念，或是归纳儒家政治理论的发展进路，有针对性地对儒家政治理论的某一方面进行了深入研究，形成了大量宝贵的研究成果，这些研究成果也为本书提供了比较可靠的文献基础。

二　港澳台相关研究现状

对于儒家文化的探讨，不仅中国内地学者比较关注，港澳台学者也有深入研究。港澳台地区尤以台湾学者为代表，比较热衷于对儒家文化的学习和探索，形成了大量高水平的学术成果。这些成果主要围绕以下几方面展开。

（一）关于儒家思想史的研究

关于儒家思想史的研究，港澳台虽然只有少数学者从事相关研究，从人数上比内地少很多，但是却彰显了很高的学术水平。

张君劢系统梳理了“新儒家”思想史，并写作了《新儒家思想史》[④]这本极为重要的专著。在这部专著中，他所说的“新儒家”是指先秦儒家之后，自唐韩愈始至晚清曾国藩约千年之久的儒学思潮。在梳理过程

---

① 宋洪兵：《从忧患意识到批判意识——先秦儒家政治思想的历史进路》，《政治学研究》2013年第1期。

② 郝虹：《汉末魏晋时期儒家政治思想的发展》，《孔子研究》2006年第2期。

③ 王曰美：《近30年儒家政治思想研究》，《广西社会科学》2004年第6期。

④ 张君劢：《新儒家思想史》，中国人民大学出版社2006年版。

中，他发现新儒家受佛教影响很深，认为儒释融合对于现代儒学复兴有借鉴意义。因此，“他借助西方哲学方法梳理儒学发展脉络，将中西哲人的思想进行比较研究，以期找到中西哲学的共通点”[①]。萨孟武系统研究了儒家政治思想史，并形成了一部具有很高学术价值的著作《中国政治思想史》[②]，在这部著作中，他比较详尽地梳理了儒家政治思想，并在此基础上，以西方政治思想作为参照，较为客观地评述了儒家政治思想的发展脉络。

虽然港澳台学者关于儒家思想史或政治史进行梳理的文献并不多，但是在以上比较具有代表性的著作中，学者们充分展示了其深厚的儒家文化功底和扎实的基本功，这些著作也为国内外的儒家思想研究提供了重要的文本依据。

（二）关于儒家政治思想的现代诠释

关于儒家政治思想的现代诠释，港澳台学者从不同角度展开。他们力图从儒家思想中挖掘出对现代政治有益的思想成分加以扬弃，并形成了具有现代意蕴的政治思想。

牟宗三在梳理和分析了儒家思想发展的几个阶段之后，提出儒家的当前使命是“开新外王”。他认为，在过去，儒家的理性主义无法在政治上得以体现，在今天，儒家的理性主义要想得到充分体现，就要求新的外王，即科学与民主政治。[③] 徐复观深入分析了儒家政治思想的构造，认为儒家的政治思想，从其最高原则来说是德治主义，从其基本努力的对象来说是民本主义，把原则落到对象上面，则以“礼”经纬于其间。至善既是儒家人生的归结，也是儒家政治的归结。[④] 梁燕城认为，中国古代文化的思维是一种整体性思维，是通过礼乐教化最终实现人与自然、人与人、国与国的和谐。天地人是一个互感互通的系统，仁是感通的表达。因此，在当今的多元世界中人们要怀有仁人之心，本着忠恕之道，树立整体多元和谐的宇宙观，不同文明之间展开平等对话，化解国家之间的

---

① 王武子：《张君劢与〈新儒家思想史〉》，《光明日报》2009 年 5 月 18 日。

② 萨孟武：《中国政治思想史》，东方出版社 2008 年版。

③ 牟宗三：《政道与治道》，聊经出版事业股份有限公司 2003 年版。

④ 徐复观：《学术与政治之间》，九州出版社 2014 年版。

矛盾和全球冲突。① 劳思光认为，儒学自孔孟始至宋明理学，都重视理分观念，从这点可以看出儒学的重德理念。在这个意义上，儒学是开放的，因为理分在不同的历史环境中都适用。但是儒家道德学说以理为基础，却也有封闭成分（如“五伦”），也就是说有不适用于其他环境的成分，这些成分受到时代的局限，只有在原来的历史条件下成立。因此，它们有效与否，要视其与外在历史条件相应的程度而定。“当其相应时，它们有补成儒家道德理论的功能；但当不相应时，它们便成为儒学精神方向与实际世界间之阻隔。”② 林安梧主张发起一场从“新儒学”到“后新儒学”的儒学革命，他认为，“老儒家的实践立足点是血缘的、守法的社会，是专制的咒术的社会；新儒家的实践立足点是市民的、契约的社会，是现代的、开放的社会；后新儒家的实践立足点是自由的、人类的社会，是后现代的、社会的人类”③。“新儒学”于“老儒学”、“后新儒学”于“新儒学”而言，既有瓦解，又有扬弃，既有诠释，又有转化，在扬弃和转化中进一步创生。

以上学者对儒家的政治思想进行了现代诠释，他们从现实出发，以现代人的眼光重新理解儒家思想，认为儒家思想要与西方先进理念和当前社会现实相结合，不断与时俱进、革故鼎新，在新时期实现进一步发展。

（三）关于当代新儒家政治思想的研究

关于当代新儒家政治思想的研究，港澳台学者也进行了比较深入的探讨。学者们从不同的角度分析解读新儒家代表性人物的政治思想，形成了一批高质量成果。

黄俊杰从当代新儒家视角出发，深入分析了“儒家民主政治”是否可能。他认为，徐复观构想的儒家式民主政治，既存在理论上的困境，又存在实践上的困境，具体表现在：在理论上过度注重“积极自由”而

---

① 梁燕城：《感通与和谐——从忠恕之道化解冲突》，《第一届儒学国际学术研讨会》2004年版，转引自蔡德贵《儒学在港澳台和海外的新际遇》，《学术界》2005年第5期。

② 劳思光：《中国之路向新编》，香港中文大学出版社1999年版，第43页，转引自蔡振丰《台湾新儒学与自由主义——以台湾认同论述为主的讨论》，《华东师范大学学报》2010年第6期。

③ 林安梧：《儒学革命：从“新儒学”到“后新儒学”》，商务印书馆2011年版，第4页。

忽视“消极自由”，并且未赋予人民以平等的参政权；在实践上忽视自耕农阶级在现代商业资本主义社会中的脆弱性。因此儒家式民主政治的提法有其创见，但不免有“时代错误”之嫌。① 何信全深入探讨了作为现代民主哲学基础的自由主义与中国儒学传统之间的复杂关系。他以当代新儒家为例，探讨了其主要代表人物围绕儒学与现代民主这一思想主题建构的政治哲学。他本着较为客观的态度，深入各家学说的理论结构，并进一步进行评析。② 李明辉在与刘晓和蒋庆商榷的基础上，提出当代新儒家的政治哲学正经历着由“内圣”向“外王”的转折。他认为，刘晓是站在西方政治哲学的立场对港台新儒家政治哲学进行批判，而蒋庆的批判是从儒家的立场出发，但是二者的共同之处在于都认为新儒家的“心性儒学”有极端个人化、形上化、内在化、超越化的倾向，使它无法面对现实问题而开出“新外王”。李明辉深入分析了传统儒学以及西方政治哲学的相关内容，认为，“儒学开出民主”有其可行性。③

以上学者对当代新儒家代表性人物的政治思想展开了深入研究，在这一过程中，他们既对当代新儒家的思想有一定的把握，又对传统儒家思想有一定的涉猎，推进了儒家思想在当代的新发展。

三　国外相关研究现状

除了中国学者之外，包括华裔在内的国外一些学者也对儒家文化展开了深入研究，他们出于对中国文化、儒家文化的热爱，对儒学在世界范围内传播和弘扬的过程中发挥了重要作用。

（一）儒家政治思想的相关研究

国外学者对于儒家政治思想的相关研究，主要涉及儒教伦理、儒家政治思想史以及儒家政治思想内容等方面。

德国著名社会学家、哲学家马克斯·韦伯立足于社会学视角，深入分析了中国的社会结构，并在此基础上着重研究了他所说的中国正统文

---

① 黄俊杰：《“儒家民主政治”如何可能？——从当代新儒家出发思考》，《开放时代》2012 年第 9 期。

② 何信全：《儒学与现代民主》，中国社会科学出版社 2001 年版。

③ 李明辉：《儒家视野下的政治思想》，北京大学出版社 2005 年版。

化，即儒教伦理。在他看来，中国社会结构的基础就是儒教伦理，而儒教伦理的消极和保守正是中国没有出现西方式资本主义的原因。因此，儒教伦理阻碍了中国资本主义的发展。① 美国著名历史学家费正清作为“西方第一中国通”，详尽梳理了自古代中国始至邓小平时期的中国历史发展进程，著述了堪称西方汉学领域第一通史的《费正清中国史》。由于这部巨著的研究重点在于历史考察，因此儒家政治思想作为其中一部分有所涉猎。② 余英时认为，礼乐、教化是儒家政治思想的核心，而二者都离不开知识。因此，儒家在政治上并不像道家和法家那样是反智的，相反，它主张积极运用智性，尊重知识，这种主张集中体现在儒家对于知识分子参政和论政的问题上。③ 杜维明认为，儒家对全球伦理的贡献要大于其对全球政治的贡献，儒家的两个基本原则“恕”和“仁”构成普世伦理的基本点，“己所不欲，勿施于人”也成为全球伦理的“金规则”，但这只是从消极方面来谈的。这种消极的规则如果再加上积极的元素，即“己欲立而立人，己欲达而达人”，就更具有人道意蕴。这两个互相补充的原则成为世界上不同文化和宗教平等对话和交流的基础。④

国外学者对于儒家政治思想展开相关研究，形成了丰富的研究成果。当然，由于其中一些学者未曾踏入中国本土，只是通过一些或许还存在着误译的文本来了解儒家文化，因此，所形成的观点难免有失偏颇。但这些学者是从与国内学者不同的视角和思维方式来分析儒家文化、儒家政治思想的，因此，所形成的观点较之我们熟悉的观点来说比较新颖，能够形成一定的思想冲击。并且，中西思想碰撞也有利于国内外学者的交流，有利于把儒家文化研究推向一个新高度。

（二）儒家思想现代意义及创新研究

国外学者比较关注儒家思想现代意义及创新的研究，他们普遍认为儒家思想历久弥新，在新时期仍然具有强大生命力，对现代国际社会仍然具有重要的思想意义。对于它的创新研究也要保留其原有的核心价值

---

① 马克斯·韦伯：《儒教与道教》，富强译，安徽人民出版社 2012 年版。

② 费正清：《费正清中国史》，张沛等译，吉林出版集团有限责任公司 2015 年版。

③ 余英时：《反智论与中国政治传统——论儒、道、法三家政治思想的分野与汇流》，江苏人民出版社 2006 年版。

④ 杜维明：《面对全球化的儒家人文主义》，《国际儒学研究》2004 年第 1 期。

理念。

美国著名哲学家安乐哲认为，儒学产生的基础是彻底经验性的，甚至可以说，儒学比西方经验主义更具经验意义。儒学的智慧不在于创设一个全世界都要遵循的普世价值，而是立足于人的现实生活，从具体的时代出发，归纳总结出符合天时人事的实践经验。《论语》对孔子的记述就是一个经典范例。儒学历经两千多年的发展，仍在与时俱进、不断创新，足见其生命力之强大。在当今时代，儒学仍然是世界文化秩序变革的重要资源。[①] 俄罗斯著名学者嵇辽拉认为，先秦儒家思想不仅对当代中国而且对俄罗斯也有重要意义，如《论语》中的“正名”思想以及“政府与人民互信”和“稳定”原则，这些都是国家发展的重要基础。同时，“仁爱”“君子和而不同”等内容，也会在21世纪的国家政治领域发挥重要作用。他提出，“对于21世纪的俄罗斯与中国，尤其具有现实意义的是，理解《四书》核心思想——人的自我完善”[②]。“新加坡之父”李光耀认为，中国的文化将继续发展，并成功地适应工业化与全球化，而在这过程中，以儒家“五伦”为代表的中国核心价值观发挥着重要作用，它使中华文明绵延不绝。当然，这些价值需要依据时代的发展做出改变，但是父母之爱、孝道、忠诚、节俭、勤奋等一些基本价值观必须保留。[③] 林毓生主张对中华文化进行了创造性转化，也就是把中国文化传统中的符号、观念与价值进行重组或改造，使它们在改造后成为有利于变迁的种子，在此过程中继续保持文化认同。他认为，虽然中国的政治、经济、社会、思想和文化之间的互动发展并没有出现“民主”与“法治”观念，但是，中国传统中却有许多思想可与民主法治进行对话。中国传统的儒家思想经过创造性转化就可成为自由民主的思想基础。因此，他认为，现代化中国的建立需要民主和法治制度以及中国文化传统的创造性转化。[④] 杜维明认为，儒家的人文精神中有三个不可分割的方向，一是“道”，这是儒家的核心价值；二是“学”，就是把儒家当作一个学统；三

---

① 安乐哲：《儒学与世界文化秩序变革》，《人民日报》2014年11月7日。

② 嵇辽拉：《儒学与当代的中国和俄罗斯政治文明》，“纪念孔子诞生2555周年国际学术研讨会”2004年，转引自蔡德贵《儒学在港澳台和海外的新际遇》，《学术界》2005年第5期。

③ 李光耀：《东西方文化与现代化》，新加坡联合早报2004年4月22日。

④ 林毓生：《新儒学何往》，《财经》2014年第30期。

是政，政治，也就是儒家的实践，即经世济民、经世致用。儒家的核心价值就是仁，它在今天仍有着重要的现实意义。①

以上学者对儒家思想现代意义及创新展开了相关研究，他们对于儒家思想的传播，并不是单纯地翻译和转述一些相关知识，而是深入到儒家的价值理念，去传播这些价值以及这些价值之所以一直被传承被接受的原因。这些学者正是在这样的意义上，传播了儒家思想，弘扬了中华文化。

第三节　研究的思路、内容与方法

一　研究的思路、内容

儒家思想政治教育理论有着丰富的内涵，在儒家思想中占据重要地位。本书在正文中首先厘清研究儒家思想政治教育理论的几个前提性问题，在此基础上，考察儒家思想政治教育理论产生的历史背景及发展脉络。在梳理整个历史发展脉络过程中，分析儒家思想政治教育理论的主要特征，并综合评价儒家思想政治教育的历史作用，以此为基础，深入挖掘儒家思想政治教育理论中有哪些宝贵财富在今天值得我们借鉴。根据以上思路，本书的研究内容如下：

本文共分七部分，引论部分即第一章：首先介绍本书的研究背景与理论和实践意义，之后分析梳理关于本书主题的研究现状，对相关文献进行综述，在此基础上进一步确立本书的研究思路、内容与方法。说明本书的创新点和难点。这部分内容的主要目的是引出下文，明确本书下一步论述的方向。

第二章：主要明晰儒家思想政治教育理论研究的几个前提性问题。首先是思想政治教育概念的解析（包括对思想政治教育的“本真”内涵以及思想政治教育现代价值的考察等内容），在此基础上分析儒家学说在何种意义上可被认同为思想政治教育理论（包括儒家思想概述、儒家思想政治教育的思路和内容、儒家思想与儒家思想政治教育理论的关系等

① 杜维明：《儒家思想不等同“爱国主义”》，凤凰网，http：//phtv. ifeng. com/program/sjdjt/detail_ 2011_ 08/01/8088614_ 2. shtml。

内容)，之后考察近现代儒家思想的新发展（包括对“新儒学”以及大众儒学的考察)。这部分主要从横向上考察与儒家思想政治教育理论相关的一系列内容，并为后面几章奠定基础。

第三章：主要是梳理儒家思想政治教育理论的历史演进。首先考察儒家思想政治教育理论的产生背景（包括经济背景、政治背景和文化背景)，之后梳理儒家思想政治教育的历史脉络（包括开端与初创、形成与确立、成熟与发展以及衰败与没落时期)，最后评价儒家思想政治教育理论的内蕴张力和思想局限。这部分主要是从纵向上考察儒家思想政治教育理论，增强其历史感。

第四章：主要是分析儒家思想政治教育的基本内容和教育方略。本章首先从儒家思想政治教育理论的人性论基础和实现路径入手分析其进学理路，进而从主客体的分离与对立、教育方法等方面分析儒家思想政治教育活动的特征。这部分主要考察儒家思想政治教育的特点，并为下一步对这一理论进行评价做准备。

第五章：主要是评价儒家思想政治教育理论的历史作用。任何一种重要理论都会产生相应的历史作用，对于儒家思想政治教育理论来说更是如此。因此，如何客观评价这一理论显得尤为重要。这部分主要从对于中华民族和世界的意义价值以及它所具有的消极意义等方面分析儒家思想政治教育理论在历史中的作用。

第六章：考察儒家思想政治教育对于我们当今来说有哪些值得借鉴的重要价值。

第七章：主要探讨儒家思想政治教育的现代性转化即“创造性转化和创新性发展”中的一些前提性问题以及在方法手段等方面的创新。

本书的主旨在于通过对儒家思想政治教育理论的深入研究，进一步明确无论是当代社会主义核心价值观的培育，还是中国特色社会主义思想政治教育体系的确立，都要合理地扬弃以儒家文化为代表的中国传统文化，使中华优秀传统文化进一步得到传承和弘扬。

二　研究的方法

文书根据现有的研究资料，在深入分析儒家思想的基础上，挖掘儒家思想政治教育的内容和特征，梳理儒家思想政治教育的发展历史，并在此基础上，评价其历史作用以及对当代思想政治教育有哪些启示意义。根据以上思路，本书采用以下一些研究方法。

1. 文献研究法。对相关文献的搜集和梳理是本文展开研究的基础。本文在梳理研究儒家思想及其历史发展的基础上，进一步深入研究儒家思想政治教育理论。因此，本书主要依据的文献既包括《论语》《孟子》《中庸》等儒家经典文献，也包括董仲舒、王阳明等儒家重要学者的相关文献，还包括新儒家等现当代儒家思想新发展的一些重要文献。

2. 理论与实际相结合的研究方法。理论要与实际相结合能充分发挥理论的前瞻性或引导性作用。我们今天对儒家思想政治教育理论进行研究，就是要挖掘其合理成分，并把这些合理成分融入当前思想政治教育理论中，进一步使这些理论与当前经济社会实际相结合，更好地为社会现实服务。

3. 系统分析法和归纳法。本书在行文过程中，从宏观上把儒家思想政治教育理论视为一个统一的整体、一个系统，其思想史、思想特征、历史作用、现代价值等均被视为这一系统的组成要素，对这些要素进行综合分析，有利于进一步明晰儒家思想政治教育理论。从微观上，本书使用了归纳法，通过对儒家思想政治教育历史进程和内容的相关梳理，归纳总结出其理论特征。

第四节　研究的创新之处与难点

一　创新之处

对于儒家思想政治教育理论的研究，国内学者涉猎得不是很多，这也为本书留下了比较广阔的写作空间，因此，本文可能会有以下创新之处。

1. 国内研究儒家思想的文献积累较多，而本书并非直接着眼于儒家思想，而是以儒家思想中的思想政治教育理论为主要研究内容，并力图明晰儒家思想政治教育的内涵及特征。因此，从思想政治教育角度切入对儒家思想的研究，从研究的内容和切入点来说，具有一定的创新性。

2. 国内关于思想政治教育理论的相关成果也比较丰富，而本书着眼于儒家思想政治教育理论，对儒家思想政治教育理论的历史进程进行梳理和研究，这也能在一定程度上丰富现有的研究成果。

3. 本书运用了文献研究法、理论与实际相结合的研究方法、系统分析法和归纳法等，力求对儒家思想政治教育理论进行较为细致的梳理和客观评价，揭示其历史作用及现代意义，这样一种研究方法与研究内容的结合方式，也具有一定的创新性。

二　难点

儒家思想政治教育理论涉及的内容比较广，时间跨度也比较大，因此，本书的写作可能会出现以下难点。

1. 儒家思想时间跨度比较大，内容丰富而庞杂，对于其思想政治教育理论的研究需要对大量历史文献进行阅读和筛选，这其中需要较强文献阅读和甄别选取能力，这是一个不小的考验。同时，由于需要阅读大量古代经典，因此，也需要较强的古文阅读理解能力。

2. 本书在对儒家思想政治教育理论的研究过程中，需要通过对大量历史文献进行梳理把握，总结出儒家思想政治教育理论的发展规律和理论特征。因此，在研究过程中，需要具有敏锐的洞察力以及较强的总结概括能力。

3. 儒家思想政治教育理论对于当代思想政治教育有着重要的启示意义，揭示出儒家思想政治教育理论中的思想精华，及其对当代思想政治教育所具有的借鉴和启示，具有一定的难度。同时，如何把儒家思想政治教育理论与当代思想政治教育理论结合，使其在现时代继续发挥重要作用，也是一个难点。

第二章

儒家思想政治教育理论研究的几个前提性问题

第一节　思想政治教育概念解析

对儒家思想政治教育理论进行研究，需要厘清几个前提性问题，第一个问题就是对思想政治教育概念的解析，也就是说，本书是从何种思想政治教育概念出发、立足于何种视角来展开研究的？对于这一问题的研究，主要涉及以下几个基本问题。

一　思想政治教育的“本真”内涵

（一）学者对于“政治”内涵的理解

根据《汉语大辞典》的定义，政治是指“阶级、政党、社会团体和个人在国内及国际关系方面的活动。在阶级社会中政治就是阶级关系和阶级斗争。政治是经济的集中表现，任何阶级的政治都是以维护本阶级的经济利益、建立和巩固本阶级的统治为目的”①。根据这一定义，我们可以看出，对于政治的一般理解主要包含这样几个方面：一是，政治是一种活动，这种活动涉及阶级、政党、社会团体和个人等多个主体。二是，阶级社会中，政治具有特殊性，集中表现为阶级关系和阶级斗争。三是，政治与经济密切相关，是经济的集中表现，阶级社会中，政治统治的根本目的是维护统治阶级的经济利益。这一定义，侧重强调政治的

---

① 汉辞网：《政治的含义》，http：//www. hydcd. com/cd/htm_ a/41914. htm。

阶级性以及政治与经济之间的关系。

有的学者在考察了古希腊时代到全球化时代政治生活变迁的基础上认为，“政治是一种在人的社会物质生产基础上产生的社会基本活动形式，它的根本任务是对集体行动作出调节，它的主要内容是对社会公共事务作出决策，对社会资源、利益、价值和权力作出分配和调整，这些决策和分配一般被认为对集体行动具有约束力，并作为公共政策加以实施”①。这一观点包含以下要素，一是，“政治是一种活动，是一种人类的基本存在形式，它以社会物质生产活动为基础”②。二是，政治存在于共同体中，为共同体利益服务。三是，“政治是一种运用权力和权威作出决策并付之实施的活动”③。关于政治的这种理解，侧重于对政治与经济、社会、文化领域的划分以及它们彼此之间关系的考察，在这里，政治是人类生活的特定领域，是人类需要面对的生活的实践问题。

按照美国学者施密特等人的观点，“政治最好被理解为哈罗德·拉斯维尔所说的‘何人在何时以何种方式得到何物’的过程。对另一位政治学家戴维·伊斯顿来说，政治应被定义为‘对价值的有权威的分配’。因此，政治是人类所参与的旨在决定哪些社会成员得到利益或特权、哪些人则被排除在利益或特权之外的斗争或过程”④。对于政治的这种理解，包含着这样几层含义，一是，政治中最为核心的问题是“哪一个人或人类团体通过政府来控制社会？就何人得到何物和社会利益如何在民众中分配，谁拥有作出决定的权力？”⑤ 也就是说“谁在统治”的问题是个根本问题。二是，政治是人类共同参与的斗争或过程，在这一过程中，一些人获得了利益或特权，另一些人失去了利益或特权。这种理解侧重于政治的对抗性，以及政治背后所蕴含的利益和权力关系。

以上比较有代表性的关于政治内涵的理解，立足于不同的侧重点，强调了政治所蕴含的经济关系和权力属性，为本书所理解的“政治”奠定了重要的理论基础。

---

① 郁建兴等：《政治学导论》，浙江大学出版社 2003 年版，第 8 页。

② 郁建兴等：《政治学导论》，浙江大学出版社 2003 年版，第 8 页。

③ 郁建兴等：《政治学导论》，浙江大学出版社 2003 年版，第 9 页。

④ 施密特等：《美国政府与政治》，梅然译，北京大学出版社 2005 年版，第 4 页。

⑤ 施密特等：《美国政府与政治》，梅然译，北京大学出版社 2005 年版，第 6 页。

我们认为，与之前所探讨的其他学者的观点不同，刘德厚教授关于“政治”的理解，在一定程度上体现了“政治”的现代意蕴。他认为，“(1) 政治起源于社会，社会利益关系是形成政治的基础。原始社会已有政治现象，政治生活是与人类社会同生共存的。(2) 政治首先是人劳动生存的需要，政治生活追根究底是人的生存、发展的内在基本要求。阶级社会的政治是特殊社会历史条件的产物，不是政治生活的永恒现象，更不是人类社会政治生活的一般规律。(3) 原始氏族制度的形成，是人类社会政治生活方式形成的起点。(4) 政治实践是以调控社会成员之间的根本性利益关系为内容，以公共权力（权威）的形式为核心建构起来的政治活动实体。(5) 广义政治由人类社会政治生活的一般本质性和共同要素构成，与狭义的阶级政治相对应”①。

在这里，刘教授揭示了广义政治与狭义政治的关系，“一方面，可以看作是一个历史过程，因为，广义政治在原始氏族社会是以一种独立形态存在的；另一方面，进入阶级社会后广义政治便被纳入阶级运行的轨道，被赋予了阶级内涵，从而成为所谓狭义的阶级政治。尽管在抽象的意义上广义政治依然存在，但它已不是一种本真的现实形态了，因为在阶级社会不可能有离开阶级政治独立存在的广义政治”②。也就是说，狭义政治是广义政治的一种特殊形态，是专门针对阶级社会而言的。而政治不应仅仅是阶级社会中的政治，其本真形态应该贯穿于人类社会始终。

因此，根据刘教授的观点，我们可以进一步归纳政治的内涵，那就是“政治是一个氏族、种族、民族、国家，乃至人类世界，由其生存发展需要，特别是一些核心的政治，关乎社会有序运行的根本、长远、全面的规范形态和管理形式，它是经济的集中表现，是贯穿于人类社会始终的战略性问题，但在不同社会条件下，有不同的历史形态”③。对于政治的这一内涵，我们可以从以下几方面进行理解：“第一，政治发端于‘人类社会’公共生活管理的需要，人类有了公共生活，也就发生了政治现象。‘人类社会’不同于‘人类’，它从人类的‘外婚制’开始，即从

① 刘德厚：《广义政治论》，武汉大学出版社2004年版，第3—32页。

② 张澍军：《思想政治教育理论前沿论略》，人民出版社2015年版，第14—15页。

③ 张澍军：《思想政治教育学科建设研究》，人民出版社2014年版，第17页。

母系氏族制度形成开始。第二，政治的基本功能和价值，在于以公共权力和习俗权威规范、调节与整合人们的全局性的核心利益关系。比如，台湾、西藏问题，作为政治现实就是关乎当代中国的核心利益问题。第三，在社会常规性稳态运行时期，政治的基本形式是人类生活有序进行的组织管理体制和体系。第四，在阶级社会，政治基本被纳入了阶级轨道，政治充满了阶级的内容。第五，阶级乃至国家消亡以后，政治应当回归它的非阶级形态。第六，在我国社会主义初级阶段，政治现象如同国家一样，应有双重属性，应具有过渡性质。”① 而这样理解的“政治”是广义与狭义相结合的“政治”，其内涵更具有现代意蕴。

（二）思想政治教育的一般内涵

思想政治教育的内涵并不仅仅是一种理论概括，更为重要的是在标识一种实践生成，它的提出经历了一个长期的历史过程。早在 1847 年马克思恩格斯创立共产主义同盟时，就出现了“宣传工作”这一概念，这一概念被纳入同盟章程中。1902 年左右，列宁提出“政治工作”和“政治教育工作”的概念。1934 年，斯大林提出“思想工作”和“政治思想工作”的概念。1921 年，中国共产党成立后，便热切宣传、组织群众的力量进行革命斗争，因此，传播马克思主义成为当时的主要工作，正是因为这样，当时较多地使用“宣传工作”和“政治教育”的概念。在之后的战争时期，较多地使用“政治工作”的概念。1949 年新中国成立以后，这些概念又有了新的变化。1951 年，刘少奇提出“思想政治工作”的概念，后来，毛泽东在《关于正确处理人民内部矛盾的问题》中对这一概念作了进一步阐发。20 世纪 50 年代，在全国不同的工作领域使用着“政治工作”“思想工作”“思想政治工作”“政治思想工作”等概念。20 世纪 60 年代至十一届三中全会前，思想政治工作有了比较统一的提法，即“政治思想工作”。十一届三中全会之后，经济建设成为社会主义现代化建设的核心，经济基础决定上层建筑，因此，在意识形态领域，“思想政治工作”或“思想政治教育”取代了“政治思想工作”，成为比较标准的提法。②

---

① 张澍军：《思想政治教育理论前沿论略》，人民出版社 2015 年版，第 15 页。

② 张耀灿等：《现代思想政治教育学》，人民出版社 2001 年版，第 2—3 页。

以上所提到的与思想政治教育相关的几个概念，虽然相互关联，有一定的相似性，甚至有时可以通用，但是它们之间确实存在着重要差别。“政治工作是这群概念中的最高概念。它是指一定的阶级、政党、团体为实现自己的纲领和根本任务而进行的活动。”“思想工作则是指一定的阶级、政党团体帮助人们树立与社会发展要求一致的思想，改变偏离社会发展要求的思想所进行的活动。”“思想政治工作是政治工作中的思想性部分和思想工作中的政治性部分的总和。”“思想政治教育是思想政治工作的基本内容，而不是思想政治工作的全部，它是受政治制约的思想教育和侧重于思想理论方面的政治教育。”① 根据以上概念之间的比较可以看出，“思想政治教育”是这几个概念中内涵范围最小、指向最为具体的概念，它主要就是指思想以及政治方面的教育，这两种教育同时又受到政治以及理论的制约，因此，思想政治教育既具有思想理论性，又具有政治导向性和规范性。根据这样一种理解，思想政治教育的内涵可概括为“一定的阶级、政党、社会群体用一定的思想观念、政治观点、道德规范，对其成员施加有目的、有计划、有组织的影响，使他们形成符合一定社会、一定阶级所需要的思想品德的社会实践活动”②。这就是在梳理了思想政治教育概念发展史以及相关概念基础上所形成的思想政治教育的内涵。

通过上述对思想政治教育内涵的梳理，可以明确的是，思想政治教育是一种具有目的性的实践活动，因此它具有明确的价值取向。人是社会性动物，具有社会属性，因而在社会中进行生活活动的人必然会受到来自社会环境的影响。人为了在社会中更好地生存，会潜移默化地接受社会环境对人们的改变，使自己的行为与思想越来越接近所处的环境，实现人与环境间的协调一致。早在《孟子题词》中就提出过经典的“孟母三迁”的典故，“孟子生有淑质，幼被慈母三迁之教”。可见，在战国时期，人们就已经开始关注社会环境对人的影响了，但是由于社会环境没有一个明确的价值取向和目的，因此社会环境对人的影响具有盲目性、无规律性，它潜移默化地影响人们的思想和行为，可能会给人们带来正

---

① 张耀灿等：《现代思想政治教育学》，人民出版社 2001 年版，第 4—5 页。

② 张耀灿等：《现代思想政治教育学》，人民出版社 2001 年版，第 6 页。

面的影响，也可能会带来负面的影响。与社会环境的盲目性不同的是，思想政治教育具有明确的目的性和价值取向，它是“有目的、有计划、有组织的影响，使人们形成符合一定社会、一定阶级所需要的思想品德的社会实践活动”[①]。思想政治教育以反映统治阶级的根本利益为目的，它不似社会环境具有自发性，思想政治教育的内容规定受到社会生产力的发展水平、经济的发展水平以及上层建筑发展状况的影响。它体现的是社会某一发展阶段的目标与特征，在符合社会发展的方向上，反映着统治阶级的政治利益、经济利益以及其他利益。

（三）思想政治教育的“本真”性理解

根据以上所述，一般情况下所理解的思想政治教育包含了思想教育、政治教育、道德教育、心理健康教育等规范性教育。我们现在进一步挖掘思想政治教育的“本真”内涵，自然离不开之前讨论过的对于“政治”现代意蕴的理解。

根据我们之前对“政治”的理解，“政治”有广义与狭义之分，它在思想政治教育中应该发挥重要的整合功能。也就是说，“思想政治教育”的“本真”（即原初的、真实的、本应如此的）内涵是应该以“政治（包括广义政治、狭义阶级政治及其历史过程）的意义规范规约思想教育、政治教育、道德教育乃至法制教育、心理健康教育等”[②]，政治在其中具有重要的统摄和规范作用，对于这种主导性作用，可作如下理解：一是，“整个思想政治教育要以社会或国家或政党等的政治需求为宗旨、为基本价值取向，服从和服务于其中心任务和重大目标”。也就是说，思想政治教育有明确的政治立场、原则、宗旨和价值取向，在我国现代化建设新时期，就要以建设中国特色社会主义、实现中华民族伟大复兴为目标。二是，“思想政治教育的核心是人的精神世界建设问题”。也就是说，思想政治教育围绕着人的精神世界建设展开，政治及其教育规范的是人的内在精神世界究竟是何种样态。因此，在这个意义上，思想政治教育规定了人们看待问题的根本看法和价值走向，是极为重要的。三是，“以政治及其教育规范规约思想政治教育，……是以政治规范为枢纽，对

① 张耀灿等：《现代思想政治教育学》，人民出版社2001年版，第6页。

② 张澍军：《思想政治教育理论前沿论略》，人民出版社2015年版，第22页。

其他几个方面教育进行某种选择、筛定，从而对这几个方面的教育不断加强思想政治教育意义上的规范建设”①。也就是说，我们在这里所说的思想教育、道德教育等其他教育皆处于思想政治教育之中，是其重要组成部分，都被思想政治教育纳入其范畴之中，受到政治及其教育的规范和约束。

通过对“政治”及其教育等内涵的挖掘梳理，我们可以进一步得出思想政治教育的“本真”内涵，那就是“思想政治教育是人类思想政治建设活动，在本质上是通过教育者和各种各类传媒、介体，以及人文环境，惠及人类精神世界进步发展的行为实践活动”②。这样界定的思想政治教育内涵，更能清晰地呈现出思想政治教育的原初含义。

二 思想政治教育的现代价值

随着国内学界对思想政治教育以及价值的日益关注，学者们愈发认识到思想政治教育蕴含着重要的现代价值，当然这一认识经历了一段历史过程。对于思想政治教育现代价值的考察和揭示，也是思想政治教育研究的一项重要课题。总体来看，思想政治教育的价值主要体现在对社会和对个人两个方面。

（一）对社会的价值

首先，思想政治教育具有经济价值。主要体现在：（1）思想政治教育能够保证经济发展所要求的正确的价值导向。包括意识在内的上层建筑对经济基础具有反作用，对经济基础产生制约性。经济活动中，人是主体，人的意识某种意义上支配了其经济活动。因此，要保证社会主义市场经济的健康发展，就要加强对人们的思想政治教育。（2）思想政治教育能够激励人们为共同的经济目标而奋斗。一个社会经济的发展需要全体成员的共同努力，思想政治教育所开展的共同理想教育能够成为全社会共同的理想信念和价值理念等方面的重要基础，可为全社会凝聚思想共识，进一步激励人们在经济活动中努力进取、共同奋进。（3）思想政治教育能够培养经济发展所需要的高素质人才。人力资源是当今时代

① 张澍军：《思想政治教育理论前沿论略》，人民出版社 2015 年版，第 22—23 页。

② 张澍军：《思想政治教育学科建设研究》，人民出版社 2014 年版，第 18 页。

最宝贵的资源，人是经济活动的主体，人的素质高低直接决定了经济活动质量的高低和生产力进步的快慢。人的素质既包括科学素养，也包括人文素养，二者兼备的人才是当今时代最稀缺的。[①] 而培养科学与人文素养兼备的人才，正是思想政治教育的重要目标。

其次，思想政治教育具有政治价值。主要体现在：（1）思想政治教育能够规范和引导政治舆论。政治舆论可以引导人们的政治行为，因此，正确的政治舆论至关重要。思想政治教育可以引导人们正确的政治舆论方向，推动人们的政治行为集中到符合党的基本路线、符合马克思主义政治观方向上来。（2）思想政治教育能够使各民族团结在一起，凝心聚力。增加民族凝聚力是民族团结的重要基础，尤其对于我国这样的多民族国家来说，民族团结是经济发展和社会稳定的重要基础。思想政治教育通过对各民族进行共同理想和马克思主义教育，使各民族团结在一起，共同推进社会进步。（3）思想政治教育能够推动政治的稳定和发展。一个国家的进步和发展离不开稳定的政治环境，而思想政治教育能够使民众形成广泛的思想共识，引导民众形成正确的、符合社会发展规律的政治理念，这必然有利于国内稳定政治环境的形成。[②]

最后，思想政治教育具有文化价值。主要体现在：（1）思想政治教育能够维护社会主流文化的地位。主流文化是社会中的主导性文化，是社会所倡导的、与社会发展方向相一致的文化，与之相对的是非主流文化。可以说，任何社会都包含这两种文化。维护主流文化的主导地位，使文化在社会发展中起到进步作用是思想政治教育的重要内容，也是思想政治教育的重要任务。（2）思想政治教育能够弘扬传统文化。每个民族都有自身的传统文化，这些传统文化是现代文化的基础，关系到民族和国家的兴衰，因此，弘扬和传承自身的传统文化尤为关键。而弘扬和传承传统文化正是思想政治教育的重要内容。（3）思想政治教育能够引导民众做出正确的文化选择。文化中所包含的并非都是有利于社会发展

---

① 周中之、石书臣：《现代思想政治教育理论与实践探微》，人民出版社 2009 年版，第 88—91 页。

② 周中之、石书臣：《现代思想政治教育理论与实践探微》，人民出版社 2009 年版，第 92—94 页。

的积极因素，其中也有与社会发展方向相背离的消极因素，因此，做出正确的文化选择有利于推动社会进步。思想政治教育能够引导民众积极吸收文化中的精华，剔除文化中的糟粕，帮助民众做出正确的文化选择。①

（二）对个人的价值

首先，思想政治教育能够使个人明确政治方向，形成坚定的政治立场。这就意味着思想政治教育可以引导人们树立正确的政治方向，使人们的言行符合经济社会发展需要，保证不偏离社会正常运行轨道。在阶级社会思想教育具有一定的阶级性，它主要体现的是一定阶级或政治集团的统治意志。统治者通过思想政治教育使主流意识形态在民众中得到传播和认同，这样，一方面可以保证和巩固其统治地位，维护其经济权益；另一方面，正确的政治导向也有利于全社会凝聚力量，共同推动经济社会的发展。毛泽东曾经指出："学问再多，方向不对，等于无用。"②学问以坚定的政治立场为前提，如果政治方向错误，学问做得再好、再有学问对国家和社会也没有价值，甚至还会产生不良后果。③ 思想政治教育能够引导民众走向正确的政治方向，民众在前提正确的条件下，才能更好地施展自身才能，为国家社会作贡献。

其次，思想政治教育能够规范人们的道德品行，协调个人与他者之间的关系。一方面，思想政治教育能够规范调节人们的思想和行为，使其符合思想政治教育方向，保证人们品行的正确性，纠正偏离道德目标和政治方向以及挑战思想政治教育的思想和行为。思想政治教育通过道德教化，使人们受到道德的感召和熏陶，道德意识不断加强，道德修养不断提升，最终内化为自身的道德品格，养成道德习惯。同时，思想政治教育也会促使人们加强对现有道德规范的重视和践履，使人们在自觉自律中逐渐形成良好的道德品行。另一方面，协调个人与他者之间的和

① 周中之、石书臣：《现代思想政治教育理论与实践探微》，人民出版社 2009 年版，第 94—95 页。

② 毛泽东：《毛泽东论教育革命》，人民出版社 1967 年版，第 13 页。

③ 周中之、石书臣：《现代思想政治教育理论与实践探微》，人民出版社 2009 年版，第 77—78 页。

谐发展成为思想政治教育的重要价值。[①] 社会主义和谐社会的构建需要个人与他人、个人与社会、个人与自然、个人与自身之间的和谐，思想政治教育在新时期恰恰能发挥出其协调这四方面关系的价值。

另外，思想政治教育能够塑造个人的健全人格，开发个人潜力，为个人的全面发展奠定重要基础。“所谓塑造理想人格，就是有意识地创造人们共同景仰的人格范型，引导人们攀登崇高的道德目标。”[②] 人格是人们内在的稳定品格，一定意义上它决定了人的思想和行为方式，并且进一步决定了人的未来发展。思想政治教育通过理论与实践等多种教育方式，促使个人形成社会所要求的道德品格、思想境界等，使个人经历一个由外而内的教化过程。在此之后个人又会经历一个由内而外的践行过程，从内在意识转化为良好的行为习惯。这一过程有利于个人健全人格的形成。进一步说，在现代社会，思想政治教育不仅关注对个人人格的塑造，还侧重于对个人价值的开发。随着科技进步重要性的日益凸显，人才成为竞争的焦点，社会发展越来越依赖于人力资源的开发和进步。思想政治教育能够充分调动人的积极性和创造性，使人的潜力得到开发，为人的全面发展提供重要契机。[③]

第二节　儒家思想的思想政治教育意蕴

儒家思想在中国封建社会中长期占据主导地位。就其本有目标而言，它的思想政治教育是中国思想政治教育历史上的典型成功案例。因此，对儒家思想及其思想政治教育进行概括性介绍有利于进一步厘清研究的理论前提。

一　儒家思想概述

以孔孟为代表的儒家文化，对中国甚至对东亚、整个世界都产生了

---

① 周中之、石书臣：《现代思想政治教育理论与实践探微》，人民出版社 2009 年版，第 79—84 页。

② 黄钊等：《中国道德文化》，湖北人民出版社 2000 年版，第 82 页。

③ 黄钊等：《中国道德文化》，湖北人民出版社 2000 年版，第 79—83 页。

深远影响。儒家思想之所以彰显出如此强大的精神力量，关键在于其思想精髓所具有超越时空的生命力和魅力。因此，对儒家思想进行考察，挖掘其思想精髓，有助于我们进一步展开儒家思想政治教育理论研究。

春秋时期的孔子作为儒家思想的创始人，其思想的主要范畴是“仁”。在《论语》中，孔子有百余处提到“仁”，然而这百余处中，孔子并没有给“仁”下一个明确的定义。在孔子那里，“仁的观念，所涵甚广，而本旨甚约；境界极高，而平实简易；是一个宏大而切近的生活准则”①。也就是说，“仁”既是一个所涉领域广泛、含义众多的观念，然而却又有较为明确的主旨，既是一种很高的思想境界，又不离日常日用，平实而又容易践行，所以，“仁”是一种既宏远又切己的生活准则。孔子认为，“仁”容易理解，也容易实行，但是天下却很少有人能理解并且真正实行，他说：“有能一日用其力于仁矣乎？我未见力不足者。”（《论语·里仁》）仁所包含的内容极为广泛，我们很难见到仁的全貌，但是在孔子那里，行仁有路径，就是他所说的“仁之方”，即忠和恕。因此曾子说：“夫子之道，忠恕而已矣。”（《论语·里仁》）忠恕是通向仁的重要途径，忠恕之道即是仁道，即“己欲立而立人，己欲达而达人”（《论语·雍也》），“己所不欲，勿施于人”（《论语·颜渊》）。无论在与他人日常交往或是君主治国过程中，忠恕均是重要的行为准则，是践行仁的入口。而实行忠恕、实行仁的关键在于发自本心，而不在于外力的约束，所以实行仁的方法如此简单，以至孔子说：“仁远乎哉？我欲仁，斯仁至矣。”（《论语·述而》）②

战国时期的孟子“受业于子思之门”（《史书》），受孔子思想的影响，发展了孔子“仁”的观念，在政治上提出了“仁政”学说，而这一学说的基础也是其思想的突出特征，即“性善论”。孟子在与告子进行争论时，曾这样论证他的“性善论”观点，“人皆有不忍人之心。先王有不忍人之心，斯有不忍人之政矣。以不忍人之心，行不忍人之政，治天下可运之掌上。所以谓人皆有不忍人之心者，今人乍见孺子将入于井，皆有怵惕恻隐之心。非所以内交于孺子之父母也，非所以要誉于乡党朋友

① 张岱年：《中国哲学大纲》，中国社会科学出版社1982年版，第256页。

② 冯友兰：《中国哲学简史》，北京大学出版社1996年版，第39页。

也，非恶其声而然也。由是观之，无恻隐之心，非人也；无羞恶之心，非人也；无辞让之心，非人也；无是非之心，非人也”①。孟子认为每个人都有“不忍人之心”。“不忍人之心”也就是怜悯心、同情心。正是因为古代帝王拥有“不忍人之心”，才会制定出怜悯体恤老百姓的政策，用体恤他人的心去行使体恤他人的政策，治理天下这件事，就会如玩转掌心之物一般容易了。那为何说每个人都有“不忍人之心”呢？孟子以一个即将遇险的孩童为例，他说当突然看到一个要掉入井内的孩子时，大家都会产生惊惧同情之心，不为与孩童的父母结交，也不为博得声誉，更不是因为讨厌孩童的哭声而产生惊惧之心。这个怜悯同情之心，是在“乍见”落水孩童的同时就产生的一种心态，不受任何外在因素的影响，也不是来自生理的某种欲望，而是内心情感的真实表达。那是因为，“不忍人之心”或者说“恻隐之心”是每个人生来就具备的，这是人类共同的天赋秉性，是人之为人的根本。孟子用人人都有“不忍人之心”这一普遍性论证他的“性善论”。又以人的这一普遍性推导出了“不忍人之政”，即“仁政”。“滕文公为世子，将之楚，过宋而见孟子。孟子道性善，言必称尧、舜。世子自楚反，复见孟子。”② 孟子认为，从人的本性出发，用“不忍人之心”行“不忍人之政”，以尧舜的“王道”来治理国家，那么一定能治理好一方国土，成就一番伟业。而“人皆可为尧舜”，“舜人也，我亦人也”③，“尧舜与人同耳”④。每个人都可以成为尧舜，若为人不善，并不能说明他没有善的本性，只能说明他没有保持住，这就需要“养心”“养气”“求放心”，努力恢复人的本性，并通过反求诸已的方式来扩充自己的“四端”，即仁、义、礼、智。“四端”是人皆有之的，在这一点上，普通人与圣人并无不同，都是平等的，只要在后天不断地扩充丰富自己的“四端”，每个人都能成为尧舜，通达天下，从而使天下得以安定。孟子开辟的心性学说对后来的宋明理学和心学产生了直接影响。他所提出的“民贵君轻”等民本思想，在当时也具有重要

① 王云五、史次耘译注：《孟子今注今译》，台北商务印书馆 1978 年版，第 79—80 页。
② 王云五、史次耘译注：《孟子今注今译》，台北商务印书馆 1978 年版，第 116 页。
③ 焦循撰：《孟子正义》，中华书局 2015 年版，第 642 页。
④ 焦循撰：《孟子正义》，中华书局 2015 年版，第 651 页。

的进步意义。

荀子是战国末期儒家最重要的一位思想家，其儒学思想融合了先秦儒学及道、墨、名、法之学，集庄子百家之大成。荀子的“性恶论”是其思想的逻辑起点。“凡性者，天之就也，不可学，不可事。礼义者，圣人之所生也，人之所学而能，所事而成者也。不可学，不可事，而在人者，谓之性；可学而能，可事而成之在人者，谓之伪。是性伪之分也。今人之性，目可以见，耳可以听；夫可以见之明不离目，可以听之聪不离耳，目明而耳聪，不可学明矣……今人之性，生而离其朴，离其资，必失而丧之。用此观之，然则人之性恶明矣。所谓性善者，不离其朴而美之，不离其资而利之也。使夫资朴之于美，心意之于善，若夫可以见之明不离目，可以听之聪不离耳，故曰目明而耳聪也。今人之性，饥而欲饱，寒而欲暖，劳而欲休，此人之情性也。”① 荀子认为，本性是天生的，是存在于每个生命体中的，具有普遍性，就“性”的这一属性来讲，其与孟子的“生之谓性”是相通的，但在内容上，却有所不同。孟子的“性”可以靠后天学习、扩充，而荀子认为，本性是不能从后天习得的，无关努力，无关人为，它是与生俱来的。能够通过后天努力学习获取的，那是圣人制定的礼义，是人为，是“伪”。人在社会中生存，需要合乎礼义，遵纪守法，受到道德的教化和法律的规范，既然人性本为善，那又为何需要教化与规范才能使人心皆向善？故此，荀子认为，那是因为人性本为恶，人生来就有无限的欲望与争斗之心，自人呱呱坠地起的第一个声音，就是为满足口腹之欲的哭泣之音。人生来就喜欢欣赏美好的事物，品尝美味的食物，追名求利，趋利避害，追求着各种欲望。欲望的扩张与无节制，定会扰乱社会秩序，这才需要用圣人制定的礼义来教化人们，用法律制度来管理人们。荀子以此来论证了他的“人性恶”的观点。他认为，“所谓‘善’，就是一切行为都符合封建的道德规范，服从封建礼义制度；所谓‘恶’，就是用心险恶，行为不正，犯上作乱，破坏封建统治秩序的行为”②。而人的本性是“恶”的，因此需要圣人制定礼

① 熊公哲：《荀子今注今译》，台湾商务印书馆 1977 年版，第 477—478 页。

② 北京大学哲学系中国哲学教研室：《中国哲学史》，北京大学出版社 2003 年版，第 93 页。

义，对臣民进行教化，用礼义等规范引导和约束人的行为，使其达到“善”举。所以，在荀子那里，“善”是后天教育的结果，是人为（“伪”）的结果。基于这样的人性论观点，荀子在政治上主张“隆礼至法”，礼法并重。“礼”是用来维护封建官僚等级制的，“法”是用来治理国家的，“法”是根据“礼”而制定的，并为了维护“礼”而生，他的思想在一定程度上是对儒法思想的综合，但是他有所侧重，更强调礼治。他认为礼是“人道之极”，“立隆以为极，而天下莫之能损益”（《荀子·礼论》）。荀子所说的礼一方面不仅仅局限于礼仪，而是强调礼要发挥治国功能，仁应从属于礼；另一方面，礼是由理智作用所发现的，是对传统礼的理性化。因此，荀子特别重视理智的作用。[①]

董仲舒也是儒家的一位重要代表人物，在人性的问题上，董仲舒不同于孟子与荀子，他认为人性的善恶，是先在地存在于人性的范畴之中的，不是后天习得的，也不受教化的影响。每个人的本性中均有善、恶，那是上天所赋予的，具有与生俱来的先在性，因此，他的人性论也被叫作“天赋善恶论”。至于人将成长为圣人还是小人，取决于他生活的现实环境唤醒了他内在的善还是恶。在政治上，他把儒家思想改造成了维护中央集权封建专制统治的思想体系，儒家思想在他那里被确立为统治思想。为了进一步加强当时西汉一统的政治格局，他提出政治上必须实行君主专制，要树立起君主的权威，他称为“尊君”。他说：“唯天子受命于天，天下受命于天子”，“春秋之法以人随君，以君随天。”（《汉书·董仲舒》）董仲舒认为，“天”是至高无上的至尊，而君主直接“受命于天”，“君权神授”。这里的“天”就不仅仅是一种自然存在，而是具有了意志，并且带有了神学目的性。“人之形体，化天数而成；人之血气，化天志而仁；人之德行，化天理而义；人之好恶，化天之暖清；人之喜怒，化天之寒暑；人之受命，化天之四时”（《春秋繁露》卷十一）。人的形体、血气、德行、性情等均是上天所赋予的，就连君权也是受命于天，是天有意的安排。“德侔天地者，皇天右而子之，号称天子。”故而，“天子受命于天”（《春秋繁露》卷十一）。既然是“天”的有意安排，故此，君主也是尊贵的，其意志同样具有至上性，君主是按照“天意”进

① 吴乃恭：《儒家思想研究》，东北师范大学出版社 1988 年版，第 2 页。

行统治的，君权便具有了神圣的光环，至高无上，无所不能，自然会获得民众的敬畏与崇拜。汉代的封建统治就是“天意”的体现。为了论证封建统治的合理性，他把天人关系神秘化，提出“天人感应”“人副天数”“阴阳五行说”等，为封建集权统治提供了合法性证明。同时，为了维护封建专制，他提出思想上也要统一，要求统治者“罢黜百家，独尊儒术”，儒家思想成为封建统治的官方思想。“《春秋》大一统者，天地之常经，古今之通谊也。今师异道，人异论，百家殊方，指意不同，是以上亡以持一统；法制数变，下不知所守。臣愚以为诸不在六艺之科、孔子之术者，皆绝其道，勿使并进。邪辟之说灭息，然后统纪可一而法度可明，民知所从矣。”[①] 董仲舒用“君权神授”为封建统治找到了合理性，还根据王权的“大一统”，提出要独尊儒术，实现思想上的“大一统”。儒家的价值观念为王权提供合法性的同时，从董仲舒开始，孔子也被神化了，在封建社会中具有教主的意义。自此之后，孔子被封建社会奉为圣人，具有绝对权威，儒家思想也取得了意识形态中主流派的正统地位。[②]

朱熹的理学是儒家思想发展的最高阶段。理学所谓的“理”最主要的内涵就是事物之理，即事物的发展规律。在程朱那里，事物具有特殊性，理大多存在于事物之中，是一类事物所共有的普遍性，即普遍性存在于特殊性之中。但是后来，程朱把理与事物割裂开，认为理可以脱离事物独立存在，理是事物的本体论基础，对于事物来说具有时间先在性。理还包括道德的基本原则、基本标准。[③] 也就是说，以“理”这一最高范畴为根本原则，程朱从宇宙观、认识论、道德论等方面建立了全面而庞大的理论体系，理成为绝对标准。程朱以“理”为中心，论证了封建制度、封建道德的合理性，维护了封建等级秩序。由于理学适应了当时中央专制集权的利益要求，因此，“从南宋末年直到清王朝的七百年间，被

① （汉）班固：《汉书》卷56《董仲舒传》，上海古籍出版社1986年版。

② 北京大学哲学系中国哲学教研室：《中国哲学史》，北京大学出版社2003年版，第123页。

③ 北京大学哲学系中国哲学教研室：《中国哲学史》，北京大学出版社2003年版，第283页。

奉为历代封建王朝的官方哲学”①。

二　儒家思想政治教育的含义

我们要考察儒家思想政治教育的含义，首先面临的一个问题就是儒家究竟有没有思想政治教育，有没有思想政治教育理论。有人认为，思想政治教育是中国共产党的专属，不仅儒家，包括中国古代都没有思想政治教育。还有人承认，包括儒家在内的中国古代有思想政治教育，但是只承认有零星的思想，不承认有思想政治教育理论。② 针对以上说法，我们需要指出的是，“思想政治教育这个概念，虽然在古代和国外不曾使用，但思想政治教育所包括的政治教育、思想教育、道德教育却是人类社会进入文明时代以来的普遍社会现象”③。也就是说，对于有无思想政治教育，并不能狭隘地根据字眼来加以判断，而要从实际出发，从活动的实质出发，要根据教育活动的实质是否具有思想政治教育的性质出发，来决定是否是思想政治教育。因此，即便儒家学说中并没有明确提出过“思想政治教育”这个概念，并没有明确把思想政治教育作为其研究的主题，但是这并不代表儒家思想发展的历史中没有思想政治教育。因为政治教育、思想教育、道德教育是文明时代普遍的精神现象和社会现象，因此，以这三种教育为基础的思想政治教育必然客观存在于儒家思想所历经的时代，必然或隐或显地体现在儒家思想当中。依此而论，儒家思想中必然具有思想政治教育的意蕴，儒家必然有其思想政治教育理论。

根据思想政治教育的一般内涵，即“一定的阶级、政党、社会群体用一定的思想观念、政治观点、道德规范，对其成员施加有目的、有计划、有组织的影响，使他们形成符合一定社会、一定阶级所需要的思想品德的社会实践活动”④。我们尝试界定儒家思想政治教育的内涵，即“统治阶级运用儒家的思想观念、政治观点、道德规范，对其成员施加有目的、有计划、有组织的影响，使他们形成符合封建统治阶级所需要的

① 吴乃恭：《儒家思想研究》，东北师范大学出版社1988年版，第4页。

② 赵康太、李英华：《中国传统思想政治教育理论史》，华中师范大学出版社2006年版，第2页。

③ 张耀灿等：《现代思想政治教育学科论》，湖北人民出版社2003年版，第12页。

④ 张耀灿等：《现代思想政治教育学科论》，湖北人民出版社2003年版，第6页。

思想品德的社会实践活动”。而儒家思想政治教育理论是在一定社会背景下，即封建集权统治下，一方面是对统治者的“思想观念、政治观点、道德规范”的理论表达，它进一步升华了这些还没有形成体系的思想观念，使其上升为更具理论高度、更具有体系性的思想精神；另一方面是通过已形成的思想精神对“其成员施加有目的、有计划、有组织的影响”以及“符合封建统治阶级所需要的思想品德的社会实践活动”所进行的考察和总结。[①] 因此，对儒家思想政治教育理论进行研究，就要深入儒家思想政治教育的历史中，分析并阐释不同历史时期和社会背景下，儒家思想政治教育的发展历程和主要观点（我们将在下一章对这一问题进行深入探讨），挖掘其中的思想精髓。

三　儒家思想与儒家思想政治教育理论之间的关系

儒家思想与儒家思想政治教育之间关系密切，二者的联系与区别主要表现在：

1. 联系：儒家思想中包含儒家思想政治教育理论，前者统摄后者，后者是前者的重要组成部分，二者相辅相成。

可以说，儒家思想是中华传统文化中最具有代表性的思想，是两千多年封建统治的思想基础、主流意识形态，它在封建时代直接影响着封建统治政权的巩固与发展。它的重要性不仅体现于实践活动以及实际的政权统治中，还体现在思想文化或精神文化层面。儒家思想涉及的内容和领域十分广泛，包含着深邃的哲学智慧。它的思想涉及政治、自然、认识、人生、道德、历史、教育、艺术、经济、军事[②]等多个方面，形成了较为庞大且深邃的理论体系，为后来思想文化的发展奠定了重要基础。

从儒家思想所包含的内容当中我们不难看出，儒家思想政治教育理论是其中的重要成分，是儒家思想中所涉及的政治、道德、教育等内容的综合，对儒家思想起到了重要的思想支撑作用。儒家思想的代表人物、儒家学派的创始人——孔子，首次开创了“私人讲学”。私学的产生，不

---

① 赵康太、李英华：《中国传统思想政治教育理论史》，华中师范大学出版社 2006 年版，第 2 页。

② 邵汉明等：《儒家哲学智慧》，吉林人民出版社 2005 年版，第 1—6 页。

仅打破了统治阶级对教育的垄断，让平民百姓也能够接受教育，扩大了受教育的对象，增加了受教育的机会。同时，儒家学派的思想政治教育，还特别注重道德教育，其教学宗旨就是培养出有德之人、圣贤之人。教育的普及以及对道德教育的重视，让儒家思想、儒家的价值理念散播到整个民族，家喻户晓，根植于每个人的思想之中。直至今天，儒家的价值理念还是作为我们民族凝聚力的强大的思想支援。这不仅得益于儒家思想的与时俱进，更得益于儒家思想政治教育理论的发展与落实。如果没有儒家思想政治教育理论，儒家思想体系既不完整，也无法真正在现实实践层面起到重要作用；当然如果只有儒家思想政治教育理论而没有儒家思想的其他层面，儒家思想政治教育理论也会失去政治上的支持，不可能流传得那么久、影响得那么深远。因此，二者相辅相成，共同构成一个儒家思想体系。直至今日，包括儒家思想政治教育理论在内的儒家思想，其智慧仍然镌刻在人们心灵当中，它的某些理论观点、学说或许已经不合时宜，有一些甚至是错误的，但是其最为根本的思想精髓或者说文化精神，对于我们中国人来说仍然有着重要意义，它是内在于中华民族思想结构之中、流淌于中华民族文化血液之中的思想元素，是中国人之所以为中国人的重要文化特征。

2. 区别：儒家思想与儒家思想政治教育理论也有着重要区别。其实在前面提及二者之间的关联时，就暗含了二者之间的区别，那就是二者之间的内涵不同。儒家思想的内容范围比儒家思想政治教育理论的内容范围更大。儒家思想侧重的是“思想”，是对儒家涉及的所有重要思想的归纳、总结和研究，而儒家思想政治教育理论侧重的是“人文教育”理论，是对儒家思想中所涉及的重要的政治、道德、品德、心理等方面教育理论的相关讨论和研究。还有一点重要区别就是，虽然二者的创始人都是孔子，但是儒家思想是以孔孟为代表，在孔孟之时，儒家思想就已经达到一个相当高度，为后来的儒家思想提供了重要的思想奠基，孔孟之后的思想都是在二人的基础上进一步发展起来的。而儒家思想政治教育理论虽然在孔孟之时开端，但其确立支配地位却是在董仲舒之时。在西汉大一统的政治背景下，董仲舒为了维护封建集权统治以及儒家思想的正统地位，提出“罢黜百家，独尊儒术”，他以“天人感应”“君权神授”等思想为核心，建立了其比较系统的儒家思想政治教育理论体系，巩固了封建政权统治。

第三节　现代儒家思想的新发展

在经历了两千余年发展之后，到了现代，伴随着经济社会的重大变迁，儒家思想也被不断注入新鲜血液，与时俱进，形成了转向现代社会、反映现代社会的新型儒学形式，即新儒学和大众儒学。

一　现代儒家思想的发展：现代新儒学

（一）现代新儒学及其代表人物

儒学的发展在历史上主要经历了三个时期：一是先秦儒学，主要以孔子、孟子、荀子为代表。二是新儒学，即宋明理学。三是产生于20世纪初的现代新儒学，"它是对'五四'以来激烈反传统的一种保守回应，是对科学主义思潮的一种反抗"①。现代新儒学第一代代表人物为梁漱溟、张君劢、熊十力、贺麟、冯友兰、钱穆等，20世纪50年代到70年代的第二代代表人物为唐君毅、牟宗三、徐复观等，80年代之后的第三代代表人物为杜维明、刘述先、余英时、成中英等。

思想流派的产生反映的是时代的任务和要求。春秋后期，礼崩乐坏，秩序崩溃，对于"礼"的态度，各有不同，于是产生了不同的思想流派。儒家认为正是人们背离了传统，放弃了对"礼"的坚守和信仰，才导致秩序混乱的局面，因此要"克己复礼"。而针对不同的现实问题与境遇，儒家又发生了不同的发展方向。在礼崩乐坏的境遇面前，孔子要求克制个人的冲动和欲望，用传统的"礼"来要求自己，将"礼"内化为自觉的行动。宋明理学面临的是佛家与道家的兴起，佛教拥有可以与儒家相媲美的完整的宇宙观、世界观，再加上汉末混乱的局面，人们对于儒家的思想已经不再感兴趣，而是开始谈玄论道，致使儒家思想的传播日渐衰微，萎靡不振。此时，"大儒"出现了，他们将儒、释、道融合在一起，进行了有效的吸收和扬弃，使得儒家发展到了一个新的高度，重新为中国的思想指明了方向。而现代新儒学的产生自然也有它所面临的时

① 方克立：《现代新儒学与中国现代化》，长春出版社2008年版，第1页。

代任务和要求，有人认为现代新儒学是儒学发展的第三期，这种说法目前在学界是比较流行的，当然也存在着其他的观点，比如李泽厚先生的“四期说”。现代新儒学产生于20世纪20年代，也可以说是“五四”时期。它的产生有着复杂的社会背景和思想背景。一方面，当时的政府昏庸无能，国家受尽凌辱，百姓生活无望。学者们满怀爱国主义热情，力图寻求救亡图存的现实出路。他们普遍认为，应学习西方资产阶级先进思想，使之为我所用，但又想力图避免西方文明已出现的弊端，因此，资产阶级先进思想与以儒家思想为代表的中国传统文化相结合，二者优势互补，对于当时的学者们来说是一个最优选择。另一方面，儒学在现代所遭遇的空前危机也是一个重要背景。五四新文化运动带来了东西文化交流的同时，也带来了工业文明。西方文化的渗入，中国古老传统文化在现代化进程中的虚弱无力，使得我们的传统价值体系被不断地消解，致使儒家精神的合法性受到了质疑。五四运动之后，批孔、批儒、“打倒孔家店”的声音日益高涨，儒家思想受到严重冲击，在一定程度上被歪曲、丑化，面临着严峻考验。学者们在这种情况下力图重建和复兴儒学，力图在保持孔子以及儒家思想精髓的基础上，把西方资产阶级的科学民主精神融入其中，共同发挥二者的优势力量，在救亡图存过程中发挥出重要的理论和实践作用。因此，在这样的背景下，现代新儒学应运而生。

到20世纪50年代以后，马列主义、毛泽东思想成为社会主义现代化事业的重要指导思想，现代新儒学的影响慢慢退去。与此同时，与之相对的是，在港台和海外（尤其是在大陆进行“文化大革命”时期），一场大规模的儒学复兴运动兴起。可以说，虽然现代新儒学在大陆发展的脚步减慢（一些学者加入中国共产党，一些学者成为马克思主义者），但其仍然在中国继续传承和发展着，因为学者们在中国的香港、台湾地区继续传承着中华文化。因此，第二代现代新儒学的代表主要在香港、台湾地区和海外活动，现代新儒学发展的第二阶段的中心也已经发生转移。20世纪80年代以后，现代新儒学发展到第三阶段，与前两个阶段相比，第三阶段新儒学的发展环境较为优越。此时，西方现代化进程在经历了一段时期的发展之后，它所产生的负面影响日益暴露，并且在经济、政治、社会等领域全面升级。科技进步的同时，生态环境遭到严重破坏，资源、能源浪费，生化武器威胁着整个人类，等等，人类社会面临着前所未有的挑战。更让人感到不安的是，人与人之间的关系日益冷漠，物质利益笼罩在人的温情之上。因此，始于西方社会的反思现代化的运动最终在全世界范围内展开，学者们纷纷批判“工具理性”，反思单一的西化模式所带来的片面性。同时，他们认识到除西方文明之外的东方以及其他民族的文化传统，同样是人类文明的重要组成部分，在人类面临危机时也是可从中寻求出路的宝贵思想资源。特别是重视人、肯定人性价值的中华文化、儒家文化，是医治当前危机的良药。而现代新儒学在此时主要继承和发扬了儒家思想，是儒家思想的现代延续①，因此，它越来越受到国际社会关注。也正因如此，第三代学者才能在更为有利的时代背景下继续研究儒学，弘扬中华文化。

（二）现代新儒学的主要观点

我们一般认为现代新儒学历经了三个发展阶段，每个阶段都有其代表性的人物，在谈到现代新儒家的基本特征时，李泽厚先生曾这样讲道：“在辛亥、五四以来的二十世纪的中国现实和学术土壤上，强调继承、发扬孔孟程朱陆王，以之为中国哲学或中国思想的根本精神，并以它为主体来吸收、接受和改造西方近代思想（如‘民主’‘科学’）和西方哲学（如柏格森、罗素、康德、怀特海等人）以寻求当代中国社会、政治、文化等方面的现实出路。这就是现代新儒家的基本特征。”② 而关于现代新儒学的代表人物，他认为，“现代新儒家中，真正具有代表性，并恰好构成相连接的层面或阶段的，是熊十力、梁漱溟、冯友兰、牟宗三四人。钱穆、徐复观基本上是历史学家。张君劢、唐君毅虽属哲学家，但他们的思想及体系相对来说庞杂无章，创获不多。熊、梁、冯、牟却各有某种创造性，且思辨清晰，条理井然”③。我们就以现代新儒学的主要代表人物为线索，考察他们有哪些代表性观点。

第一代代表人物梁漱溟是现代新儒家的开创者，五四运动之后，在儒家思想被世人唾弃之时，梁漱溟能勇于站出来，公开为儒家思想辩护，

---

① 方克立：《现代新儒学与中国现代化》，长春出版社 2008 年版，第 69—89 页。

② 李泽厚：《略论现代新儒家》，见《中国现代思想史论》，东方出版社 2008 年版，第 265—267 页。

③ 颜炳罡：《当代新儒学引论》，北京图书馆出版社 1998 年版，第 56—58 页。

体现了其巨大的理论勇气。当时在北京大学任教的梁漱溟为了将儒学思想传播出去，在北京大学开办了“孔子哲学研究会”。他认为，“东方化和西方化，都是世界文化，中国为东方文化之发源地；北京大学复为中国最高之学府，故对于东方文化不能不有点贡献，如北京大学不能有贡献，谁则负贡献之责者?”[①] 以此表明了他传播儒学的决心，在批孔、批儒、“打倒孔家店”的声音日益高涨之时，他毅然决然地肩负起了这个重担。在对儒学的反思中，他以新的视角和新的理解重新考察、反思了儒学思想，使其重新获得了生机，在整个人类文明的总体中，为儒学思想重新找到了合理性，使新儒学获得了一席之地。他的著作《东西文化及其哲学》是奠定其开山地位的重要作品。他第一次把中国文化视为与西方文化一样的世界文化之一，认为中国文化应与西方文化一样受到平等对待。他认为，中、西、印三种文化体系根源于人类生存的“意欲”，不同的“意欲”决定了三种文化不同的生活态度。西方文化意欲为不断向前扩展，中国文化自古讲求中庸，允执其中，印度文化意欲反身向后。这三种文化各具特色，共同构成人类文化的重要组成部分，因此无所谓高低优劣。但是，梁漱溟认为，如果根据当前社会形势来加以判断，中国文化最符合当前的文化潮流。因为它既能拯救西方人的急功近利，又能避免印度人的消极退却，因此，中国文化最可取。梁漱溟在那样一种历史条件下肯定了以儒家思想为代表的中国文化的价值，确立了现代新儒家尊孔崇儒的精神方向。[②] 当然，梁漱溟并非一位“复古”派，他肯定西方文化的价值，提倡吸取西方文化，因此他所提倡的儒学是以西方文化改造过了的新儒学。对于中国传统文化，梁漱溟认为，不重视科学是中国传统文化的劣势，因此他以世界的眼光对儒学追根溯源并进行了深刻的反思。他讲到，“然则你要去求一家文化的根本或源泉，你只要去看文化的根原和意欲，这家的方向如何与他家的不同，你要去寻这方向怎样不同，你只要他已知的特异采色推他那原出发点，不难一目了然”[③]。在对儒学追根溯源的过程中，梁漱溟并没有坚持“独尊儒术”的观念，

---

① 梁漱溟：《东西文化及其哲学》，上海人民出版社 2015 年版，第 15—16 页。

② 方克立：《现代新儒学与中国现代化》，长春出版社 2008 年版，第 58—59 页。

③ 梁漱溟：《梁漱溟全集》第 1 卷，山东出版社 2005 年年版，第 352 页。

而是对儒学进行了扬弃和重新理解。他反对传统儒学的天道自然观和伦理道德观，将解决中国的现实问题视为主要的研究方向，从中国的现实境况出发，他认为道德的主体不再是以家族为核心，而是以社会公德为主体。他还以世界的眼光，通过对西方文化的吸收和扬弃，用新的视角为儒家思想找到了新的合理性，“用唯识论和生命本体等作为自己哲学观和认识论的基础，大力推崇西方哲学中的直觉、情感、意志与生活等思想，并以此来解释儒学中的‘仁’。说明新儒学具有中西哲学合流的新思想”[①]。他的儒学具有融合中西文化的特点，这就为后来的现代新儒家奠定了思想基调。

张君劢所处的时代与梁漱溟一样，都是君主专制向民主宪政转型的时代。在这样的时代，“复古”自然违背历史潮流，恢复“周礼”自然行不通，学习西方的先进文化、先进制度是学者们的共识。而在学习西方先进制度方面，张君劢更胜一筹。他在 1922 年起草了《国是会议宪法草案》，他认为，根据中国国情，中国应实行单一制而不是联邦制，整个宪政框架都是要以人民的自由权利为根本目的，后来他又提出以五权宪法之名行英美宪政之实的宪法方案。几经周折，他的提案最终在民国政治体制中以半总统制半内阁制的形式出现，这并没有违背他的宗旨。因此，他对于中华民国宪法来说作出了重要贡献。[②] 在学术思想上，人们最为熟悉的学术事件之一就是“科玄论战”。张君劢曾发表过一篇文章《学术方法上之管见》，旨在批判科学主义，也就是科学万能论。所谓科学万能论，郭颖颐曾给出过如下定义：它“是一种从传统遗产中兴起的信仰形式，科学本身的有限原则，在传统与遗产中得到普遍应用，并成为文化设定及该文化的公理。更严格地说，唯科学主义可定义为那种把所有人的实在都置于自然秩序之内，并相信仅有科学方法才能认识这种秩序的所有方面（即生物的、社会的、物理的或心理的方面）的观点”[③]。张君劢在《学术方法上之管见》中，明确批评了当时人们将科学视为万能的

---

① 李振霞：《梁漱溟与现代新儒学》，《实事求是》1992 年第 3 期。

② 王开石：《真正儒者张君劢》，http：//www.21ccom.net/articles/history/xiandai/20141129116822.html。

③ 郭颖颐：《中国现代思想中的唯科学主义》，江苏人民出版社 1989 年版，第 17 页。

现象，但这并不代表他不相信科学，漠视科学为我们带来的福祉，相反，张君劢认为科学可以弥补我们旧文明的不足与弊端。因此，他所批评的并不是科学本身，而是将科学视为万能的观点，是人们对待西方文化的态度。为了使自己的观点得到重视，1923 年，张君劢在清华大学作了题为《人生观》的演讲，再一次对科学万能论提出了质疑和挑战，并提出自由意志的人生观，反对科学万能论。他认为，人生观的问题并非科学所能解决，科学的应用有其局限性。张君劢所生活的时代是科学被尊为王的时代，因此，他的观点一出，就受到丁文江、胡适等人的反对，学界展开了“科玄论战”。这一次的“科玄论战”历时一年之久，参与其中的多是学术界和思想界的名流，梁启超、林宰平等与张君劢站在同一队伍中，通过撰文的方式支持他的观点。他们认为，“科学与人生观有不同的特点：科学为客观的，人生观为主观的；科学为论理的方法所支配，而人生观则起于直觉；科学从分析方法下手，而人生观则为综合的；科学为因果律所支配，而人生观则为自由意志的；科学起于对象之相同现象，而人生观起于人格之单一性”①。虽说，站在时代的背景之下，当时的中国社会发展离不开西方的科学技术，要想实现现代化、提高社会生产力，必定要对科学给予极大的重视。而张君劢对科学的质疑自然在学界引起了很大的争论，很多学者认为他略有偏颇，还把张君劢与他的支持者们称为“玄学鬼”。但“如果纯从学术角度看，玄学派所提出的问题和所得出的某些基本论断，例如认为科学并不能解决人生问题，价值判断与事实判断有根本区别，心理、生物特别是历史、社会领域与无机世界的因果领域有性质的不同，以及对非理性因素的重视和强调等等，比起科学派虽乐观却简单的决定论的论点论证要远为深刻，它更符合 20 世纪的思潮”②。因此，这场论战结果对中国现代哲学史产生了深远影响。一是，中国的科学主义渐渐兴起，多种思想都以科学命名。二是，使人们意识到科学的发展必然会带来社会的进步、文明的进步，但对于人生的问题、人类的情感问题，始终是科学无法涉入的领域，确如张君劢的论断，科学不是万能的。三是，对张君劢本人来说，虽然他被称为“玄

① 方克立：《现代新儒学与中国现代化》，长春出版社 2008 年版，第 59—60 页。

② 李泽厚：《中国现代思想史论》，东方出版社 1987 年版，第 9 页。

学鬼”，但是他不以为然，仍然活跃于文化与政治之间，成为一代大家。[①]

熊十力与梁漱溟和张君劢有所不同，一方面，在所处的时代背景上，“熊十力哲学是处于上升时期的中国资产阶级思想意识的升华物。熊十力虽身处于‘五四’之后，然心却仍在辛亥之时，他埋头于东西方哲学的故纸中，闭门凝思，煞费苦心地为辛亥革命进行理论补课”[②]。另一方面，在关注点上，后两位学者既关注学术，更关注实际的政治活动，而熊十力更加纯粹地关注学术思想。某种意义上，在现代新儒家第一代学者中，他更像是一位“中心启导人物”[③]，也是整个现代新儒家学者中极为重要的一位人物。他为现代新儒家构建了一个气势磅礴的哲学体系，其哲学思想和人格魅力深深影响了唐君毅、牟宗三等第二代人。他的“新唯识论”体系影响深远，甚至影响到20世纪三四十年代。[④] 熊十力的哲学思想受到了佛学的很大影响，将佛学与儒学相融合，可以说是熊十力哲学思想的一大特色。受到佛教唯识宗的影响，熊十力通过对传统唯识宗的吸收和改造，创建了自己的哲学思想——新唯识论。之所以叫新唯识论，熊十力解释道：“吾先研佛家唯识论，曾有撰述，渐不满旧学，遂毁夙作，而欲自抒所见，乃为《新论》。夫新之云者，明异于旧义也。异旧义者，冥探真极，而参验之此土儒宗及诸钜子，抉择得失，辩异观同，所谓观会通而握玄珠者也。破门户之私执，契玄同而无碍，此所以异旧义而立新名也。识者，心之异名。唯者，显其殊特。即万化之源而名以本心，是最殊特。言其胜用，则宰物而不为物役，亦足征殊特。《新论》究万殊而归一本，要在反之此心，是故以唯识彰名。”[⑤] 熊十力的这种唯心主义观点正是受到了佛教唯识宗“万法唯识”的主观唯心主义的影响。通过熊十力对“新唯识论”的解释，我们也可以发现熊十力的目标并非是讨论文化，而是要重建中国儒学本体论，这也是《新唯识论》的宗旨。他传承了陆王心学，认为“吾心与万物本体，无二无别”，认为“体用不

① 陈奎德：《失踪的“宪法之父”——张君劢》，http://www.aisixiang.com/data/43758.html。

② 郭齐勇、李明华：《试论熊十力哲学的性质》，《江汉论坛》1983年第12期。

③ 刘述先：《“当代新儒家与中国的现代化”座谈会发言》，《中国论坛》1982年第1期。

④ 熊十力：《新唯识论》，中华书局1985年版，第252页。

⑤ 熊十力：《熊十力论著集之一·新唯识论》，中华书局1985年版，第239页。

二”，在这里，本体并非是无，它就在万物之中，万物之外无本体，本体与万物不可分。熊十力曾用海水与沤的比喻来说明“体用不二”的道理，“物各具之心，即是宇宙的心；宇宙的心即是——物各具之心。譬如大海水遍现为——沤，即此——沤，皆涵有大海水全量”①。他认为海水与水泡是不能分离、独自存在的，海水就是水泡本身，而水泡中也含有大海的总量。对于海水与水泡的关系，这里并非是从来数量上去理解，而是指水泡与海水的本性，即本体之心即为万物之心。那么如何认识本体？在这里，他严格区分了“性智”和“量智”。“量智”是获取科学知识所不可或缺的理性思维方法，“性智”是一种直觉体悟，它超越理性思维，是本心之发现。“量智”是外求，而“性智”是内省。他认为认识本体与习得科学知识不同，对于科学知识能够通过理性思维、通过“量智”来获得，而对于本体的认识无法通过理性思维，只能通过内在的道德修养体悟、通过“性智”、依靠本心的自我觉悟来获得。熊十力与梁漱溟一样，都认为中西之学要互相结合，而中学比西学更具有优势，所以应以中学（性智）为体，西学（量智）为用。②

第二代代表人物唐君毅和牟宗三是现代新儒学发展到第二阶段最重要的人物。他们都是纯粹的文人书生，一生都在进行哲学研究。在20世纪50年代以后，二人的思想产生广泛影响，到了晚年，二人都形成了自己的儒家哲学体系。当然，二人无论从人格性情方面还是从治学思路、思想观点方面都有很大差别，“他们都推尊宋明心性之学，而牟宗三把宋明儒学分为三系的说法唐君毅就不表同意，牟宗三则批评唐君毅晚年的哲学研究不够‘精纯’”③。20世纪50年代时，唐君毅和牟宗三开始反省现代新儒家所面临的困境和原因，力图寻求一条中华传统文化的“返本开新”之路。唐君毅主要关注中西文化之差异，提出要肯定中华传统文化的价值，认为古今中外思想的融会贯通会带来中华文化的“返本开新”。牟宗三则认为如何从儒家的“内圣”开出“外王”，是现代新儒家未来发展的关键。因此，他提出“曲通”“自我坎陷”等理论，力图为开

① 熊十力：《新唯识论》，中华书局1985年版，第327页。

② 方克立：《现代新儒学与中国现代化》，长春出版社2008年版，第61—62页。

③ 方克立：《现代新儒学与中国现代化》，长春出版社2008年版，第74页。

出“外王”提供可行的路径。20 世纪 60 年代以后，二人更加关注哲学体系的建立，他们从中国哲学入手，深入研究心性之学，并且引西方哲学入儒学之中。唐君毅先后出版了《哲学概论》（上下册）、《中国哲学原论》（1—6 册）以及《生命存在和心灵境界》（上下册），最后这本书是其一生哲学思想的总结。他在考察了中西印对心性了解的基础上，建立起了一个庞大的哲学体系——心本体道德形上学的理论体系。当然这一体系仍然是以儒家思想为核心，继承了儒家的新本体论思想。在唐君毅看来，心之本体是恒常的，是真实存在的。一方面，心之本体具有认识能力和思维能力，心之本体通过认识物质在现实世界的外现，能够认识到一切物质的真实存在。这种认识能力是超越时空的，任何认识的对象都可以在思想中任意生出或消失，而心之本体的认识能力本身是不会消失的，是恒常的。故此，真正决定我们的清明之心的，只有我们的思想罢了。这一点唐君毅也是受到了王阳明心体之思的影响，“圣人之心如明镜，只是一个明，则随感而应，无物不照；……只怕镜不明，不怕物来不能照。讲求事变，亦是照时事，然学者却须先有个明的工夫。学者惟患此心之未能明，不患事变之不能尽”[①]。另一方面，心之本体还是道德本体。正是因为心之本体能够超越时空，不仅可以认识一切事物还可以认识自身，对自身进行反省，并总是有超越自身的欲望，想要有更高的心灵追求，因而心灵的认识能力越强，就越能达到清明之心的境界。同时，渴望超越自身的欲望，会将自己的心本体与他人的心本体链接起来，“我的认识活动，遍到他人，他人之认识活动，亦遍到我。我与他人在现实世界中，以认识活动互相交摄，而在超越的心之本体处相合”[②]。由此，才能在道德上成就自己，实现人生的最终目标，也就是实现全人类的大精神大人格，即“成圣”。

牟宗三晚期也专注于心性之学，尤其专注于宋明理学。他的著作《心体与性体》《从陆象山到刘蕺山》等对宋明理学的义理进行了深人研究，在此基础上他认为宋明理学存在着一个新的脉络，也就是说，在陆

① 王守仁：《象山语录阳明传习录》，上海古籍出版社 2000 年版，第 179 页。

② 唐君毅：《道德自我之建立》，《唐君毅全集》卷一，台湾学生书局 1985 年版，第 110 页。

王与程朱之外，还有刘蕺山一脉。他认为，刘蕺山一脉与陆王一脉都是从孔孟之正统发展而来，因此是正宗，而程朱一脉是歧出。这一观点证明牟宗三赞同的是陆王一脉的思想，也因此，他的新儒学是继承和发展了陆王一脉。牟宗三在他的晚期著作《智的直觉与中国哲学》和《现象与物自身》中，力图展现其经过几十年思考沉淀的哲学思想体系。康德认为，物自体无法为人类所认识，只有上帝的“智的直觉”能够把握它。而牟宗三认为，人类本身就存在“智的直觉”，从传统的儒释道理论中就能得到证明。康德通过“物自体不可知”，将世界划分为此岸世界与彼岸世界。彼岸世界的物自体能通过“智的直觉”呈现出来，被此岸世界所认识，但“智的直觉”是人所不具备的，只有上帝才拥有“智的直觉”。因为人是有限的存在，人先天地具有一套认识形式，人们用这套先天的认识形式对感性杂多进行加工处理，形成认识，如若脱离了感性杂多对我们的刺激，我们是无法形成认识的。因此，具有被动性的感性直觉，是我们认识事物的唯一形式。而“智的直觉”是主动性的、创造性的，是自明的，不需要感性杂多的刺激，主体自己就能提供感性杂多，它是本源性的，不依赖于客体的存在。正如《圣经》所描述的：“上帝说‘要有光’，于是就有了光。上帝不需要任何材料，而单纯凭借他的‘逻各斯’、思想和精神就创造出了整个世界。”① 故此，在康德看来，人是不具备“智的直觉”的，只具备感性直觉，因此，在此岸世界，人们是无法认识物自体的。而牟宗三从传统的儒释道理论中寻找到了批评康德的“物自体不可知”的依据。他认为人类本身就存在“智的直觉”，儒家“天人合一”的思想正是对此岸世界与彼岸世界实则是密不可分的有力证明。“一般人常说基督教以神为本，儒家以人为本，这是不中肯的。儒家并不以现实有限的人为本，而隔绝了天，他是从如何通过人的觉悟而体现天道。人通过觉悟而体现天道，是尽人之性。因人以创造性本身作为本体，故尽性就可知天。”② 牟宗三认为，人无疑是有限的存在，但同时，人也是无限的。人拥有无限的智心来体悟天道。“智的直觉不过是本心仁

---

① 邓晓芒：《康德的“智性直观”探微》，生活·读书·新知三联书店 2006 年版，第 64 页。

② 牟宗三：《中国哲学的特质》，上海古籍出版社 1997 年版，第 101 页。

体底诚明之自照照他（自觉觉他）之活动，自觉觉他之觉是直觉之觉。自觉是自知自证其自己，即如本心仁体之为一自体而觉之；觉他是觉之即生之，即如其系于其自己之实德或自在物而觉之。"[①] 他把康德哲学与中国哲学相融合，在解释康德哲学时，明确以儒家思想为立足点，而在阐释中国哲学和儒学哲学时，他又运用了康德哲学的概念[②]，这是他把中西哲学结合融会起来的重要尝试，他的哲学体系正是要实现以康德为代表的西方哲学和以儒学为代表的中国哲学的融会贯通。

徐复观与张君劢一样，既是一位学者，又是一位政治家，游走于"学术与政治之间"。辛亥革命确立了民主共和政体，以科学与民主为核心的"五四"精神深入人心，反封建的思想迅速成为主流，以致中国传统文化的地位日渐衰微，甚至是被否定，被打击。在这一现实背景下，徐复观并没有将中国的传统文化视作中国实现现代化的障碍，而是选择深探中国传统文化，并从中寻找到使国家繁荣富强的路径。因此，徐复观的新儒学思想，是从探讨文化观问题入手，他认为，鸦片战争以来中国所面临的一系列困境，都可归结为中西古今的文化关系问题。"在中西古今文化关系中，说明中国文化的特点与价值，探索中国文化的未来走向，成为他着重要解决的一大关键问题。"[③] 在对中国传统文化进行深入探究的过程中，徐复观认为，不能将传统文化视作孤立的、静止的思想，它并不是僵化不变的。相反，中国传统文化有着与时俱进的特性，在历史的长河中，随着历史条件的变化，中国传统文化也在不断地进行调整与发展。中国传统文化还有着极强的学习能力，它不是单一的，而是复杂的，它把儒、释、道等不同的思想都融合进其中，不同的思想中有相辅相成的，也有相互矛盾的，故而，中国传统文化是一个复杂的混合物。因此，徐复观力图将儒家思想与西方文化相融合，由此证明中国传统文化对于中国现代化的发展不仅不是障碍，反而是推动力。当西方的民主自由主义拥有了儒学人文主义所赋予的精神内涵，当传统与现代性完美地融合在一起，才是中国传统文化真正的魅力所在。而他对于中国文化

---

① 牟宗三：《智的直觉与中国哲学》，中国社会科学出版社 2008 年版，第 200 页。

② 方克立：《现代新儒学与中国现代化》，长春出版社 2008 年版，第 74—76 页。

③ 李维武：《徐复观》，云南教育出版社 2008 年版，第 41 页。

的理解也有着自己独特的思路，他认为文化是对人性的表达，也就是一种“心的文化”。“归根结底地说，中国传统的学问，乃是一种‘心学’，此不仅对陆王之学而言。黄梨洲在《明儒学案序》中说：‘心无本体，工夫所至，即其本体。’无本体云者，乃说明心是一种无限制地存在；因而中国的学问，也是无限的学问。个人工夫所至有不同，工夫之所从入亦有不同，故所得因之而异。但只要真是由一己之工夫之所至以言中国的学问，故虽所言者未必尽同，而其为真实则一。”① 因此，文化也具有人性的特征，即具有共性和个性，但他更加看重文化的个性，他认为，无论中西方都要肯定文化的个性，不同的文化都有其存在的人性根据，仅仅以西方文化作为评判世界其他不同文化的标准是一种不负责任的态度。他进一步阐释了中西文化的特点，以丰富理解中国文化的思路。他认为中西文化有着不同的开端、自觉、层级以及成就、局限和转进②，因此，中国文化具有自己独特的特点和魅力，它完全能够在世界上独树一帜，与西方文化一样，展现出人类文化的宝贵价值，服务于人类的进步和发展。

第三代代表人物杜维明是20世纪80年代推进儒学复兴的重要人物。尽管自20世纪90年代以来，杜维明的思想不断发生变化，但是他所关注的主题始终没变，那就是儒学的现代价值。杜维明以世界的眼光去审视儒学，认为儒学的发展要落实到现实世界，要通过儒学解决现实的困境与问题，而不能仅仅将儒家思想视作一种民族情感。“儒家传统进一步发展的契机不在这里，而是从西方文化发展到现在人类所碰到的危机和困境处设想。在这个情况下，多元发展的趋势是不可抗拒的。而儒学第三期发展的意义正在于此。”③ 在这个层面上，西方的自由主义并不是唯一可以借鉴的，儒家思想在解决社会现实问题上，同样具有强大的优势。“从家庭到人类社群，本质上都属于非政治的社会层面。在这些层面，自由主义确有不足之处。从修身一直到平天下，儒学可以发挥自己的独特

---

① 李维武：《徐复观文集》第二卷，湖北人民出版社2002年版，第360页。

② 李维武：《徐复观》，云南教育出版社2008年版，第41—50页。

③ 杜维明：《现代精神与儒家传统》，《杜维明文集》，生活·读书·新知三联书店1997年版，第618页。

作用。儒家特别强调政治精英的修身，强调贤人在位，对于自由主义过分重视制度而对于个体的品德较为忽略的状况，有一定的对治作用。”[①]政治精英本是西方的政治学术语，他们手握着政治权力，在国家中有着重要的政治地位，而西方的自由主义过于注重制度而缺少道德精神的内涵，忽视了政治精英的品德修养，这是西方自由主义的缺陷。儒家虽然受中国社会历史条件的影响，没能发展出民主与科学，但儒家思想更注重个人内在的道德修养，追求“内圣外王”的境界，而“内圣外王”的核心就是修身，只有拥有高尚的道德修养，才能管理好家庭，治理好国家，从而使天下公正和谐。儒家的这种精神内涵正是对西方自由主义的一种弥补。与其他现代新儒学的代表人物一样，他认为儒家思想作为人类文明的重要组成部分，在今天乃至未来仍然能够发挥其积极作用。他认为，儒家文化之所以能够新生，仍然发挥重要作用，是因为真正的儒家传统一直被传承着。“杜维明分疏了‘儒教中国’和‘儒学传统’两个概念。前者‘以政治化的儒家伦理为主导思想’，人们通常所说的封建遗毒是指儒教中国而言；而儒家传统则是塑造中国知识分子涵盖天地的气度和胸襟的价值渊源，也是培育中国农民坚韧强毅的性格和素质的精神财富。杜维明认为，后者代表了儒家之道的‘自觉反省，主动地、批判地创造人文价值’的真精神”[②]，也就是被一直传承下来的真正的儒家传统。在这里，杜维明明确区分了作为封建主义意识形态的“儒教思想”和作为体现中华民族精神品质的“儒学传统”，给予列文森等人所提出的“儒家传统已经死亡”的命题有力的回击。

刘述先的新儒家思想深深受到他的老师东方美以及牟宗三、熊十力等人的影响，在中文学界，刘述先有着十分重要的地位，还是当代第三代新儒家中年资最长的一位。起初，考入台大的刘述先是研究世界哲学的，因为当时的中国经历了五四运动，国人对中国传统文化的态度很不友好，西方文化的强势侵入，不仅带来了“德先生”和“赛先生”，也带来了西方哲学，如柏拉图、康德等。此时的刘述先试图通过对西方哲学的追本溯源，梳理其思想脉络，在一个世界哲学的背景下，来反省中国

① 谢晓东：《论社会儒学的三重向度——兼与杜维明对话》，《文史哲》2018 年第 2 期。

② 刘书艳：《杜维明：我不是新儒家代表》，《中华工商时报》2014 年 2 月 5 日。

传统文化的优势与劣势。因为在刘述先看来，“除了认真看待自己的传统的终极关怀之外，还要维持一种开放的态度，与其他精神传统展开对话，互相沟通”[①]。硕士毕业后，刘述先去东海教授通识课程，在那里，他受到了研究宋明理学的牟先生和做思想史的徐复观先生的影响，开始逐渐将研究重心转向了中国哲学。因此，他一方面重视西方哲学、文化哲学和比较哲学的研究，另一方面又继承和发展了传统宋明儒学思想，可以说，他把这几位新儒家重要人物的思想融合在一起，并通过自己的思想逻辑作出了理解和表达。刘述先认为，20 世纪 80 年代中期以来，我们依循西方的标准被迫现代化，对西方的强势文化既有依赖又有质疑，随着社会的发展、时代的变迁，越来越多的人开始在整个世界的视角下去重新审视西方与中国，意识到了西方文化的问题和种种社会弊端。与此同时，儒家思想也迎来了新的契机，青年知识分子们开始从中国传统文化中寻找解决中国现实问题的答案。在这样的现实背景下，刘述先认为现代社会有以下弊病：“（1）意义失落的感受；（2）非人性化的倾向；（3）戡天役物的措施；（4）普遍商业化的风气；（5）集团人主宰的趋势。”[②] 也就是说，人在征服自然、征服外界以及对物质利益的追逐过程中迷失了自我，人的意义失落了，人陷入迷茫的境地。西方的先进生产力能够帮助我们加快社会的发展，推进我国的现代化进程，科学与民主也确实值得我们借鉴，但随着资本逻辑的引入，科学技术的发展，物质产品的丰富，人们的精神信仰被逐渐消解了。他认为，医治这些“现代病”的最好方式就是“恢复我们传统中已经开发的慧解”[③]，也就是说挖掘在传统中、在人的心性中业已存在的生命智慧，依靠这种智慧寻求自身的意义和价值。他认为，这种智慧就是儒家文化的重要思想资源，它既是解决人类意义问题的最高智慧，也是复兴儒学所要寻求和持守的宝贵财富。[④]

① 刘述先：《儒家思想的转型与展望》，河北人民出版社 2010 年版，第 141 页。
② 方克立：《现代新儒学与中国现代化》，长春出版社 2008 年版，第 87 页。
③ 刘述先：《中国哲学与现代化》，台湾时报文化出版社 1980 年版，第 61 页。
④ 方克立：《现代新儒学与中国现代化》，长春出版社 2008 年版，第 87 页。

二 当代儒家思想的发展：大众儒学

（一）大众儒学及其代表人物

大众儒学是构建社会主义和谐社会、培育社会主义核心价值观、实现中华民族伟大复兴中国梦的背景下所产生的儒学研究的新类型或新方向。代表性人物为刘周、邵汉明、曾国祥等。2007 年，刘周在《全世界都来践行大众儒学，促进和谐社会和谐世界建设（倡议书）》中首次提出“大众儒学”概念，倡议全世界的仁人志士积极践行大众儒学并加入大众儒学的研究和宣传中去。2010 年，邵汉明在《儒学的未来》[①] 这篇文章中提出儒学的未来发展方向是要实现大众化、世俗化。为了进一步阐明自己的观点，2014 年 10 月，他以第一作者的身份撰写了《大众儒学》[②] 这本书凝练了儒家思想的基本内容和精神特质，既具有很强的学术性，又朗朗上口，通俗易懂。几乎与这本书同时，2014 年 11 月，曾国祥出版了《大众儒学语录》[③] 这本书，书中以语录的方式记录了四书中关于为人处世的基本道德和伦理，并且进行了现代汉语直译，以便大众进行翻阅。

这三位代表人物从不同角度、以不同方式倡导大众儒学，但是他们有一个共识，那就是中国社会的未来发展、中华民族的伟大复兴离不开以儒家文化为代表的中国传统文化的基础性作用、离不开它的浸润和滋养。在这样的共识下，他们倡导大众儒学就是希望在全社会范围内普及儒家思想，实现儒学的大众化、普遍化、世俗化。儒学只有从形而上的高高在上的殿堂，回落到形而下的生活当中，走向大众、走向生活，才能发挥出更大的作用。一方面，儒学的大众化能够广泛提升大众的道德水平和人品修养，为社会和谐创造良好的人文环境；另一方面，儒家文化作为中华优秀传统文化在其大众化的过程能够得到进一步传承和弘扬。无论是对于全社会、大众来说，还是对于儒学自身发展来说，儒学大众化都是一个很好的发展方向，因此，大众儒学的提出符合社会发展需要，符合文化传承需要，在未来发展中会得到越来越多的支持和拥护。

---

① 邵汉明：《儒学的未来》，《光明日报》2010 年 11 月 16 日。

② 邵汉明等：《大众儒学》，人民出版社 2014 年版。

③ 曾国祥：《大众儒学语录》，中国人民大学出版社 2014 年版。

（二）大众儒学的主要观点

在《全世界都来践行大众儒学，促进和谐社会和谐世界建设（倡议书)》中，刘周以一种宣言的方式，表达了他的大众儒学观点。他认为，“大众儒学是儒学的原教旨；儒学的核心是仁和礼；儒学仁礼一体的体系中同时包含了法的内容；儒学的礼法体系是分层实现的礼法体系；仁礼一体和‘以礼为体，以法为用’的分层践行的礼法体系，构成了超越社会形态、超越阶级形态的促进社会长治久安、永久和谐的科学完善的社会统治和社会管理方略；儒学是大众的儒学；践行大众儒学从修身（即个人修养）开始；大众儒学是建设和谐社会和和谐世界的科学方法的完整体系”①。在这里刘周从儒学思想中所涉及的仁、礼、法的内容入手，重点强调了礼和法对于现代社会的重要意义，在此基础上，主张要积极践行礼与法。从个人的角度来说就是要注重道德修身，“行之以礼”，从国家社会角度来说就是要协调好礼（道德秩序）与法之间的关系，共同促进社会的和谐。

邵汉明认为，儒学自其产生之初就有大众化的特点。孔子在民间开创学堂，可以说是大众儒学的起点。孔子主张有教无类的民间讲学，打破了原来只有贵族才能进学堂的制度，让平民百姓甚至是无业游民等都可以学习诗书礼乐。过去区分“君子”与“小人”，是按照阶级、按照官爵进行区分，而当贵族与平民都拥有了平等的受教育的机会时，区分“君子”与“小人”，就以德行为标准了。孔子打破了贵族与平民间的教育壁垒，将儒学平民化，使儒学具有了普遍性与大众性的特点。邵汉明认为，“天人合一”是儒学的一个重要命题，是人所追求的终极目标。它并没有把人和自然界割裂开来，一味地强调人的主观能动性对自然界的改造，而是将人、自然界、人类精神视作统一的整体。“儒家的天人合一观念一方面将自然人化，把客体嵌入主体之中，赋予客体以人的特性——道德性，另一方面又人化自然，将主体嵌入客体之中，赋予主体以物的特性——自然性，从而主客相互渗透、作用、贯通，达到最高的和谐，人也就从这种主客和谐状态中获得最大的自由。”这种和谐也就是

① 刘周：《全世界都来践行大众儒学，促进和谐社会和谐世界建设（倡议书)》，http：//blog. sina. com. cn/s/blog_ 4d8f263101000d4e. html。

“中庸”的境界。[①] 邵汉明将儒学的基本精神总结为和谐意识、人本意识、忧患意识和力行意识四个方面。在邵汉明看来，“极高明而道中庸”就是对儒学的一个很好概括，体现了儒学的和谐意识。“极高明”是指儒学是对历史经验的概括总结，是对历史文化的凝练升华，因此它具有一种超越的维度，蕴含着深刻的思想内涵。“道中庸”是指儒学不离百姓日常日用，就在生活之中，贴近大众和实际。因此，不能仅仅强调儒学“极高明”的成分，把儒学变成一种玄学，还要重视儒学“道中庸”的成分，使儒学在现代社会发挥出更大的作用。[②] 在《大众儒学》中，邵汉明以“天地生人、人贵物贱”开篇，以四字成言、八字成句的布局把儒家思想中的一些重要命题提炼总结成平实易懂的语言，简明而又系统地概括了儒学的基本内容和精神旨趣，并进一步揭示了儒学的现代意义。“天地生人、人贵物贱”所体现的是儒家思想中的人本意识。邵汉明认为“物的世界（外部自然）和人的世界（内部自然）都不是死的，而是活的，充满生机。这种生机观念正是儒家生命意识大体现；而这种生命意识又恰构成儒家天人相感相通思想的内在依据”[③]。儒家文化的第三个基本精神是忧患意识，与忧患心绪所带来的焦虑、烦恼不同，忧患意识是指人们在困境中的生命体悟，体悟到人之为人的责任感，体悟到自己内在精神生活的缺憾，并能在这种反省与体悟中迸发出超越自己、突破困境的生命力量，从而唤醒人们的历史使命感，超越忧患。而无论是人本意识还是忧患意识，都需要去行动去实现，最后还是要落回到“力行意识”。儒家主张入世，与将希望寄托于来世、寄托于彼岸世界所不同，也与道家的隐士风格不同，儒家主张兼善天下，而不是独善其身。不仅要在道德上进行自我修养，还要在社会政治实践上有所成就，才能达到“内圣外王”的境界。但儒家的“力行意识”也有其局限性，就是过于强调道德层面的修养而忽视了现实的生产劳动。“儒家文化尽管存在这样或那样的历史局限和理论局限，但它仍然有其不朽的价值和永恒的生命力。未来的中国文化只能是中华民族的文化，只有民族的文化，才能使它走向世

---

① 邵汉明：《论儒家文化的基本精神》，《学习与探索》1990 年第 4 期。

② 邵汉明：《儒学的未来》，《光明日报》2010 年 11 月 16 日。

③ 邵汉明：《论儒家文化的基本精神》，《学习与探索》1990 年第 4 期。

界，在世界文化的大舞台扮演它应有的角色。”①

曾国祥认为，我们常讲要复兴中华，而复兴中华从本质上来说，其实就是复兴中华文化，中国古代的传统文化中有太多值得我们去探索去挖掘的瑰宝。儒学不仅是人生之学，提供给人们普适性的道德规范，还是入世之学，给予了人们兼善天下的人生目标。对于儒家思想的学习，要从日常生活中去体悟，不论是什么身份，学生、老师、农民抑或无业游民，都可以从生活中的点滴去体悟儒学的为人处世之道。儒学大众化，就是这样一个过程，通俗而不庸俗，面向所有的人，“人皆可为尧舜”。在四书中有很多经典的语录，它们哲理性强，发人深省，而且容易背诵，从古至今曾经起到了良好的教育作用。而在现代社会，在公民思想道德建设过程中，把这些语录进一步普及，使大众懂得道德规范、礼义廉耻，提高自身修养，提升中国文化软实力，尤为重要。在《大众儒学语录》中，曾国祥以“仁德、忠恕、孝道、诚信、礼义、修身、齐家、为学、为政、践行”这十个关键词为主题，选择了四书中最具代表性的精华语句，把这些条目按原著顺序摘录出来并作了白话直译，这样一来，四书中的经典内容变得通俗易懂，大众能够更为直观地领略到来自传统文化的魅力。

① 邵汉明：《论儒家文化的基本精神》，《学习与探索》1990年第4期。

第三章

儒家思想政治教育理论产生的背景和历史演进

任何一种理论的产生都不是一种偶然，儒家思想政治教育理论也是如此，它的产生顺应了历史发展，也顺应了当时的政治经济文化形势。对于儒家思想政治教育理论的理解和评价迫使我们一定要回到原初，回到那个产生它并且推进其进一步发展的时代，这样才会更有利于我们对它的内容进行客观评价并且在此基础上总结其思想特征。

第一节　儒家思想政治教育理论产生的背景

儒家思想政治教育理论的产生有着重要经济、政治和文化背景，我们下面就进行逐一考察。

一　儒家思想政治教育理论产生的经济背景

（一）生产力的进步

春秋战国时期是我国生产力发展的重要时期，此时的生产力较西周时期有了大幅度提升。其中的重要原因，就是生产工具的进步。商代时，我国的青铜冶炼技术已相当成熟，1990 年在虢国墓葬中出土的铜柄铁剑，充分说明我国最晚在西周已有铁器。然而把这门技术运用于农业生产中，作为铸造农业工具的手段，是从春秋时期开始的。据考古发现，春秋晚期的墓葬中已有铁制的农业工具。而到了战国，铁农具的使用更为普遍，“魏、赵、燕等国的遗址出土了大批铁农具和铸造铁农具的铁铸范”。[①] 战国时期，每个农夫只能授田一百亩，每亩100步，随着铁制农具在农业生产中的普遍使用，亩制也随之进行着不断的更改，由100步每亩逐渐增加到240步每亩，这样一来，每个农夫虽仍然是授田一百亩，但是实际的授田面积却大幅度增加了。铁制农具的出现，大大提高了农业生产力，在增大了农夫耕作的土地面积的同时，还使得一些没有被占用的土地得到了有效的开发。过去，由于生产工具落后，人均耕作面积有限，没有多余的精力对荒地进行有效开发，大面积地扩大自己的生活半径。而随着生产工具的优化，生产力的不断发展，在单位时间内人们能够耕种更大面积的土地，工作效率的提高节省了人们的能量，这样人们就有了多余的能量去扩充自己的“领地”。“领地”的不断扩大，随之带来的就是人口的显著增加，正如《战国策·魏策三》中所描述的那样，“庐田庑舍，曾无刍牧牛马之地。人民之众，车马之多，日夜行不休，已无异于三军之众”（《战国策·魏策三》）。铸铁技术的提升以及铁制农业工具在农业生产中的大量使用，标志着一个新时期的出现。

铁农具这一生产工具的出现，也使得运河和灌溉渠的开挖成为可能，各国纷纷开始兴修水利工程。战国时期魏国开凿了邺渠，秦国开凿了都江堰和郑国渠，这些工程使用的主要工具就是铁锸。这些水利工程灌溉着良田，推动了当时经济的发展。《史记·河渠书》中有对都江堰工程的描述，“此渠皆可行舟，有余则用溉浸，百姓飨其利。至于所过，往往引其水，益用溉田畴之渠，以万亿计，然莫足数也”（《史记·河渠书》）。都江堰工程，使得成都平原变成了土壤肥沃物质富饶的天府之国，直到今天，都江堰还在发挥着重要的作用。《史记·河渠书》中还有对郑国渠的记载，“渠就，用注填阏之水，溉泽卤之地四万余顷，收皆亩一钟。于是关中为沃野，无凶年。秦以富强，卒并诸侯”（《史记·河渠书》）。郑国渠工程的兴建，让几百万亩土地得到了泾河之水的灌溉，使得关中平原变成了万顷良田，土地得到了大规模的开发和有效利用。

战国时期，还有一个生产工具的出现，对土地的有效开发起到了关键性作用，那就是牛耕。春秋时期以前，牛主要是用来祭祀。而到了春秋时期，牛开始用于农业生产，牛耕出现与铁制农具一样，到战国时期

---

① 林丙义：《中国通史》（上册），高等教育出版社1996年版，第53页。

也已被广泛使用。《国语·晋语九》中记载，“夫范、中行氏不恤庶难，欲擅晋国，今其子孙将耕于齐，宗庙之牺为畎亩之勤”。这里所说的“宗庙之牺”即为牛，这句话是对原来的祭祀之牛成为现在的耕地之牛的记载。牛耕的普及，也是生产工具进步的重要体现。并且，拥有用牛耕田这一技能，还成为其他国家不敢轻易觊觎秦国的原因，这一点从《战国策·赵策一》中，赵国大臣赵豹对国君的进言中可以看出，“且秦以牛田，水通粮，其死士皆列之于上地，令严政行，不可与战”（《战国策·赵策一》）。用牛来代替人劳作，优化了战国时期人们耕作的动力问题。动力的优化，不仅使得耕地面积得到了大规模扩张，还解放了劳动力，从农活中解放出来的人们就有时间进行其他的生产工作了，这也为其他产业的兴起提供了可能。铁制农具和牛耕在生产中的广泛使用，大型水利工程的兴修，使得大面积的土地被开垦和灌溉，个人不再像传统集体耕作时期那样辛劳，人在农业生产中的地位有所提升。生产力的发展使得生产效率得到普遍提升，农业生产渐渐发展起来。

（二）井田制的瓦解

“井田制”是一种土地国有制度，它始于商朝，成熟于西周时期，是西周时期占主导地位的一种土地制度，西周时期的经济就是建立在井田制基础之上的。之所以称为“井田”是因为一大块土地被分割成方块，形状像“井”字。西周时期，一切土地都属于国有，周王是最高统治者，因此土地都归周王所有（其实质是一种私有制），劳动者不得自由耕种或买卖，“溥天之下，莫非王土”（《诗经·小雅·北山》）就是当时的真实写照。井田也必然属于国有，称为“公田”，公田以及耕种公田的劳动者被分配给各级统治者（诸侯、卿大夫等），各级统治者逼迫劳动者耕种，并规定每年上交最好的粮食及贡品，还要承担多种繁重的徭役。[①] 因此，井田制既是一种经济制度，也可以说是一种政治制度，它牢牢地把人束缚于土地之上，人几乎失去了人身自由。

到了春秋战国时期，伴随着铁制农业工具的铸造和使用以及牛耕的推广，社会生产力水平有了进一步提高，耕地面积和农业产量也有大幅度提升。农业生产水平的提高使得个体有余力开垦私田，这些私田成为

① 武东升等：《中国古代思想政治教育史》，南开大学出版社 2013 年版，第 40—41 页。

私有土地。劳动者更加专注于私田，公田不治，井田制下传统的集体耕作方式不再适应生产的发展，农业生产活动向一家一户的形式发展，社会结构被改变了，出现了封建的生产关系。井田制无法维持，到春秋时期，渐渐趋于瓦解。公元前 645 年，晋国首先实行“作爰田”和“作州兵”，“爰田”就是承认土地私有。公元前 594 年，鲁国实行“初税亩”，无论公田私田皆按亩征税。这实际上就是承认土地私有制。[①] 公元前 361 年，商鞅变法，提出“废井田”“开阡陌”，春秋末期至战国初期，井田制彻底瓦解。某种意义上来讲“废井田”“开阡陌”就是对“作爰田”的继承和发展。为了强兵富国，商鞅以论军功赏良田的方式，利用百姓对土地的渴望，刺激老百姓参军参战，上阵杀敌。由于农业生产工具的发展与普遍使用，农业成为了刺激国家经济发展的重要来源之一，农业的生产得到了普遍重视，百姓们都想拥有属于自己的土地，土地私有对百姓的吸引力是极高的，因此，以良田为赏赐，能够让人们在战争中冲锋陷阵。“上陈良田大宅，设爵禄，所以易民之死命也。”（《韩非子·显学》）此外还有事功赏田的措施，《管子·君臣》中对此也有记载，“为人君者，因其业，乘其事，而稽之以度，有善者，赏之以列爵之尊，田地之厚”（《管子·君臣》）。为了政治需要，强兵富国开拓疆土，用“作爰田”的方式将大部分的土地变成了私有土地，破坏了封建地主阶级土地国有制，导致了“富者田连阡陌，贫者无立锥之地”的境况。春秋末期至战国初期，井田制彻底瓦解，大量的土地掌握在私人的手中，成为百姓的私有财产。随着贵族过度增长的消费水平和战争的愈加频繁，国家的财政入不敷出，为了填补财政的亏空，鲁国实行了“初税亩”制度，用税收来增加财政收入，同时这也意味着土地私有具有了合法性。而“初税亩，非礼也，谷出不过藉，以丰财也”（《左传》）。于是，作为礼乐法治典范的鲁国率先“礼崩乐坏”了。“废井田”“开阡陌”，井田制的瓦解揭开了历史的新篇章。

（三）手工业和商业的发展

周代时期，手工业已经有了一定程度的发展，当时实行的是自商代以来的“工商食官”制度，也就是王室和贵族掌握着重要的手工业，由

---

① 林丙义：《中国通史》（上册），高等教育出版社 1996 年版，第 54—55 页。

百工直接掌管。“百工”也叫百官，他们管理着各行各业的生产。工匠和商贾都是王室和贵族的奴仆，他们不能自主经营，工商活动也主要是围绕着封建贵族的政治和生活所展开。因此，《礼记·王制》中才有“凡执技以事上者：祝、史、射、御、医、卜及百官。凡执技以上市者：不贰市，不移官”的说法。尽管如此，西周时期“手工业分工细致，当时号称‘百工’，在西周中期以后逐渐形成了以手工业工匠为主体的‘国人’阶层，成为社会的新兴力量”①。《荀子·王制》中也有对手工业分工的细致描述：“泽人足乎木，山人足乎鱼，农夫不斲削、不陶冶而足械用，工贾不耕田而足菽粟。”（《荀子·王制》）在这个时期，人们不再是近水吃水、靠山吃山的生活状态了，每一个物件都有它的用途，人们能够靠御物来使它们发挥最大的效用。在湖边的渔夫有足够的木材，而在山上砍柴的人也有足够的鱼吃，农民不冶炼陶器却也有各种器皿可以使用，工匠、商人不务农也有足够的粮食食用，老虎、豹子虽然凶猛，但是人们都有机会得到它们的兽皮。每个人都在自己的领域中劳作，有农业、手工业、商业，各个行业间联系密切、彼此依赖，人们可以不会捕鱼、砍柴、捕猎，但可以用自己的劳动产品与他人进行交换，从而得到自己需要的东西。而且由于农业和手工业的发展，城市经济日益繁荣，商品交换的形式和范围都有所改变，西周时期的商业得到进一步发展，出现了专门从事商品交换的商人。同时，西周已经出现了固定交易的场所——市，还出现了专门管理市场中商品交易的官员——质人。② 这些都充分证明在周代手工业和工商业有了大幅度的发展。

到了春秋战国时期，手工业和商业都有了进一步发展。手工业方面，冶金、纺织、制陶、煮盐等技术都有了很大进步。“出土的春秋末年的‘越王勾践自作用剑’，……战国时期的曾侯乙编钟、中山国的银首俑灯等，都是很珍贵的工艺品。”③ 铁器制造业可以说是战国手工业中的龙头老大，有着非常重要的地位。正如上文中提到的，铁制工具在农业生产中的普遍使用，大大提高了耕作的生产力，扩大了土地的有效开发，在

---

① 武东升等：《中国古代思想政治教育史》，南开大学出版社 2013 年版，第 41 页。

② 武东升等：《中国古代思想政治教育史》，南开大学出版社 2013 年版，第 41 页。

③ 林丙义：《中国通史》（上册），高等教育出版社 1996 年版，第 56 页。

手工业生产中，铁器制造业生产出的锤、锥、钻、针等铁制工具，也大大提高了手工业的生产效率，在手工业的发展过程中，起到了决定性的作用。同时，铜器、玉器、漆器的铸造技术也有了新的发展。如战国时期的曾侯乙编钟和银首铜人俑灯，是青铜铸造的传统工艺，曾侯乙墓出土的精美玉器，造型优美，纹饰绚丽，为了防腐和美观，已经被普遍用于家具、乐器、兵器等物品上了，漆器种类繁多，纹饰繁复。这些都证明春秋战国时期的手工业已经得到了高度发展。春秋战国时齐国的纺织业也很有名，当时几乎家家户户从事纺织业，纺织品主要是丝和麻，已达到比较高的水平。随着生产力的发展，“工商食官”制度逐渐被打破，出现了一些私营手工业主和私商，商业进一步繁荣起来。春秋战国时期已经形成了商业中心的雏形。手工业和商业的发展壮大使专门从事手工业和商业的人越来越多，工商阶层开始形成。这一阶层是比较富裕的阶层，它的兴起，有力地冲击了贵族的政治地位，对社会结构产生了重要影响。①

二　儒家思想政治教育理论产生的政治背景

（一）周王室衰微

漫漫周王室，享国八百载，周王朝可以说是中国历史上“最长寿”的王朝之一了。西周前期，作为天下共主的周王室，手握重权，采取了分封制和宗法制，分封的对象多为子弟、姻亲、功臣。正如《荀子·儒效》中记载，周公“兼制天下七十一国，姬姓独居五十三人焉，周之子孙苟不狂惑者，莫不为天下之显诸侯。”（《荀子·儒效》）在周王朝，血缘关系是连接政治关系的纽带，不服从周王命令是不予分封的，因此，各地诸侯都对周王室俯首称臣，被周王室管控。除此之外，周王室还用宗法制来加固他的统治，按照宗法的制度，周王室不仅是权力最高的统治者，还是宗族里的宗族长，政权与族权集于一身，就这样周王室将国家的权力都集中在了中央，拥有了至高无上的权力。西周王朝的盛世持续到了西周中期，当各诸侯国的社会经济都得到了相应的发展，势力也越来越强大的时候，冲突开始了。楚国是最早对周王室产生不满情绪，

---

① 武东升等：《中国古代思想政治教育史》，南开大学出版社2013年版，第63页。

并开始与周王室发生冲突的国家。在与楚国的对抗中，周昭王三次伐楚，在昭王末年的伐楚战争中，卒于汉水，这一次的伐楚失败，“是西周王朝由盛到衰的转折点”①。西周王朝的逐渐衰微，一方面是由于日渐紧张的周、戎关系。穆王时期，为了镇压势力日渐强大的犬戎诸部，消耗了大部分的远方部落，损失惨重，导致周王朝对东方的统治动荡不安。到了懿王时期，随着戎狄的频繁入侵，周王朝的声势与威严已经逐渐消失。另一方面，自然灾害的频繁发生也是导致西周王朝逐渐衰微的原因。有由冬天雨雹、冰霜引起的自然灾害，“周孝王七年，厉王生，冬大雨雹，牛马死，江汉俱动。及孝王崩，厉王立，王室大乱”②。有因气候异常，极度干燥引起的干旱，“周厉王之难，天子矿绝，诸侯皆请以为天子，共伯不听，即干王位。十四年，大旱，屋焚。卜于太阳，兆曰：‘厉王为祟’。召公乃立宣王。共伯复归于宗，逍遥得意共山之首”③。诡异的干燥气候，甚至使得房屋都被烧毁了，这旱灾的严重程度可见一斑。旱灾的影响一直延续到宣王、幽王时期，不仅没有好转，反而越发严重，“旻天疾威，天笃降丧。瘨我饥馑，民卒流亡，我居圉卒荒。天降罪罟，蟊贼内讧。昏椓靡共，溃溃回遹，实靖夷我邦”④（《诗经·大雅·召旻》）。持续多年的旱灾已经加速了周王室的衰落，引起了社会的动荡，到了西周晚期，偏又有虫灾来袭，“天降丧乱，灭我立王。降此蟊贼，稼穑卒痒。哀恫中国，具赘卒荒。靡有旅力，以念穹苍”（《诗经·大雅·桑柔》）。多年的旱灾本就无法让农作物正常生长，颗粒难收，虫灾的来袭更是让庄稼损失惨重，蝗虫入境寸草不生，愈加严重的灾荒让百姓们怨声载道。导致灾荒如此严重而不得改善的原因，除了无法掌控的自然环境因素外，还有无法忽视的社会因素。西周在周幽王即位时已经十分没落，到了西周末年，周幽王愈发昏庸无道，对百姓的剥削日益加重，社会矛盾严重激化。幽王被申侯、犬戎杀了之后，新立的平王也受到迫害，平王在晋文侯、郑武公、秦襄公的护卫下，东迁洛邑。平王所建立的东

① 唐嘉弘：《先秦简史》，福建人民出版社1995年版，第182页。

② （宋）李防等：《太平御览》卷八七八，中华书局1960年版，第3901页。

③ （清）郭庆藩：《庄子集释》卷九下《让王》，中华书局2004年版，第983页。

④ （清）阮元（校刻）：《十三经注疏·毛诗正义》，中华书局2009年版，第1247页。

周从一开始就是寄依于诸侯建立起来的，因此，王权根本无法制约诸侯，反倒要受到诸侯的限制。东周的建立为后来春秋战国时期战乱纷争的局面埋下了伏笔。

由于晋文侯、郑武公护卫平王东迁有功，所以被任命为左右卿士，随后他们便掌握了政治大权。郑武公的儿子郑庄公更是打着“以王命讨不庭”的旗号，联合齐鲁攻打宋卫等诸侯国，似乎自己就是周天子。周平王得知此事很不高兴，想另立虢公牵制庄公的力量，而庄公很是怨恨。平王为了达成妥协，作为天子的他竟然和作为诸侯国国君的庄公交换质子，而这一行为却是春秋时代以来各诸侯国之间采用的外交手段。“周郑交质”明确表明天子的地位岌岌可危。周平王死后，其子周桓王为了改变王室懦弱的形象，恢复王室地位，剥夺了郑庄公的权力，并亲率陈、蔡、卫三国的力量讨伐郑国，但却被郑国打败。周天子的威风扫地，自此彻底失去对诸侯的约束力，不仅在政治上失去了权力，更是彻底丧失了经济上的独立，最后竟然沦落到不断以“名号”获得诸侯经济援助的地步，春秋战国时期的争霸从此拉开序幕。[①]“随着争霸战争的不断升级和诸侯地位的不断增长，天子的地位和影响力一路狂跌，王室衰微犹如不可遏止的历史车轮，注定要一路沦落下去。事实说明，‘礼乐征伐自天子出’的时代已经过去，历史进入了‘礼乐征伐自诸侯出’的时代。”[②]

（二）大国争霸

虽然在东周，第一个危及天子地位的是郑庄公，但是他只是依靠自己在王室中的有利地位才成就了短暂的霸业，某种意义上他并非全凭自己的政治眼光和能力，更多的是一种投机行为。因此，春秋战国时期第一个真正的霸主是齐桓公，他曾“一匡天下”，称霸了近40年。[③] 在齐桓公之后称霸的是晋文公，二人并称“桓文”，二者的霸业是春秋争霸中最为亮丽的一笔。齐桓公继位之时，戎狄势力正强，分外猖獗，不断地侵犯中原。外忧内患的境况，令周王室苦不堪言，无法扭转，而郑庄公逝

---

① 武东升等：《中国古代思想政治教育史》，南开大学出版社2013年版，第60页。

② 刘成纪、杨云香：《中原文化与中华民族》，河南人民出版社2012年版，第176页。

③ 刘成纪、杨云香：《中原文化与中华民族》，河南人民出版社2012年版，第176页。

世后，内部大乱，郑国国力也日渐衰弱。这个时候，中原的第一个霸主出现了，齐桓公“九合诸侯，一匡天下”（《论语·宪问》），强大的齐国成为中原各国的保护者。在齐国争霸时，齐桓公规定“诸侯非民事不举，卿非君命不越境”（《左传·庄公二十七年》）。要求诸侯如果不是为了解决百姓的问题，是不可以出行的，卿如果没有国君的命令，是不可以越过国境的。由此，楚国受到了齐国的压制，不能再继续北进，而是将目光锁定在了周边的小国身上，通过吞并它们来扩大自己的领土，增强自己的国力。但是这并不能使楚国得到满足，中原土地肥沃、物产丰富，楚国对中原地区一直虎视眈眈，随着楚国的国力日渐强大，楚庄王开始率军北上，对中原各国展开进攻。但受到齐国与中原诸侯的联合镇压，被迫答应了纳贡周室，臣服于周王朝，史称“召陵之盟”，这一举措也使得齐国坐实了霸主的地位。而齐桓公逝世，国家内乱，朝政荒废，齐国的国力日渐衰落，从霸主的宝座上跌落。晋文公及时打着“尊勤君王，攘斥外夷”的旗帜，对外抵御戎狄的侵扰，对内维护周王朝的统治，攘夷狄定王室，从而在诸侯国中占领了一席之地，并得到了周王室的赏赐，得到了阳樊、温、原、欑矛的土地。地域的扩展加上晋国易守难攻的地理位置优势，使得晋国愈加强大，又由于晋国作为姬姓之国，与中原国家有着族缘相亲的优势，因此获得了中原很多国家的信任，特别是北方的诸侯国，就这样，晋国渐渐变成了中原国家的核心，成为北方中原诸国的霸主。齐国和晋国相继称霸之后，楚国在楚庄王时期迅速崛起，具有了争霸的实力。在此后的 80 余年中，楚国和晋国的中原之争从未断绝，一直持续到春秋末年吴越的兴起，霸主地位先后被吴王夫差和越王勾践所占据。

纵观整个春秋时期的历史我们会发现，春秋前期，占主导地位的是诸侯，而从春秋中期开始，卿大夫成为历史的主角。晋国就是一个比较典型的例子。晋文公后，晋国仍然处于称霸地位，但是国内的政权实际上却一直掌握在卿大夫手中。韩厥、知罃、荀偃、士匄、赵武、韩起、魏舒、范鞅、赵鞅等卿大夫轮流执政，虽然当时的统治者也试图改变当时的现状，限制他们的权力，但是均以失败告终。晋国的情况虽然比较典型，但是其他诸侯国也都类似。在鲁国有三桓[①]，在郑国有七穆[②]，等等，中原地区的诸侯国在这一时期都呈现出权力从诸侯继续下降到大夫的特点。[③] 大国争霸必然涉及各诸侯国之间的吞并与厮杀，经过多年的战乱，春秋初期的一百多个国家到战国时期仅剩下十几个，三家分晋之后，其余十几个诸侯国中，较大的有秦、齐、楚、燕、韩、赵、魏，这也就是战国七雄。

（三）社会结构变化

西周时期由于分封制和宗法制受到高度重视，因此周天子执行的是严格的金字塔式的等级制度，天子拥有绝对的王权，在他之下的等级是诸侯、卿、大夫、士和庶人。贵族、庶人以及奴隶构成社会的主体。而到了春秋时期，一方面，由于诸侯权力的日益壮大，天子地位逐渐下降，无论政治上还是经济上都无法掌权，因此，原来由周天子所供养的文官只能另谋生路。另一方面，由于“礼崩乐坏”，传统政治体制瓦解，在这样一种重大的社会变迁过程中，一切贵族失去了在体制下生存的优势，渐渐没落。这些没落的贵族和奔走于各诸侯国的文官共同构成了社会新的阶层——士。[④] 因此，“士”这个新阶层的出现，“一个最重要的方面，士起于当时社会阶级的流动，即上层贵族的下降和下层庶民的上升”[⑤]。一方面，“礼崩乐坏”直接影响了周王室的社会等级秩序，一些贵族失去了周天子的庇护，从而结束了自己的政治生涯。另一方面，春秋中叶，战争频发，国家需要征兵来扩充自己的军队，抵御外敌，于是大量的庶民、商人、奴隶等被招兵入伍，也正因如此，他们有了改变自己等级的机会，因军功而带来了等级的提升。正如《左传》中记载的那样，“克敌者，上大夫受县，下大夫受郡，土田十万，庶人工商遂，人臣隶幸免”（《左传》）。原本的士阶层位于贵族与庶民之间，随着周王室权力的衰弱，宗法世袭制的动摇，士阶层与庶民逐渐融合在一起，形成了一个新的阶层。这一阶层规模十分庞大，其中的成员都有着强烈的社会责任感，并

---

① 即孟氏、叔孙氏和季氏。

② 即驷氏、罕氏、国氏、良氏、印氏、游氏、丰氏。

③ 刘成纪、杨云香：《中原文化与中华民族》，河南人民出版社 2012 年版，第 177 页。

④ 武东升等：《中国古代思想政治教育史》，南开大学出版社 2013 年版，第 63 页。

⑤ 余英时：《士与中国文化》，上海人民出版社 2003 年版，第 10 页。

且受过良好的教育，掌握着知识，有些人文武双全，他们自然成为历史潮流中的推动力量。何为“士”？《传》曰：“通古今，辨然否，谓之士。”这意味着，首先，在知识技能上，士要通古今，说明士都是受过教育的知识分子，有才华、有能力，掌握了历史文化知识并且有较高的文化素养。其次，在道德水准上，士具有一定的鉴别能力，有自己的价值评判标准，有着很高的道德文化素养。只有二者兼具，才能称为“士”。“这一时期，士人基本分为两类，一部分人继承了春秋时期的道德理论学派的传统，以‘立旌授生’、著书立说的形式，希望发挥自己对现实的影响力。另一部分人则摈弃了传统的道德标准，跻身仕途，成为封建官僚队伍中的中坚。”① 春秋末期私学的兴起以及战国时期的养士之风，更加推进了这一阶层的发展壮大。

到战国末期，西周时期宗法制度下的社会结构基本解体，“士农士商”阶层已经全部形成。社会呈现橄榄型结构，即两头小，中间大。其中位于社会最上层的是诸侯，依次是贵族和官吏，中间是士农工商，最底层的是奴隶。此时各阶层的身份地位并非一成不变，层级之间的流动转化速度飞快，因此，人们才以“高岸为谷、深谷为陵”（《诗经·小雅·十月之交》）来形容当时的社会结构。②

三 儒家思想政治教育理论产生的文化背景

（一）祖先崇拜与哲学萌芽

在殷周时期，人们倾向于对自然神（即对自然）的崇拜和对祖先（即对人）的崇拜。当时的许多祭祀活动都把政权神化，这在很大程度上稳固了政权统治。对自然神的崇拜，主要是希望得到自然的护佑。对地神（社神）的崇拜，是因为大地是万物之源，是生命之根，人们相信土地中是有神灵的，要建立国家，都要先立社，“封土立社，示有土也”（《白虎通·社稷》）。可见地神在人们的心中有着十分重要的地位。在许多自然神中，“社”神和“稷”神是最受尊敬的，因为他们直接关系农业生产，关系到人们的基本需要。需要特别指出的是，在殷周已经

① 刘成纪、杨云香：《中原文化与中华民族》，河南人民出版社2012年版，第178页。

② 武东升等：《中国古代思想政治教育史》，南开大学出版社2013年版，第63—64页。

出现祖先神取代自然神的趋势，对祖先的崇拜，也是华夏文化的重要特征。祖先崇拜是由原始时期的图腾观念发展而来的，“图腾”这个词本是印第安语，意思是“他的亲族”，人们认为他们的氏族与某些动物、植物甚至是无生物是存在着亲缘关系的，这些动物、植物、无生物具有超自然的能力，能够保护他们的氏族，因此人们将其设计成图腾，作为氏族的标志，希望得到它们的庇佑。而对祖先的崇拜也是在亲缘关系中萌生出来的，一方面，人们相信，同族的死者虽然已经离世，但是他们的神灵还是会继续保佑自己的后代，赐福儿孙。于是人们通过对亡灵的祭拜来表达对死者的追思和祈求。另一方面，对祖先的崇拜，可以给予人们精神的寄托，给予人们面对灾难的勇气和力量，心中有一个强大的超自然的力量在保佑着自己，会让人们在心灵上得到慰藉并获得能量。在中华大地上，祖先崇拜能够凝聚家族、氏族、部落等力量，意志成为祖先的意志，这就更具有神圣性。祭祀祖先，听从祖先的指示，是殷周国家的一项重要活动。祖先崇拜也对中华传统文化产生了重要影响，儒家思想中就体现出这部分内容。[①] 如“慎终追远，民德归厚矣”（《论语·学而》），等等。但商代与周代的祖先崇拜又有所不同。商代的祖先崇拜主要是为了祈福，也就是从祖先那里获得庇佑，同时还可以通过对祖先的祭拜，来加强氏族间的团结。所以，商代的祖先崇拜是有宗教功能的，在祭祀祖先的卜辞中也没有发现表达孝道的词语，因此可以说商代的祖先崇拜不是为了表达孝道，是不涉及孝德的。而周代的祖先崇拜却有所不同，“尊祖故敬宗。敬宗，尊祖之义也”[②]。祭祀祖先，不仅是为了祈求庇佑，加强氏族间的团结，还是为了表达对祖先的尊敬，是“孝”的表现，此时对祖先的崇拜就有了新的道德上的意义，带有浓厚的宗法性。

上古时期的思想家面对神秘的自然界，试图寻找自然现象产生的原因，但是在这一过程中，由于缺乏抽象逻辑思维能力，他们经过长期的反复琢磨推敲，认为一些神秘现象的出现能够预示吉凶、判断福祸，因此形成了占卜术和占筮术。殷人认为龟甲裂纹可通神明，可以通过龟甲

---

① 赵吉惠等：《中国儒学史》，中州古籍出版社 1991 年版，第 8—10 页。

② 阮元：《礼记注疏（卷三十四）》引《十三经注疏》，中华书局 1982 年版，第 1508 页。

占卜吉凶。后来周人根据草茎计数发展为占筮。在现实中，这两种占术都被采用，以期达到更好的效果。由于计数的方式要求一定的抽象思维能力，因此，周人此时对现实的把握上升到了一定的理性高度，富含一定哲理。西周后期，八卦与阴阳学说相结合，伯阳父以阴阳二气解释地震，这是人类思想史上的重大进步。“八卦阴阳中的朴素辩证法和伯阳父对地震的无神论解释，开启了春秋时期的无神论思潮。‘不语怪力乱神’的孔子的高度理智的伦理思想，就在这一基础上发展起来；而记载阴阳八卦世界观的《周易》则成为儒家的经典。”①

（二）敬天保民

随着经济的发展和政治的稳定，西周时期的人们渐渐有了自己的文化生活。西周时期的文化还处于宗教崇拜阶段，人们普遍相信世上存在神灵，这些神灵是宇宙万物的主宰，是万物生存和发展的依据。周人相信，这些神灵作为一个有机整体，都受到上帝的制约，上帝是诸神中地位最高、权力最大的神，对宇宙及其他神都具有绝对的权威。这种观念（社会意识）实际是对当时等级制度（社会存在）的反映。关于上帝的观念，其实是为维护周天子的统治服务的，表达了一种君权神授的思想：周天子是上帝之子，奉天之命进行统治，他的意志就是在传达上帝的意志，他所拥有的一切——百姓、疆土、政权等都是上帝赋予的。② 宗教的统治形式使周天子的政权更为巩固。

周天子奉行的是“敬天保民”的政治观念。“敬天”就是遵奉天命，以上帝的意志行事，“保民”就是爱护保护百姓。上帝的意志是绝对的、不可违背的，统治者处理国政时必须按照上帝意志的行事。那么如何获知上帝的意志呢？通过占卜，上帝会把自己的意志按照卦相的形式授命于统治者。西周的统治者提出“惟命不于常”（《尚书·康诰》）来解释朝代的变化和天命的转化，即“上帝赐予的天命并不是固定不变的，天命授予对象可变，上帝决定天命所归，规定王朝统治时间的长短，上帝会视统治者的具体作为、现实政治活动的好坏而命吉凶”③。正因如此，

① 赵吉惠等：《中国儒学史》，中州古籍出版社 1991 年版，第 8—11 页。

② 武东升等：《中国古代思想政治教育史》，南开大学出版社 2013 年版，第 44 页。

③ 武东升等：《中国古代思想政治教育史》，南开大学出版社 2013 年版，第 44 页。

周统治者认为天是具有道德性的天，因此提出“以德配天”的思想。由于商纣王的荒淫无度和残酷暴政，百姓生活在水深火热当中，这一切都被上帝看在眼里，因此受到上帝惩罚，他的王位被剥夺，朝代被改换。与之相反，周文王关爱百姓，施德政，行礼义，因此得到百姓的拥护，上帝就选中他为王，建立西周政权，并使其逐步强大。[①] 因此，民情是上帝意志的体现，尊重民情、体恤百姓在某种意义上就是尊重上帝，政权就会稳定。

（三）无神论观念兴起

西周经过“成康之治”以后，政权渐渐没落。统治者昏庸暴虐，无休止地向百姓掠夺，阶级矛盾日益激化。奴隶和平民开始指责统治者游手好闲、不劳而获。由于统治者是奉上帝、神灵之命进行统治，因此，百姓的指责进一步升级，指向授予统治者权力的“天”，对天的指责后来变成对天的质疑，百姓开始反思“君权神授”的合理性，思想观念有了一定的进步。后来他们进一步认识到，现在的不幸遭遇并非由天造成的，而是由人、由统治者造成的。基于这样的想法以及面对愈发残酷的受剥削的现实，奴隶们忍无可忍，对统治者首先采取的是消极反抗，即以逃亡的方式回避压迫，但是这种方式并不奏效。之后采取的是积极反抗，即加入平民的反抗斗争中。在百姓的共同努力下，周厉王被驱逐。[②]

西周时期国人就隐约感觉到人的力量，通过周人对周朝何以战胜商朝的描述中，可以看出些许端倪，“皇矣上帝，临下有赫。监观四方，求民之莫。维此二国，其政不获。维彼四国，爰究爰度。上帝耆之，憎其式廓。乃眷西顾，此维与宅”（《诗经·大雅·皇矣》）。由于当时的百姓都亲历了殷亡周兴的巨大变局，他们认为，夏、商之所以会亡，是因为他们在治理国家期间，没有以德施政，没有符合民望，导致民间疾苦，失去了民心，故此，天帝在一番考察之后，对殷商的统治状况很不满意，甚是憎恶，才决定把岐山赠予周王。一方面，从这段话中能看出，人们

---

① 武东升等：《中国古代思想政治教育史》，南开大学出版社 2013 年版，第 44—45 页。

② 北京大学哲学系中国哲学教研室：《中国哲学史》，北京大学出版社 2003 年版，第 14 页。

仍然相信天帝是世间的最高主宰，雷霆雨露，俱是天恩。另一方面，人们认为天帝是以统治者的德行作为评判标准，进行抉择的，有德之人必会受到天帝的垂青，失德之人就会受到天帝的厌弃。这其中隐约暗含着一种新的逻辑，那就是有没有德行才是上帝意志的决定因素，而有没有德行是由人的意识决定的，统治者有没有德行体现在是否能获得民心之上。故此，周人对天帝的崇拜已然渐渐转变成对德行、民心的关注，转变成对人类社会自身的关注。当时的人们已经意识到民意的重要性，一些学者认为君主应该先让百姓安居乐业再祭神，认为神是按民意来授权君主的，因此顺应民意就是符合天意，就会政权稳固。此时人们虽未否定神的存在，但也肯定了人的意义。

到了春秋时期，这种思想有了进一步发展，无神论的兴起成为历史的必然。春秋时期，虽然并没有出现严格意义上的无神论，但是看重人事，疏远、回避鬼神已经作为一种具有普遍性的共识被大家所认同。正如随国大夫季梁所言："夫民，神之主也。是以圣王先成民而后致力于神。"（《左传·桓公六年》）认为百姓才是神的主人，圣明的君王都是先使百姓安居乐业，彼此和睦，然后再去祭祀鬼神，感谢鬼神的庇佑。虽然他们还没有完全否定神的存在，但是对神灵的疏远，已经证明此时的人们已具有了理性的思维方式，这与无神论的精神有相通之处，甚至可以说是无神论精神的根源。

到了公元前645年，叔兴与弥牟分别针对宋国陨石、水鸟倒飞和建周城的问题进行了评论，进一步提出，在人神关系中，人是主宰，神应被完全驱逐。郑国子产的思想也具有无神论倾向。他认为与人道相比，天道是虚无缥缈的，人道才是具体可靠的，因此人道才能解释吉凶祸福。他进一步认为，社会生活中根本不存在人神关系，只存在人与人之间的关系，前者是后者的异化。[①] 这些观点在一定意义上起到了重要的思想解放作用。

① 北京大学哲学系中国哲学教研室：《中国哲学史》，北京大学出版社2003年版，第14—15页。

第二节　儒家思想政治教育理论的历史演进

儒家思想政治教育理论的发展经历了一个较长的历史时期，它的开端、确立、成熟和衰败都扎根于中国当时的政治、经济和文化形势，并且展现出其不同于其他理论的独特特征，在此基础上形成了具有儒家特色的较为完整的思想政治教育理论史。理论史中彰显着理论内容，对理论史的考察一定意义上就是对其理论内容的考察。我们将分别从以下几个发展阶段考察儒家思想政治教育理论史及其内容。

一　儒家思想政治教育理论的开端

在开端与初创阶段，儒家思想的创始人孔子以及孟子和荀子的思想政治教育理论比较具有代表性。

生活在春秋时期的孔子以恢复“周礼”为毕生目标，以“仁者爱人”和“为政以德”为其思想政治教育理论的信条，成为中国历史上第一位系统提出道德教化的思想家。[①] 透过孔子的思想我们可以看出，他认为思想政治教育是必要的，其目的既在于“移风易俗”，使“民德归厚”，更在于使百姓“不好犯上”，“有耻且格”，因此，儒家思想政治教育的最终目的是使百姓由衷地顺从统治者，社会稳定太平，百姓安居乐业。这种思想体现了孔子在战乱纷争的社会背景下所具有的大局意识。当然，他认为以上所说的稳定、安居有一个根本的前提，那就是统治者是否有足够的道德修养实行“为政以德”。他说：“修己以安百姓。”（《论语·宪问》）只有自身有足够的修养，才能实现社会稳定、百姓安居。

孔子的思想中不仅包含了思想政治教育的必要性，还包含了可能性，那就是他对于人性的相关讨论。他认为“性相近也，习相远也”（《论语·阳货》），每个人的天性禀赋是相近的，只是由于后天所受的教育不同，才导致人与人之间的差异。因此，思想政治教育作为一种后天教育、一种多数人能够理解的教育是完全可行的。

---

① 赵康太、李英华：《中国传统思想政治教育理论史》，华中师范大学出版社 2006 年版，第 53 页。

在思想政治教育的方法上，孔子认为君子的榜样力量至关重要，他特别强调统治者的模范引领作用。他说，“其身正，不令而行。其身不正，虽令不从”（《论语·子路》）。统治者自身的品行是否端正、是否起到表率作用，直接影响着普通百姓的行为趋向。如果统治者行为端正，自然就能起到上行下效的作用，不用下命令，不用强迫，百姓就会心甘情愿地做事情，而如果统治者自身行为就不端，却还要施加命令让百姓听从，那势必引起百姓的反感和反抗。他还提出，“君子之德风，小人之德草。草上之风，必偃”（《论语·颜渊》）。君子之道德犹如风，百姓的道德犹如草，风行草上，草一定会顺着风吹的方向倒。也就是说，君子的德行为百姓起到示范作用，影响着百姓所追求的道德方向。

在思想政治教育的内容上，孔子强调“正名”，“尊尊、亲亲”，“仁者爱人”。“正名”就是要使社会上的人，无论从事什么行业或处于怎样的社会关系之中，都要做到各尽其职，守住自身的本分，不做越过自身界限的事情，做到“君君，臣臣，父父，子子”，这样的社会才是一个有序安定的社会，才能为人们的生活提供良好的环境保证。在孔子那里，“正名”的实质就是要恢复“周礼”，以“周礼”来规范世人，而“礼”的主要内容就是“尊尊、亲亲”，因此才有“亲亲为大”之说。而“礼”从外在的角度来说是一种社会规范，从内在角度来说又是一种发自内心的自觉，是人的内在修养的一种表现，因此，无论是“礼”还是“正名”都与“仁者爱人”密切相关，因为“仁”贯通着人的内在修养与社会秩序。

孟子思想政治教育理论的前提是他的“性善论”。他认为，每个人都有“四端”，即“恻隐之心”“羞恶之心”“辞让之心”和“是非之心”，这“四心”既是人性本善的根源，也是“仁义礼智”的发端。在孟子看来，人性本是善的，但是在现实生活中人却还需要受教育，这是因为随着年龄的增长，人们善的本性会渐渐遗失，只有圣人才能保留，因此人们需要通过一定的思想政治教育，寻回遗失的善的本性。[①] 在孟子看来，“反省”“求其放心”等自我修养方式，是人通过自我教育，并在此基础

① 赵康太、李英华：《中国传统思想政治教育理论史》，华中师范大学出版社 2006 年版，第 58 页。

上恢复人本来所具有的善的本性的重要方法。

孟子的思想政治教育继承了孔子的“仁”的主题，并明确提出“仁政”。孟子认为，政治成败的关键在于民心所向，“得民心者得天下”，因此，施“仁政”是统治者治国的根本选择。他认为，做到施“仁政”，就要意识到，一是“民贵君轻”，他把君主、社稷和百姓之间做了一个位次排序，认为“民为贵，社稷次之，君为轻”（《孟子·尽心下》），认为百姓是社稷和君主的重要基础。孟子提出“民贵君轻”思想是有其现实背景的。春秋战国时期，多战乱，一方面为了扩充军队，需要在平民中招兵，守护疆土，有战功的士兵就有了改变自己阶层的机会。另一方面，春秋时期的霸主为了招纳更多的人才为国所用，求贤若渴。将原本的任人唯亲转变为任人唯贤，只要有能力，有才华，有良好的道德修养，贤者不问出处，都可为国所用，改变自己的阶层，于是旧时的世袭世禄制度被打破了。正是在这样的情形之下，孟子提出了“民贵君轻”的思想，国君们的求贤若渴，也为孟子这一思想的传播提供了机会。这一思想在当时的封建时代尽管无法真正实现，但是却具有一定的进步意义。二是要“爱民”，“乐民之乐，忧民之忧”（《孟子·梁惠王下》），从大局着眼，总体上使百姓受益，使国家稳定富强。孟子继承了孔子的德治，认为君王应该以仁政治国，要爱民。如果国君以老百姓的快乐为快乐，老百姓就会以国君的快乐为快乐，国君以老百姓的忧愁为忧愁，老百姓也会以国君的忧愁为忧愁，从而生发出爱国之心，以维护国家利益为己任。水能载舟亦能覆舟，君王与百姓本身就是一体的，是相辅相成的。君王以仁德之心对待百姓，让百姓安居乐业，百姓才会认可、信任君王，政局才会稳定清明，国家才会繁荣昌盛。所以一个繁荣的国家，是靠有仁德之心的君王与信任君王的百姓共同构建的。三是在具体的举措上君主要为百姓着想，做到“富民利民”。孟子认为，百姓富裕则国家强盛，孟子一直主张的是以民为本，而富民正是以民为本在经济上的体现。对于如何实现富民，孟子不仅仅是在理论上进行探讨，还提出了很多现实可行的富民政策。例如，孟子认为在施行仁政的过程中，首先要做到明确权责。“夫仁政，必自经界始。经界不正，井地不均，谷禄不平。”（《孟子·滕文公上》）孟子认为要施行仁政，对田地进行有效的、有计划的划分是非常重要的。经纬之界不正，井田就不会平均，作租税的俸禄就不会公平。因此，残暴的国君和贪官污吏必然是不重视田土的经纬之界的。如果不把权责划分清楚，也就不能施行仁政。孟子还认为，百姓生活富足，有“恒产”是社会稳定的基础，因此要“省刑罚”“薄税敛”，减轻百姓的负担，使百姓积累一定的家业。①

荀子思想政治教育理论的前提与孟子相反，他认为“人性恶”。人的本性是恶的，因此，需要通过后天的“伪”以及道德教化来引导人们实现“善”的行为。因此，以“人性恶”为前提，荀子提出“化性起伪”，主张通过后天学习实现人的道德行为。他提出，古代君主基于人性恶所带来的违法乱纪、社会混乱的不治现象，制定了礼义法制，以此规定和约束人们的行为，使之符合社会规范和道德准则，这种方法为那个时代君主治理国家提供了良好的榜样。在他看来，“亦王亦师的‘圣人’，是道德教化的主体；礼义法制，是道德教化的内容。而稳定社会秩序、达到天下大治，则是道德教化最终目的”②。

圣人之所以成为道德教化的主体，是因为圣人对于自我修养的自觉，他具有自觉意识，通过这样一种自觉，圣人比普通人更早地从恶转变为善，因此从时间先在角度上，他比普通人更具有优势，因此能成为教化的主体，承担起教化百姓的职责。荀子认为，圣人、君子与百姓一样，其本性为恶，但是圣人、君子注重后天的自我修养，他们能够自觉地以“善”为目标，完善自我，而像百姓一样的普通人则缺少这样的自觉意识和行为。一旦普通人认识到这一点，开始积极主动地修养自身，以道德之善为目标，那么他也能成为圣人、君子。因此，荀子说“涂之人可以为禹”③（《荀子·性恶》）。这与孔子所说的“我欲仁，斯仁至矣”（《论语·述而》）一脉相承。

在荀子那里，“礼义法制”是道德教化的内容，也可以说是思想政治教育的主要内容。这一内容既包含了内在的道德自觉，也包含了外在的

① 赵康太、李英华：《中国传统思想政治教育理论史》，华中师范大学出版社2006年版，第59—60页。

② 赵康太、李英华：《中国传统思想政治教育理论史》，华中师范大学出版社2006年版，第65页。

③ 赵康太、李英华：《中国传统思想政治教育理论史》，华中师范大学出版社2006年版，第65—66页。

法律约束，因此是内容比较全面的思想政治教育理论。他说："治之经，礼与刑，君子以修百姓宁。明德慎罚，国家既治四海平。"（《荀子·成相》）荀子既主张礼义，又提倡法制，既主张道德，又提倡刑罚，他认为礼义与法制（德与法）是互补的、并重的，二者缺一不可，互为前提。与孟子相比，荀子更强调法制，但是与法家相比，他又更强调礼义道德。礼义与法制相比，他更重视礼义道德，他认为道德教化为第一位。

荀子认为进行思想政治教育的目的是实现社会稳定、天下太平。他与孔子、孟子一样，把天下太平的社会理想寄托在上层统治阶级身上，并希望下层被统治阶级能够以他们为榜样，既能按照礼义的要求进行道德修身，又能按照法律的规范约束自己，这样就会形成一个比较理想的社会秩序。

二　儒家思想政治教育理论的形成与确立

在形成与确立阶段，最具代表性的是董仲舒的思想政治教育理论。

汉初几十年，由于政治上实行黄老之学，讲求无为而治，因此经过几代人的努力，经济兴盛，社会安定，出现了"文景之治"。但是国家兴盛也避免不了社会矛盾的出现，武帝时为了进一步加强中央集权，避免诸侯割据，采取了多项措施，其中就包括董仲舒提出的后来奠定儒家思想主流意识形态地位的"罢黜百家，独尊儒术"。

董仲舒的思想政治教育理论的根本目的是实现其"大一统"的政治理想，而实现"大一统"在政治上就必须实行君主专制，君主具有至高无上的权威。因此，他的思想政治教育理论就围绕着"尊君"而展开。

为了维护封建统治政权，董仲舒提出天人关系理论，即"天人感应论"，力图把封建专制合理化，给予君权以绝对权威。他认为，天不仅是一个自然性的天，是包括人在内的宇宙万物的本原和依据，而且天有意志，它能主宰整个宇宙。他说："天者，群物之祖也，故遍覆包函而无所殊，建日月风雨以和之，经阴阳寒暑以成之，故圣人法天而立道。"（《汉书·董仲舒传》）天的运行有其规律，人应效法天。董仲舒强调天的意志性，更多地是为了通过对阴阳五行说的过度阐释来论证阴阳五行及自然变化的目的性和意志性。董仲舒的天人关系论"把天时、物候、人体、政制、赏罚统统分门别类地列入这样一种异事而同形、异质而同构的五行图表中，组成一个相生相克的宇宙——人事的结构系统，以作帝国行政的依据”①。与此同时，他提出“人副天数”，正因为人是天的副本，人才能感应或理解天所显示的神秘现象，天与人实际上“具有相同的生理的和道德品质，这就证明天与人是合一的，天与人可以交感。天创造人是要人来实现天的意志”②。因此，如果天象怪异，则说明统治者违反了天意，统治出现了问题，这就需要调整统治策略，施行德治，否则会有严重后果。董仲舒的这一思想看似约束统治者的行为，实则是以迷信的方式维护封建统治，即天出现异象是对统治者的善意提醒。这也是为其“君权神授”作论证，统治者可以根据统治需要，任意地对所谓的天象做注释，假借“天”的名义维护封建统治。

董仲舒的“君权神授”或者说“君权天予”，是其思想政治教育理论的重要前提。因为无论其思想政治教育理论内容如何，前提都是承认君权的绝对至上和权威性。他不断强调这一点无非是想让百姓绝对地服从君主的命令，对于君主的任何决定不得产生怀疑。他说：“心之所好，体必安之；君之所好，民必从之。”（《春秋繁露·卷十一》）一方面，董仲舒以“君权神授”论证了君主专制的合理性，对于加强封建中央集权、维护封建统治起到了重要作用；另一方面，董仲舒力图以“天”来规范和约束君主，君主的绝对权威在天那里得到一定的限制，君主受到天的监督，使其专制行为有一定的收敛。当然通过“天人感应”所得到的天的指示在一定意义上能够促使明君为政以德，实行开明政治，但是从最终结果来说，由于没有直接的惩罚措施，一定意义上并不能改变君主执意要实行的专权行为。③

儒家伦理道德的根本准则之一就是“仁”。在孔孟那里，“仁”内在于人的生命本性之中，是人的行为的内在依据，而在董仲舒这里，天才是“仁”，道德是由“天”启的。他说：“仁之美者在于天。天，仁也。”（《春秋繁露·卷十二》）因此，天作为“仁”的代表，自然能够起到道

---

① 李泽厚：《中国古代思想史论》，天津社会科学院出版社 2003 年版，第 140 页。

② 北京大学哲学系中国哲学教研室：《中国哲学史》，北京大学出版社 2003 年版，第 124 页。

③ 赵康太、李英华：《中国传统思想政治教育理论史》，华中师范大学出版社 2006 年版，第 28 页。

德示范作用，人只要效法天的道德行为，自然就是道德的，就不再需要内在的修养。以此为前提，董仲舒以天之阴阳之道对应社会上的伦理关系。他把儒家的“君君、臣臣、父父、子子”的伦理观绝对化，提出“三纲五常”的伦理学说。“三纲”即“君为臣纲，父为子纲，夫为妻纲”。他从阴阳之道出发，认为君、父、夫是阳，臣、子、妻是阴。因此，基于人的社会伦理要效法天的阴阳之道原则，臣、子、妻就要绝对服从君、父、夫，这也成为影响封建社会几千年的道德规范。“五常”即“仁、义、礼、智、信”，这是人际交往的重要原则，是在人际关系中每个人都应具有的道德品质。[①] 董仲舒提出的“三纲五常”从根本上来说是为专制制度服务的，是为了培养有利于统治的顺民，具有浓厚的政治色彩。

董仲舒的德治教化思想在其思想政治教育理论中居于重要位置。董仲舒吸取秦朝灭亡的教训，在政治上反对过重的刑罚，主张德治为主，刑罚为辅。以此为理论基础，他主张在政治、经济、文化等现实领域实行德治。在政治经济上，他主张推行“限民名田，以澹不足”，“薄赋敛，省徭役”[②]，减轻百姓负担，在文化教育上，他主张实行以政治教化为主的教育政策。因此他提出：一，设立学校，在中央和地方分别设立教化贵族和百姓的学校，“立大学以教于国，设庠序以化于邑”（《汉书·董仲舒传》）。二，以选举的方式选贤任能。董仲舒提出一系列选拔任用人才的举措，鼓励贤者参与到国家建设中来。这在一定意义上促进了封建德育教育。三统一学术和思想。董仲舒提出“罢黜百家，独尊儒术”，以孔子所创儒家思想统一全国思想。[③]

三　儒家思想政治教育理论的成熟与发展

在成熟与发展阶段，最具代表性的是朱熹和王阳明的思想政治教育理论。

---

① 赵康太、李英华：《中国传统思想政治教育理论史》，华中师范大学出版社2006年版，第129—130页。

② 赵康太、李英华：《中国传统思想政治教育理论史》，华中师范大学出版社2006年版，第130页。

③ 陈青之：《中国教育史》，东方出版社2008年版，第102—103页。

在经历了唐末五代的战乱之后，新兴的宋朝为了重新确立中央集权专制并恢复社会秩序，大力提倡文化教育事业。统治者大力倡导儒学，以“尊孔”为文化教育的重要内容，力图恢复儒学在社会中的地位。在此背景下，理学应运而生。“理学既是对西汉董仲舒的政治思想和学术原则的继承，又是对魏晋以来佛道思想营养的吸收，从而实现了儒学的哲学化。”① 理学流派内部又有理学和心学等的区分，分别以朱熹和王阳明为代表。

朱熹思想政治教育理论的起点就在于“变化气质以复性”，他认为后天的道德教化对于一个人来说至关重要，它能改变人的本性，使人的气质发生变化。他认为，“理”是第一性的，是万物的本源以及事物内部的规律，是最高的道德标准，具有形而上意义，与之相对，“气”是第二性的，是创造万物的材料，具有形而下的意义。在此基础上，他提出，人性就是“理”，他把人性分为“天命之性”和“气质之性”，前者纯粹至善完美，后者因为“气”有清浊之别，因此存在善恶。朱熹进一步认为，每个人的本性都是善的，之所以一些人出现不良行为，是因为他们被欲望所迷惑，因此，善的行为就被掩盖了。他提出，教育就是为了恢复“气质之性”中所具有的善，擦拭掉被欲望等掩盖掉的善行，“变化气质以复性”，也就是一个道德教化与修养的过程。他认为，道德教化与修养的根本目的是“明人伦”，他继承发展了董仲舒“三纲五常”的道德规定，认为教育就是人通过对“三纲五常”等伦理道德的践行，达到修身、去欲，进一步成为圣人，最终实现“内圣外王”的过程。他认为，学校教育就应该把“明人伦”作为教育目标，这样才能实现国家的长治久安。②

为了实现自己所提出的教育目标，朱熹提出渐进式的阶段教化思想。他把道德教化分为三个阶段，每个阶段又分别细化了教育内容和方法。第一阶段是八岁以下，这时是儿童时期道德教化，主要是教会儿童一些

---

① 赵康太、李英华：《中国传统思想政治教育理论史》，华中师范大学出版社 2006 年版，第 16 页。

② 赵康太、李英华：《中国传统思想政治教育理论史》，华中师范大学出版社 2006 年版，第 230—231 页。

社会礼节以及简单的数学知识。第二阶段是八岁到十五岁，是“小学”时期的道德教化。这一阶段是使人初步学习践行一些伦理道德规范，养成良好的道德行为习惯，以利于日后培养出圣贤之士。因此这一阶段的教化十分关键。第三阶段是十五岁以后，是“大学”时期的道德教化。这一阶段是在“小学”时期的基础上进一步雕琢，培养国家的栋梁之材。朱熹认为，每个阶段都不是独立存在的，都与其他阶段密不可分，前一阶段都是后一阶段的基础，后一阶段都是前一阶段的发展和深化。[①] 他的这种根据不同年龄阶段采取渐进式的教化方式也为后来的思想政治教育奠定了重要基础。

朱熹在谈到道德教化时，发扬了程颐的知先行后的观点，他认为“论先后，知为先；论轻重，行为重”（《语类》卷九），在这里，“知”为道德知识，“行”为道德行为，二者虽然是统一的，但“知”毕竟是在“行”先，因此他认为，如果认清了理，那么其行一定是正确的。这种观点与其所主张的理学思想密切相关。“既然万事万物都只是理的体现，当然必须先认识这个理，然后才能有行为所遵循的规范。所以，他所讲的知是知理，行是行理。”[②] 朱熹的思想政治教育理论所提出的这种道德教化原则，具有一定的启示意义。

王阳明是心学的集大成者，他的思想政治教育理论从“心即理”的哲学思想出发，最终落脚于“致良知”与“知行合一”。他认为，心是宇宙的本体，与“良知”密切相关。每个人都有良知（也就是天理），这是人与生俱来的，但是由于欲望的诱惑使人失落了良知，因此，人需要回归人之良知本性。在此基础上，他认为朱熹所说的“格物致知”，“致知”并非是向外界寻求更多的知识，而是回归人本来就具有的良知。“格物”是向内反省自己的思想，而非向外考察外界对象。在王阳明的思想中，事物只是人的主观内容，不具有客观属性，外界对象必须依赖主观世界而存在，因此，“致知格物”就是把内心的良知推致事物上，而“心即

---

① 赵康太、李英华：《中国传统思想政治教育理论史》，华中师范大学出版社 2006 年版，第 231—232 页。

② 北京大学哲学系中国哲学教研室：《中国哲学史》，北京大学出版社 2003 年版，第 291 页。

理”，因此，事物就合“理”了。王阳明虽然主张“致良知”，主张向内寻求自己的良知，不承认外在世界的客观性，但是他也承认，这种方式无法获得更多的外界知识，这无疑是其思想的一个矛盾点。① 为了克服这一矛盾，他又提出“知行合一”的命题。

与朱熹所认为的“知先行后”不同，王阳明认为，知行不可分，“知是行的主意，行是知的功夫；知是行之始，行是知之成”（《传习录上》）。这也就是说，知是行的前提，行是知的落脚点，知是行的开端，行是知的完成，知中有行，行中有知，总体来说，知就是行，行就是知，“知行合一”。王阳明提出这一命题，是为了反对朱熹过于重视“知”而忽略“行”的观点，他认为，只有真正体现在行上的“知”才是真正的“知”，而真正的“行”也必然是以真正的“知”为前提。他特别强调，“行”其实只是一种表达人的主观好恶的情感，甚至人不必有所行动，只要内心中有所好恶，这就是行了，因此他进一步提出“一念发动处，便即是行”②，这就从根本上，从人的思想深处阻止人有任何违背伦理道德、违背封建统治秩序的念头，鼓励人们遵守道德规范，强化自身道德修养，这就在一定意义上为维护封建专制统治起到了道德教化作用。

四　儒家思想政治教育理论的衰败与没落

在衰败与没落阶段，最具代表性的是黄宗羲和王夫之的思想政治教育理论。

明朝末年，封建统治日益腐败，统治者对百姓的压迫愈发残酷，统治阶级与被统治阶级的矛盾极端激化。李自成的农民起义取得胜利后，明朝灭亡，后来清军入关，抵抗清军的政权依然昏庸无能，无法与清军抗衡。在抗清斗争中，一些思想家反省明朝灭亡以及清军能够比较顺利入关的原因，矛头指向了之前的专制主义政治制度，当然，对封建专制的思想基础儒家思想特别是理学思想也给予了严厉批判。这些思想家根

---

① 北京大学哲学系中国哲学教研室：《中国哲学史》，北京大学出版社 2003 年版，第 326—327 页。

② 北京大学哲学系中国哲学教研室：《中国哲学史》，北京大学出版社 2003 年版，第 327—328 页。

据国情提出了自己的新的理欲观、政治观、道德观等，开启了一段新的历史转折期，包括儒家思想政治教育理论在内的儒家思想就此走向衰落。

黄宗羲是这一时期的思想代表。首先，黄宗羲的人性论是建立在“一本万殊”的哲学理念上的，他认为世间万物万变不离其宗。黄宗羲认为，“气”是世间万物包括人在内的本源，气化流行形成了各种不同的事物。不同的事物虽然各自的特质不同，“人有人之性，物有物之性，草木有草木之性，金石有金石之性，一本而万殊，如野葛鸩鸟之毒恶，亦不可不谓之性”①。人有人的规定，物有物的规定，草木、金石等都有各自的规定，但是它们都是由“气”所生，拥有同一个本源。而人与其他万物在规定上的区别就是，人有不忍人之心，也就是在道德层面上纯粹的至善。孟子认为善就是具有仁义礼智的品德，受到人们的喜欢；荀子认为人性本恶，要通过制定规则、规范，通过教化的方式来约束恶，而这些规范的立足点，是善；董仲舒则认为人性非善非恶，都是可以靠教化来改变的。而黄宗羲的“性本善”与他们都有所不同，黄宗羲认为人性本善，一方面，人性应当是善良的，另一方面，善还是人本身所固有的特质，是人之所以为人的本质规定性。正因为善是人之为人的本质规定性，那么就不需要外在的制约，人们应该自由地表达自己的意志。对此，他反对专制，对君主专制的政治制度进行了深入批判，提倡“天下为公”，并立足于传统民本思想，论证了君臣、君民的关系。他认为君臣之间应该是师友关系，而不是主仆关系，君臣虽然分工不同，但是应该共同治理国家。而在君民关系上，黄宗羲批判了传统封建看法，提出在上古时期，君主的所作所为都是为了百姓，是为了百姓尽义务。而到了后来，君主为了一己私欲，独吞百姓的利益，天下成了君主一人的天下，君主成了百姓的祸害。黄宗羲在分析君臣、君民关系的基础上严厉批判了传统儒学所维护的君主专制制度。针对理学和心学，他认为二者都是抽象的、脱离现实生活的，与时代格格不入，正是因为学者们拘泥于此，

① （清）黄宗羲：《孟子师说·道性善章》，吴光主编：《黄宗羲全集》第1册，浙江古籍出版社2012年版，第77页。

拘泥于书本教条，完全不顾国情，因此社会才如此腐败。[①] 黄宗羲提出，真正的学问应该是“崇实致用”，真正发挥其在实践中的积极作用。《大学》有云：“大学之道，在明明德，在亲民，在止于至善……家齐而后国治；国治而后天下平。”[②] “崇实致用”是儒家的传统，儒家主张入世，以实现国家富强、天下太平为人生目标，修身、齐家、治国、平天下，讲求的是要想实现道济天下的抱负，首先就要完善自己的心性修养，自我修养完善才能整顿好家庭，只有整顿好家庭，才能治理好国家，最后才能实现天下太平。但儒家的“崇实致用”实则是为了维护封建秩序，教育只是作为巩固封建君主专制制度的手段，因此具有局限性。而黄宗羲认为，“道无定体，学贵适用，奈何今之人执一以为道，使学道与事功判为两途。事功而不出于道，则机智用事而流于伪；道不能达之事功，论其学则有，适于用则无，讲一身之行为则似是，救国家之急难则非也：岂真儒哉！”[③] 他认为“崇实致用”应该是基本的教育理念，仁义与事功应该相统一，不可相割离。青少年要具有德才兼备的人格，因此教育应该以既能培养人的道德修养又能培养人建立事功的实际才能为目标。黄宗羲持有的这种教育理念，“尊重个性自由发展的德才并重思想将个体的自我价值寓于社会价值之中，尊重个体，挖掘人性，真正实现育人目的”[④]。

王夫之对儒家传统的“尊君”思想进行了激烈批判，他认为，人民才是国家的主人，“不以天下私一人”，人民的天下不应该仅仅成为君主的私人财产，同样，人民是政权稳定的根本，民心所向直接决定了政权方向。他提出“以民为基”，认为，人民的信任对于稳定统治来说至关重要，因此，君主应该关注人民疾苦，以“仁义”作为执政标准。而如果君主做不到“仁义”，那么臣民也不必要尽忠。故而，“以民为基”可以说是王夫之政治哲学思想的根基，这一政治思想的来源，与王夫之的亲

---

① 赵康太、李英华：《中国传统思想政治教育理论史》，华中师范大学出版社 2006 年版，第 288—291 页。

② 叶绍钧选注：《礼记》，商务印书馆 1919 年版，第 226—227 页。

③ 黄宗羲：《黄宗羲全集》，浙江古籍出版社 2012 年版。

④ 刘聚晗、王宏林：《黄宗羲对传统儒学教育理念的修正与发展》，《济宁学院学报》2019 年第 3 期。

身经历有很大的关系。王夫之所生活的时代是明末清初，此时社会动荡，在统治阶级的内部，明朝政府腐败无能，外部，又遇清朝入关，内忧外患，充斥着各种各样的矛盾。此时的王夫之为了反抗入关的清军，参加了农民军。在这持续不断的战乱中，王夫之失去了好友、失去了亲人，目睹了战争的修罗场，他痛恨战争，渴望一个稳定和谐的社会环境。在总结历史的治乱兴衰、政权更迭的经验教训过程中，王夫之体会到了战争带给百姓的痛苦，以及一个稳定和谐的社会环境对百姓的重要性，于是他开始体恤民生，"民主"思想由此诞生。明朝后期，政府腐败无能，皇帝昏庸无道，对百姓施行重压的政策，再加上天灾的不断发生，百姓生活艰难，苦不堪言，由此引发了大规模的农民起义，导致了明朝的灭亡。故此，王夫之认为，百姓能够安稳平静的生活是社会、国家得以稳定的重要前提，百姓生活安稳了，才能积极地支持统治者，维护自己的国家，一致对抗外来者的入侵。而要想让百姓积极支持统治者，支持自己的国家，首先需要一个有仁德的君主。"人君之当行仁义，自是体上天命我作君师之心，而尽君道以为民父母，是切身第一当修之天职。"① 作为君主，应当有仁义之心，行仁义之事，要体悟到上天安排你做君主的良苦用心，上天并非只是给了君主万人之上、高高在上的统治地位，任其随心所欲操控自己的权力，而是要让君主将百姓视为自己的父母，要像父母爱子女一样关心百姓的需求，为百姓的忧愁而忧愁，为百姓的快乐而快乐。只有得到百姓的支持，君主才能称为君主，君主的地位才有意义。"君以民为基，生以杀为辅，无民而君不立，无杀而生不继。"② 君主与百姓的关系是相辅相成、息息相关的，百姓是国家根基，根基稳定，则国家强盛，君主的统治才能长久。

王夫之的尊民、爱民思想具有一定的进步意义，但是由于受到阶级和时代局限，他在一定程度上又回到了封建专制之路，为君权辩护，如他提出的不允许"庶人之议"（《读通鉴论》卷二十一）。③ 在人性问题

---

① 王夫之：《读四书大全说》，岳麓书社 2011 年版，第 895 页。

② 王夫之：《周易外传》，中华书局 1977 年版，第 167 页。

③ 赵康太、李英华：《中国传统思想政治教育理论史》，华中师范大学出版社 2006 年版，第 291—292 页。

上，王夫之批判地继承了朱熹的“气质之性”观，提出了气一元论。他认为“理在气中”，理是气的依据，人性就是生理，即不断变化发展的，具有无限的潜能，因此，人性并非天所赋予，而是由后天发展起来的，即“性日生日成”，这就强调了后天教育的重要性，肯定了人的主观努力，因此在一定意义上突破了儒家思想中的先验论倾向。而他所提出的理欲观，颠覆了之前朱熹“存天理，灭人欲”的理欲观，认为“人欲”就是“天理”，合理欲望的满足是实现“天理”的前提，如果强制压抑人合理的情感、欲望，就是违背“天理”。

第三节 儒家思想政治教育理论的内蕴张力和思想局限

与任何一种理论一样，儒家思想政治教育理论既存在着内蕴张力，也存在着思想局限，下面我们简要作一下说明。

一 儒家思想政治教育理论的内蕴张力

儒家思想政治教育理论存在着内蕴张力，即这一理论不仅在儒家思想所主导的封建时代发挥着重要作用，而且随着时间的推移，这一理论显示出强大的理论张力，具有强大的生命力，为后来的思想政治教育理论提供了重要的理论基础和思想资源，其理论精华在当今时代仍然产生着重要影响。儒家思想政治教育理论的内蕴张力主要体现在以下几方面。

（一）以仁为核心

总体来看，儒家思想政治教育理论有一个核心，那就是“仁”，无论是在其创始人孔子那里，还是后来的孟子、荀子、董仲舒等，其思想政治教育理论中都蕴含着仁的因素。首先要明确生命的目标——至于道。人与其他生物的不同之处，就在于人有超越自己有限性的追求，人作为有限性的存在，总是想要追求无限的东西，探究世界的本源、宇宙的形成等有关于天道的问题，人也会去追求人自身的问题，反省自身，志在突破自己的有限性，突破自己的边界，这是人所追求的人道问题。这些对无限性的追求是人之为人的总目标，因此，孔子认为人应该首先明确生命的目标，这是人一生奋斗的动力所在。人在追求人生目标、追求无限性的同时，还要坚守“德”，孔子向来注重个人的道德修养，认为坚守道德，修己是人的基本要求。而道与德最后都要依于仁，虽然孔子没有明确说明什么是仁，但是孔子认为，仁能够在道德规范上体现出来，仁是道德规范所形成的依据，是道德的动力来源，可见孔子对“仁”的重视。一方面，孔子认为仁是指内心的修养，对仁的追求是人自然而然的行为，是自觉的行为，而在人的内心中自然而然生发出的仁是道与德的依据，仁的地位可见一斑。另一方面，孔子认为仁不仅有形而上的层面，还有形而下的层面，也就是体现为爱人、爱物、爱国家、爱世界等，因此可以通过思想政治教育，使人们的“仁”发挥到现实社会中。最后是游于艺，当人们拥有了良好的道德修养，能够自觉地依据仁的要求来规范自己，按照仁的要求为人处世时，就能在礼、乐、射、御、书、数中，在政治、社会、音乐、体育等层面发光发热。

在最能体现孔子思想的《论语》中，包含着关于仁的很多论述。孔子没有明确给出仁的定义，只是在不同语境下揭示出仁所包含的内容，通过不同侧面展示了仁的丰富性。“人而不仁，如礼何？人而不仁，如乐何？”（《论语·八佾》）在孔子看来，礼乐是仁的题中之义，他感慨，如果一个人不仁，礼乐对他来说有什么用呢？“里仁为美。择不处仁，焉得知？”“仁者安仁，知者利仁。”（《论语·里仁》）所以，仁兼摄智。“仁者必有勇，勇者不必有仁。”（《论语·宪问》）所以，仁又兼摄勇。《中庸》指出：“知、仁、勇三者，天下之达德也。”而即便三者都是“达德”，也有层次的区分，仁是最高的德，其次是智，最后是勇。仁统摄智和勇。子张问仁，曰：“能行五者于天下，为仁矣。”请问之，曰：“恭、宽、信、敏、惠。”（《论语·阳货》）恭敬、宽厚、诚信、聪敏、恩惠是五种德行，能够实行这五种德行就是仁了。[①] 孔子关于“仁”的论述从小处说涉及为人处世，倡导人们以仁爱之心待人，从大处说涉及治国理政，倡导君主以仁爱之心待百姓。

孟子、荀子、董仲舒等也从不同侧面继承了孔子的“仁”的思想，在他们的思想政治教育理论中，仁爱、礼义等作为道德教化的重要内容，推动着社会的道德进步。

---

① 钟泰：《中国哲学史》（一），辽宁教育出版社 1998 年版，第 21 页。

（二）以和谐为目的

儒家思想政治教育理论作为意识形态是为统治阶级服务的，是统治阶级教化臣民的思想武器，因此它具有一定的禁锢臣民思想的作用，这是它的消极方面，但是它的最终目的是维护国家稳定、社会和谐，这是它的积极因素。

儒家思想政治教育理论，大多主张以和为贵。孔子的弟子有子说："礼之用，和为贵。先王之道，斯为美，小大由之。"（《论语·学而》）有子认为，礼的应用，以做事和谐有序为可贵。古代贤王治理国家的方法，可贵之处就在于此。无论小事大事，都依循这个原则。孔子也说，治理国家，要在百姓众多的基础上"富之"再"教之"，他提出："善人为邦百年，亦可以胜残去杀矣。"（《论语·子路》）这首先是从治国的角度来谈统治者与人民之间关系的和谐。而在人际交往方面，孔子讲，要"爱人"，爱人即是一种人与人之间的亲近和谐，在爱人的基础上，才能真正尊重他人。他说："不患人之不己知，患不知人也。"（《论语·学而》）不要担心别人不了解自己，而要担心自己不了解别人。这是从设身处地为别人着想的角度来谈人际和谐。孔子说："德不孤，必有邻。"（《论语·里仁》）他认为，有道德的人不会孤独，一定会有志同道合的人来跟他做朋友。在孔子这里，"和"所体现的是一种人际关系的和谐，而其前提却是对自身道德的修养，"君子"就是这样一种理想之人。而孟子提出："天时不如地利，地利不如人和。"（《孟子·公孙丑下》）孟子立足于军事角度，把是否"人和"作为影响战争成败的最重要因素。荀子认为，"义以分则和，和则一，一则多力，多力则强，强则胜物"（《荀子·王制》），他也强调了"和"的重要性。

因此，和谐在儒家思想政治教育理论中，在治国和人际交往中发挥着重要作用，这一思想直到今天也在中国甚至在世界范围内继续产生着影响。

（三）以中庸为方法论原则

儒家思想政治教育理论既对君主提出了要求，如君主既要维护统治，又要以提升自身修养、以仁爱之心、以礼待百姓为前提，也对百姓提出了要求，百姓既要遵守相应的社会道德规范，以礼约束自己的行为，又具有一定的维持生活的权利。这就体现出儒家思想所主张的"中庸"

原则。

在孔子看来，中庸是一种最高的美德。“君子中庸，小人反中庸。君子之中庸也，君子而时中。小人之中庸也，小人而无忌惮也。”（《中庸》）中庸作为最高德性，又是君子与小人区分的一个重要标准。孔子所说的这种最高德性的“中庸”在宋代二程看来，就是“不偏之谓中，不易之谓庸。中者，天下之正道。庸者，天下之定理”（《程氏遗书》卷七）。朱熹认为：“中庸者，不偏不倚，无过不及。而平常之理，乃天命所当然，精微之极致也。”① 所以，中庸又是不偏不倚、无过无不及，它是天下的正道和定理，是既精微而又平常的道理。而孟子所说的“中道”、荀子所说的“中事”“中说”与“中庸”的意思一致，都是讲求做事要把握一个“度”，符合一定的标准。所以，中庸作为一种道德伦理准则，其内蕴着合宜的规定性，就是要“合乎一定的标准或法则”②。

孔子所创立的“中庸”思想内蕴的含义就是要合于“礼”，要“约之以礼”。孔子说：“非礼勿视，非礼勿听，非礼勿言，非礼勿动。”（《论语·颜渊》）言行举止都要合乎礼。这样才能做到“诚于中，形于外”。

二　儒家思想政治教育理论的思想局限

儒家思想政治教育理论在历经几千年的时代变迁后，其思想中所具有的不被现代社会所认可的糟粕表现得更为明显。主要体现为以下几方面。

（一）重亲情，轻法律

在儒家思想中，宗法家族的观念占据社会关系的主导地位，可以说，家族观念被视为社会关系的本质和核心。儒家主张“三纲五常”，“三纲”是：君为臣纲，父为子纲，夫为妻纲。父子与夫妻关系是具有亲情的血缘关系，而君臣关系同样作为“三纲”之一，是因为“君君、臣臣、父父、子子”（《论语·颜渊》），即“儒家伦理的一个重要特征就是由

---

① 朱熹：《四书集注》，凤凰出版社2005年版，第19—20页。

② 徐克谦：《“中庸”新探》，《学术月刊》1984年第10期。

‘家’及‘国’、家国同构，以父子喻君臣”[①]。在儒家看来，君臣关系就是父子关系的推演。有子说：“其为人也孝弟，而好犯上者鲜矣；不好犯上，而好作乱者，未之有也。君子务本，本立而道生。孝悌也者，其为仁之本与!”（《论语·学而》）如果一个人孝敬父母、尊敬兄长，而对君主没有敬畏之心，喜欢冒犯上层的统治者，这样的人是极少见到的；如果有一个人不喜欢触犯上层的统治者，对君主有敬畏之心，而偏偏喜欢造反，这样的人是从来都没有过的；如果一个人能够专心地致力于最根本的事物，培养最基本的德行，这些基础的能力与修养都建立起来了，那么治国、做人的原则也就由此生发出来了。而孝敬父母，尊敬、顺从兄长，正是“仁”的根本所在！儒家思想把“孝悌”这样的血缘亲情作为“仁”之本，明确表达了“它在人类生活中享有至高无上的终极地位，将它置于其他一切行为准则和道德规范之上”[②]，成为人们生活中必须遵循的最高原理。儒家将孝悌视为“仁”的最基本的道德要求，一方面，是源于中国古代社会的宗法等级制度。中国古代社会的宗法等级制度，是由氏族社会父系家长制演变而来的，是以血缘关系作为支撑的。宗法等级制度要求贵族的政治特权、爵位、财产权必须要由嫡长，也就是正妻所生的长子继承，所谓“传嫡不传庶，传长不传贤”。故此，父亲与兄长是地位与权力的象征，他们在家庭中不仅是一家之主，还拥有像君王一样的权力。在这种父权家长制下，君主不仅是一国之主，有至大的统治权力，在整个国家之中，君主还像全国百姓的父亲一样，正如张载说：“大君者，吾父母宗子。”（《正蒙·乾称篇》），即君主是臣民的父亲（想一想“父母官”这个词）。[③] 因此，君主与父亲这两个身份是同在的，国家与家庭也是相通的，这种家与国的同一结构，发展出了儒家对父母与兄长的重视以及对孝悌的极度关注。因为对父母、兄长的尊敬与服从，就是对权力的顺从，也就是对国家统治者的顺从，也就是说，孝是仁之根本，而能孝必忠。因此，儒家如此重视对孝悌这一品行的修养，另一

① 孙利天：《生命领会和精神自觉》，《社会科学战线》2008 年第 1 期。

② 刘清平：《美德还是腐败?》，《哲学研究》2002 年第 1 期。

③ 卿文光：《从中国人的称谓看儒教精神的缺陷及其社会历史后果》，《同济大学学报》2009 年第 4 期。

方面，是为了维系统治阶级的内部秩序，维护君主对国家的绝对统治。春秋时期，周天子的声势日渐衰微，西周时期稳固的宗法关系受到了动摇。随着社会经济的发展，诸侯国的势力日渐强大，对以血缘关系、亲长关系为纽带的宗法等级制度产生了质疑和不满，因此对周天子统治权力的“僭越”时有发生。为了维护“亲亲”“尊尊”，维护周天子的统治地位，孔子提出了“忠”的道德规范。如何获得“忠”？季康子问：“使民敬忠以劝，如之何？”子曰：“临之以庄则敬，孝慈则忠，举善而教不能则劝。”（《论语·为政第二》）季康子询问孔子，如何能让老百姓对君主尊重，忠心尽职地努力工作呢？孔子回答，如果为政之人能用庄重的态度对待老百姓，老百姓自然会尊敬他；如果为政之人对父母孝顺、对子弟慈祥，百姓就会尽忠于他；为政之人在选用人才的时候，选用善良的人，又能对能力差的人给予帮助与教育，百姓就会互相勉励，加倍努力了。由于君权是父权的扩大，故此，孔子提出了“移孝为忠”的原则，让百姓们将对父母的孝顺之心、对兄长的敬爱之心、对子弟的慈爱之心转化为对君主的效忠，由孝引申出忠。忠不仅是一种道德原则，还是君王用以制约臣子的行为准则，臣子要服从君王的统治，以此来稳固君王的统治地位，维护统治阶级的利益。儒家思想以血缘关系为前提，以诉诸情感体验的方式推导出君臣关系，这种道德推理看似合理，但其中却存在着问题。“如果说父子之间确有基于血缘关系而具有的自然亲近倾向，而让人们对高居庙堂之上的君王也同样亲爱，则明显是牵强附会、生拉硬扯。”① 而儒家正是以这样一种君臣父子之间的关系为前提，以家庭伦理关系为基础构建国家法律关系的。

孔子反对“父攘羊，子证之”，而主张“父为子隐，子为父隐”（《论语·子路》），认为这才是“直”。朱熹解释“直”的时候说：“父子，天理人情之至也。故不求为直，而直在其中。”谢式说“顺理为直，父不为子隐，子不为父隐，于理顺邪？”② 可见，儒家视父子亲情为普遍原则，认为其可以凌驾于法律之上，或者说，这种亲情本身就是法，就是“理”。而在孟子那里，他对于弟子对舜的质疑解释说：“仁人之于

---

① 孙利天：《生命领会和精神自觉》，《社会科学战线》2008 年第 1 期。

② 朱熹：《四书集注》，凤凰出版社 2005 年版，第 156 页。

弟也，不藏怒焉，不宿怨焉，亲爱之而已矣。亲之欲其贵也，爱之欲其富也。封之有庳，富贵之也。身为天子，弟为匹夫，可谓亲爱之乎?”(《孟子·万章上》) 很明显，孟子对于舜的做法表示赞同，给“不仁”的弟弟封地，这是“亲他爱他”。孟子还说，“父子之间不责善”(《孟子·离娄上》)，“父子责善，贼恩之大者”(《孟子·离娄下》)，在孟子这里，同样表达了血缘亲情是一种至善、一种超越法律的最高原则的思想。

儒家以这样一种血缘亲情至上的思想来建立法律关系，法律关系自然成为家庭关系的普遍化。以家的伦理规范论国家的法律制度，法律制度必然缺少理性确定性，缺少客观规定和判准，使得整个法律体系掺杂着深厚的个人情感。这不仅使得执法人员会在面对亲情和法律时做出不公正甚至是徇私之举，也使法律的制定者，也就是处于法律关系最核心的集团——封建统治者成为最大的受益者，法律成为其维护封建专制而建立的统治工具，而离法律关系核心最远的普通百姓，只能被统治、被压迫。上层统治者触犯了法律，会受到轻罚，甚至可以逃脱责罚，这是因为有统治阶级的血缘亲情在，而下层百姓一旦触犯法律，就会依法受到处罚，这是因为“爱有差等”，统治阶级的爱到了百姓这一层面，就会变得相对减少，法律制度在这时起了作用。所以，在封建社会，法律关系中最典型的特点就是人治，统治阶级作为国家至上的代表，制定“游戏规则”，法律本该具有的客观性、公正性受到强烈冲击，这不得不说与儒家“亲亲”“等差之爱”等思想密切相关，这也体现出儒家思想重人情、轻法治的缺欠。

(二) 重德行，轻监督

德治思想是儒家在社会领域的最基本主张，儒家思想重道德品行，志士仁人若要“齐家、治国、平天下”必先“修身”，即“壹是皆以修身为本”(《大学》)，力图通过自身的教化、修养，实现“内圣外王”。儒家主张“学而优则仕”，学习主要针对的是人内在的心性道德修养，学习的过程就是提高自身修养、扩充自身的过程，而学“优”了之后，就能够积极入世，切实承担起社会责任。孔子把这样一种具有高尚道德品行的人称为君子。“孔子把传统意义上的君子小人之分，转化为品德上的君子小人之分，使君子成为每一个努力向上者的标志”①，君子成为儒家做人的理想。在儒家思想中君子具有一定的道德规定性，“第一，君子乐天知命，积极进取，‘君子不忧不惧’（《论语·颜渊》），‘饭疏食饮水，曲肱而枕之，乐亦在其中矣’（《论语·述而》），‘天行健，君子以自强不息’（《周易·乾》）。第二，君子坦荡、率真，‘君子坦荡荡，小人长戚戚’（《论语·述而》），‘刚、毅、木、讷，近仁’（《论语·子路》）。第三，君子宽容、和善，成人之美，‘君子怀德，小人怀土’（《论语·里仁》），‘君子成人之美，不成人之恶；小人反是’（《论语·颜渊》）。第四，君子具有中庸之德，‘君子中庸，小人反中庸。君子之中庸也，君子而时中’（《中庸》），‘文质彬彬，然后君子’（《论语·雍也》）。最后，君子具有‘知、仁、勇’的品格，‘君子道者三，我无能焉：仁者不忧，知者不惑，勇者不惧’（《论语·宪问》）。”② 所以，君子一直是儒家思想所追求的做人目标，即便是孔子本人也谦虚地说自己还没有达到君子的境界。

儒家认为，通过学习经典、学习礼乐，可以“致良知”，越来越接近君子的人格品质，可以做到“慎独”，做到“诚于中，形于外”。③ 所以，对于道德的崇尚关键要落实到行动上，而对于自身社会责任之担当同样如此，要有“实践”的品格，正如孔子所说：“君子有三患：未之闻，患弗得闻也；既闻之，患弗得学也；既学之，患弗能行也。”（《礼记·杂记》）君子有三个担心，一是担心没有听说过道理，他担心没有知道应该知道的事情；二是担心已经听说过的，他担心听说了但是不能掌握这种知识；三是担心已经学习到的，他担心学习了但是无法进行实践。这是孔子认为君子应该具备的道德标准。荀子也说：“道虽迩，不行不至；事虽小，不为不成。”（《荀子·修身》）即便是很近的路途，如果不行走的话，距离再近也是无法到达的；即便是很简单的小事情，如果不去做的话，就算再简单也是不能完成的。可见儒家的思想政治教育是非常注重实践的智慧的。儒家的实践智慧是以“成人”为目标，旨在人们对内通

① 徐复观：《中国人性论史》，华东师范大学出版社 2005 年版，第 41 页。
② 胡海波等：《哲学导论》，吉林文史出版社 2005 年版，第 57—61 页。
③ 周溯源：《儒家德治思想缺陷解读》，《人民论坛》2005 年第 10 期。

过个人的自省，通过内心的转化，对外通过在现实生活中的行动，来实现修身、做人，达到知行合一的境界。儒家认为君主和志士仁人的品行具有重要的示范作用，“其身正，不令而行；其身不正，虽令不从”。(《论语·子路》)，孔子认为如果为政者能够保持自己的行为端正，那么他不需要向别人发号施令，命令别人完成自己的指令，百姓也能自觉跟着行动，使事情能够进展得很顺利；如果为政者自己没有端正的品行，言行不当，即便是三令五申，对别人给予了有压力的命令，百姓也不会听从他的诏令。可见君主自身的德行具有示范作用，影响着为政者的权力是否能够顺利施展，也决定了百姓对为政者是否顺从。君子的道德品行也同样重要，“君子之德风，小人之德草，草上之风必偃”（《论语·颜渊》)，一次季康子向孔子询问，要怎样才能治理好政事，如果杀掉违法乱纪的没有道德的人，以此来成全品德高尚的有德之人，是不是就能治理好政事了？孔子的回答是，治理政事，怎么还需要用杀戮的手段去处理呢？只要在位的人品行善良，老百姓也会以他为榜样，行善良之事。君子的道德品行就好比是风，普通百姓的品德就好比是草，风吹到草上，草必定会随着风的方向而摆动。这就是榜样的力量，通过君子的德行示范，逐渐形成良好的社会风尚，这也是君子承担社会责任的一种方式。

儒家对道德品行的高度重视，使得志士仁人以具有高尚道德品行的“君子”作为修身的目标，这在一定意义上有益于君主士大夫阶层良好风气的形成，进一步促进整个社会的良性运转。但是儒家思想“陈义太高，对人的期待和要求太高，事实上即便个人竭尽全力也不能真的践履笃行，这就不可避免地弄虚作假，造成虚伪的两面人格。孔子对虚伪的‘乡愿’加以痛斥，而‘伪君子’成为中国历史和现实中大批量生产的典型人格”①。一方面，儒家对人的要求过高，过于理想化，忽视了人性本身所具有的本能和弱点；另一方面，儒家又主张只有追求这样高尚的道德修养并践履笃行，才符合社会的期许，这就容易使人虽然在内在道德修养方面达不到社会的要求，但是在外在表现形式上却要伪装成品德高尚的人，“掩其不善而著其善”（《大学》）。同时，儒家力图以道德的

① 孙利天：《朴素地追问我们自己的问题和希望》，《吉林大学社会科学学报》2005 年第 3 期。

力量来约束人，通过道德修养的提升使人克服自身的弱点，但是仅仅这样是不够的。诚然，道德具有其内在约束力，但是这种约束对人来说需要极强的自律性，而人往往又做不到这点，这就必须有外在的力量来进行监督和制约，避免政权走向腐败。但是几千年来，都以儒家思想为主导思想，提倡德治，忽视法治，所以“导致中国德治理论发达，而法治理论不足，政治文明进步缓慢，直至近代，专制制度仍然故我”①。

（三）多专制，少民主

儒家思想在几千年的封建社会中，一直是主流意识形态，处于主导地位，是统治阶级加以宣扬和倡导的。儒家主张“仁爱”“亲亲”“等差之爱”，以血缘关系的亲疏远近衡量自己的社会关系，“在周朝血亲等级架构和‘亲亲’‘尊尊’机制的影响下，儒家血亲等级观念凸显了父子之间的血缘生理差序包含着尊卑上下的等级意蕴，并且将这种等级意蕴与君尊臣卑的等级意蕴直接融合在一起，使之具有了浓郁的政治内涵”②。而这也成为统治者进行专制统治的基础。孔子说：“君君、臣臣、父父、子子”，意在告诫我们，在其位谋其政，在什么位置上就要做符合这个位置的事情。作为君主就要做一国之君该做的事，作为臣子就要做臣子该做的事，臣守臣道，不可僭越；父亲要做父亲该做的事情，慈爱子女，为子女树立好的榜样，子女也要做到孝敬长辈，顺从兄长。这是周礼中的内容，可以看出孔子对于礼教的重视，以及对等级制度的坚守。孟子说：“劳心者治人，劳力者治于人；治于人者食人，治人者食于人：天下之通义也。”《孟子·滕文公上》脑力劳动者统治人，体力劳动者受人统治；被统治者供养别人，统治者被人供养，孟子认为这是通行天下的原则，而“这一差等的根据同样亦源于血缘中的父子关系。‘亲亲，仁也；敬长，义也。无他，达之天下也。’《孟子·尽心上》子对父的孝与服从即是天定不变的绝对律令，从而便将通常的社会分工转换为等级分工”③。由于根源于血缘亲情，所以这种等级分工表面上具有合法依据，也为专

① 周溯源：《儒家德治思想缺陷解读》，《人民论坛》2005 年第 10 期。

② 刘清平：《儒家血亲等级观念初探》，《江苏行政学院学报》2013 年第 1 期。

③ 宋开之、葛宽余：《论儒家民主思想的缺失》，《南京理工大学学报》2011 年第 2 期。

制统治提供了合法性前提。

到了董仲舒那里，他为了确立儒家的等级秩序，树立起封建专制的绝对权威性，“把汉代的封建统治说成是‘天道’‘天意’的体现。他说：‘王者承天意以从事’（《春秋繁露·卷八》），这是说皇帝是按照天的旨意来推行其封建政治的”①，董仲舒把天神化，是为了说明社会等级不可改变的绝对性，为了说明维系统治秩序的统治者所具有的至高无上权力的合法性。他还提出了大一统的思想，认为这是宇宙的普遍规律，“《春秋》大一统者，天地之常经，古今之通谊也。今师异道，人异论，百家殊方，指意不同，是以上亡以持一统，法制数变，下不知所守。臣愚以为诸不在六艺之科孔子之术者，皆绝其道，勿使并进。邪辟之说灭息，然后统纪可一，而法度可明，民知所从矣。”（《汉书·董仲舒传》）董仲舒认为《春秋》中所说的天下万物归于一，是世间的普遍法则，是不变的真理，但是如今各种学说盛行，扰乱了人们的思想，出现了各种不同的学派和不同的目标与追求，这种情形妨碍了“大一统”的实现，使得朝廷建立起的法令无法顺利推行，法令制度的频繁更改，也使得官吏与百姓不知道该遵从哪一个，严重地影响了国家的统一。故此，董仲舒提出，要“独尊儒术”，禁止其他理论和学派的传播，维护国家的大政方针，加强中央集权，将全国的思想都统一于儒学，实现“大一统”，稳固王朝的统一政权。所以，董仲舒把始于孔子的儒家伦理道德思想转化为一种社会法律制度，使“仁政”一方面具有政治意蕴，另一方面具有道德意蕴，表面看来，它关心百姓，诉诸民本和谐，但是其实质却是一种高度的集权专制。②

所以，儒家“先把君王置于一个不可动摇的权力巅峰上，然后再区别其好坏。这时，即使褒好贬坏，已经为时太晚了。不论贤君、暴君，君臣关系在本质上都是专制的”③。儒家思想成为高度中央集权的政治统治工具，从其中无论如何也不能开出现代民主思想之花。诚然儒家也讲

① 北京大学大学哲学系中国哲学教研室：《中国哲学史》，北京大学出版社 2003 年版，第 123 页。

② 宋开之、葛宽余：《论儒家民主思想的缺失》，《南京理工大学学报》2011 年第 2 期。

③ 刘军宁：《儒家的困境：孔子思想中的自由与专制》，《东方早报》2010 年 4 月 18 日。

"民本"，讲要重视百姓的力量，"水能载舟，亦能覆舟"，但是"民本"与"民主"有着本质区别。民本认为君民关系是既定的，由天意决定，而民主认为君产生于民，是民意的体现；民本认为主权在君，而民主认为主权在民；民本认为君主的权力和职责由天赋予，因此，君主只需要对天负责，而民主认为君主要对民负责。① 所以，民本就其本质来说还是为了维护统治政权，还是君本。

① 俞可平：《传统民本思想与西方民主思想有着本质区别》，《北京日报》2006 年 8 月 7 日。

第四章

儒家思想政治教育理论的基本内容和教育方略

任何教育理论，尤其是思想政治教育理论之所以可能，其背后毫无例外地都有关于人性的种种肯认和预设。教育，尤其是思想政治教育，总是有其要达到的目标和价值追求，而要实现这种目标和价值追求，必定要预设人的心性、行为模式、行为习惯是可变、可被施加教育影响和可引导的。具体到儒家的教育目标来说，就个人层面而言，是要修身立命；就社会伦理关系而言，是要达到安伦尽分；就社会理想而言，是要达到名正言顺、各安其位、各乐其业、天下大同的社会秩序。与这些教育目标和追求相适应，儒家所肯认的人性基础是其独特的心性论和由此引出的心性成长论。由此出发，儒家逐渐发展出独具特色的思想政治教育内容和逻辑理路。

儒家思想政治教育理论不同于其他传统思想学派乃至国外同类型理论的特色在于，其人性论主张善的内生说而非外铄说；受教育个体通过有意识的心性修养功夫，将人性固有的善的因素和端倪挖掘出来，就可以合逻辑地成为圣人；以此为基础，其行为模式自然而然地可以达到名正言顺、安伦尽分的伦理目标，从而实现天下大同的社会理想。这就是儒家的人性论及其人性成长论。张澍军教授指出，“思想政治教育是一门科学，是关于人的理论，是关于人的精神世界成长进步发展的学说。这在新时期以来已形成基本共识。这非常重要，为思想政治教育的实践活动、学科框架和理论研究奠定了基础”①。从张先生的分析框架出发，我

① 张澍军：《略论思想政治教育的深层价值》，《思想政治教育研究》2010 年第 7 期。

们可以说，正是儒家的心性论及奠基其上的心性成长论，为儒家思想政治教育的实践活动和理论框架奠定了基础。

简而言之，儒家思想政治教育的基本内容由如下三个环节组成：其一，发明本心的个体修身（引导受教育者向内发现自己心性中固有的善的潜能），这是根基与起点；其二，“内圣外王”的实践追求（将修身的内涵通过功夫实践将之外化和扩充出来），这是功夫和扩充；其三，天下大同的理想社会，这是实现和完成。总体上看，儒家思想政治教育的基本内容遵循了从内到外扩展的逻辑理路。

第一节　儒家思想政治教育理论的人性论基础

在当今开放时代，我国思想界和教育界对人本身的看法正在经受着多元思潮的冲击和洗礼。近些年，西方思想家提出的“主体的碎片化”“人之死”等说法，一方面固然是对西方社会生活方式新变化的敏锐揭示，另一方面也表达了对人的受动性，尤其是人面对资本机器所生产的各种意识形态的受动性的无奈。对于这种现象，可以概略地称之为主体的消亡或被塑造的主体。

从我国思想界和教育界的接受来看，我们往往自觉不自觉地将上述思想和看法当作对既定事实的描述，而没有觉察到背后的批判意识，更没有有意识地寻求突破这些困境的出路。这种状况对教育界的负面影响在于，我们无法找到合适的概念框架来描述受教育者的能动性，从而无法有针对性地加以教育培养。事实上，我国传统思想尤其是儒家思想，对人和人的成长有着独特的看法。儒家的心性论和心性的成长说，完全可以为我们提供一套理解人本身的富有启发的概念框架，不仅可以把它看作对上述西方思想的回应，而且对当今时代我国的思想政治教育有着重要的启示和借鉴意义。

一　儒家的心性论：德性为人之根本

在我国传统文化几千年的传承和积淀中，关于人的看法，最为珍贵的思想资源就是儒家的心性论，以及关于心性的自我成长、自我塑造和自我成就的看法。从根源上看，这套概念框架所指认的正是人面对外界的影响，具有最终来源于自身或天性的活动性力量。简言之，儒家的心性论就是以“心”和“性”的范畴来界定人的本性。

按照众多古籍的记载，早在上古时代，杰出的政治人物已经用“心”和“性”的范畴来界定人所得之于天的本性，并以这两个范畴来规范人与外界的相接与相处。《尚书·大禹谟》所云：“人心惟危，道心惟微。惟精惟一，允执厥中。”即被后世儒家反复标举和阐释的“十六字箴言”。“人心惟危”，是形容我们的心境总会因环境的变化而变化，变得飘忽、不稳定。人总是有各种欲望、各种担忧、各种顾虑，善恶难辨，变幻莫测；微，是隐形的意思，“大道”都在我们见不到的地方，《道德经》在开篇就说：“道可道，非常道。”如果“道”能用语言来表述出来的话，那它就不是永恒的道，凡是能用语言来表述出来的意义，就不是它终极的意义。而追寻它的唯一方式就是“悟”，要自省，儒家讲的省就是向内看、内视，告诫我们要自省，“行有不得，反求诸己”（《孟子·离娄上》）。从自己身上找原因，所以儒家讲求“体悟”；“惟精惟一”，朱熹解释何为“精”，精而不杂，纯而不杂，对应那个“危”的不稳定；对于“一”的理解，应该是正而不离，就是要专注于人生的那条主线，一定要清楚地知道自己要去往何处，坚定自己的追求和目标；“允执厥中”，“允”其实就是儒家讲的天人合一的境界，因为任何事物都有其存在的价值和意义，都有它们各自的属性，因此，要不以“人心”去偏好某物，评判某物的好坏，这就与“道心”相违背了，要使人心与道心相融合，不偏不倚，执中庸之道。这“十六字心传”就是儒家讲的，通过对自我心性的反省和塑造，达到的人生的最高境界，同时也是修身治国心法。《左传·昭公二十五年》中说，“则天之明，因地之性”“哀乐不失，乃能协于天地之性”。《左传·襄公十四年》有言“天生民而立之君，使司牧之，勿使失性”。可见按照当时的看法，人的心和性乃是则之天、因诸地的东西，而人在生活和自处中，最为重要的就是存养天地的赋予而不失。尤为值得注意的是，这些言论强调心和性在政治生活中的重要地位以及心和性的“内发论”，这些都是儒家心性说的重要理论来源。

从儒家思想来看，关于心和性的探讨始于孔子。《论语》中直接论述“心性”的文字只有两处，其一是《阳货》所谓“性相近也，习相远也”；其二是《公冶长》中子贡所言“夫子之文章，可得而闻也；夫子之言性与天道，不可得而闻也”。这当然谈不上是对心性展开的完整论述，但性与仁，性与天命、天道的关系，已经作为隐含问题存在于孔子的思想框架之中。徐复观先生认为，“他（孔子）的知天命，乃是对自己的性，自己的心的道德性，得到了彻底地自觉自证”①。这里强调的就是性的概念与《论语》中其他范畴的关系，尤其是心性与仁、与命的关系。这里所遗留的范畴关系问题在后世儒家那里得到了讨论。孔子认为“为仁由己”（《论语·颜渊》）。仁是人之为人的本质，是生命之根，对仁的追求，是靠自己决定的，是自觉的行为，是人的心性中所固有的。人与其他生物的不同之处就在于，人作为大自然的产物，同其他生物一样，是有限的存在，但是人却不满足于自己的有限性，要追求无限性，使自己有限的生命得到无限的扩展和提升。故孔子曰：“古之学者为己，今之学者为人。”（《论语·宪问》）在过去，人们勤学苦读，学习各种知识与技能，其目的是提升自己，扩展自己的生命，是对自己内在的要求。而后来的学者们，却将学习知识视为获得功名利禄的手段，是学给别人看的，这是孔子很反对的。当人们注重于提升自己的道德品行，关注自己内在心性的修养时，就会使自己的生命得到提升、得到扩展，扩展到自己之外的世界，超越个体的局限性。当人们超越了个体的局限性时，眼中就会看到他人，看到他人与自己一样，也有他们的生命价值，从而生发出心怀天下的情感。子曰：“鸟兽不可与同群，吾非斯人之徒与而谁与？天下有道，丘不与易也。”（《论语·微子》）人是不能和飞禽走兽生活在同一个群落里的，不能与它们进行交流沟通，人如果不与人进行交流联络，那还能和谁打交道呢？如果天下太平，为政者治国有道，那我也就不会和你们一起来进行改革了。因此，当人们的生命得到了提升，并超越了有限的个体，向外辐射开来时，就会如孔子一样拥有修己安人、以天下为己任的担当精神。而这种担当的精神，孔子认为是一种天命，是天赋予人们的动力。唐君毅先生在《中国先秦哲学中的天命》中这样理解“天命”：“‘命’这个字代表了天人的相互关系，……我们说，它既不仅外在地存在于天中，也不仅内在地存在于人中，而是存在于天和

---

① 徐复观：《中国人性论史·先秦篇》，上海三联书店2001年版，第79页。

人的相互关系之中，即在我们的相互影响和反应中，他们相互的给与取中。”[①] 天、天命在这里是具有道德意义的。故此，仁对内旨在提升个人的道德修养，关注于人的心性的自我成长与自我完善，达到“成人”的境界，对外则要求与天命相契合，达到“成物”的境界。个体有限的生命与无限的宇宙生命相融合，“夫大人者，与天地合其德，与日月合其明，与四时合其序，与鬼神合其吉凶”（《周易·乾·文言》），也就实现了天人合一、天地同德。

孔子之后，孟子主张心性的“内发说”而驳斥所谓“外铄论”。《孟子·尽心上》中说，“人之所不学而能者，其良能也；所不虑而知者，其良知也”。又提出“尽心，知性，知天”的说法，系统申发在外在的“学”和“虑”之前，人心固有良知和良能的先验能力的观点。《孟子·告子上》中说：“乃若其情，则可以为善矣，乃所谓善也。若夫为不善，非才之罪也。恻隐之心，人皆有之；羞辱之心，人皆有之；恭敬之心，人皆有之；是非之心，人皆有之。”孟子认为道德观念是先验的，是人生来就具有的，故而善是人们天赋的道德观念，如果按照人们的性情自然地发展，必然是会成为良善之人的，这就是孟子所说的善。所以如果有人成了没有同情心的不善良的人，那一定不是他本性的罪过。恻隐之心，是每一个人都具备的，羞耻之心也是人人都有的，对人恭敬，能辨是非，是人人都具备的天赋。这里所谓“非才之罪也”即强调善乃是人的心性所天生固有，“恻隐之心，羞辱之心，恭敬之心，是非之心”非外铄而来。在孟子看来，“仁、义、礼、智”四端，即是此“四心”的向外展开和表现，这样一来，孟子就为人的外在行为，尤其是善的行为找到了内在于心的发生根据。从儒家思想内部发展的机理来看，孟子的心性说初步为孔子的仁学奠定了本体论基础，因为只有人心固有良知良能，孔子“仁远乎哉？我欲仁，斯仁至矣”（《论语·述而》）的说法才有了确定的保障。

大体而言，后世儒家秉承了孟子的观点，并进一步予以发挥和申说。《中庸》中说：“天命之谓性，率性之谓道，修道之谓教。道也者，不可须臾离也；可离，非道也。”即意在阐明“性”来自天之所“命”，这里

---

① 唐君毅：《中国先秦哲学中的天命》，《东西方哲学》1962 年第 11 期。

的命就是赋予的意思，而按照天命之性而为，就是所谓道。这里所谓“不可须臾离”，一方面是说人应当按照天之所命行事，另一方面更是强调天所赋予的性乃是人脱离不开的东西。宋明儒者多重视对《中庸》的研究和阐发，并以此为基础发展自己的新儒学。不难看出，这是对“心性内发说”的进一步引申。

当然，除上述心性，尤其是其道德性的内发说外，儒家内部还有荀子的性恶论。《荀子·性恶》中说：“人之性恶明矣。其善者伪也”，“今人之性，生而有好利焉，顺是，故争夺生而辞让亡焉。”既然从儒家传统上说，尤其是在孟子那里，性善论是核心主张，那么荀子为什么会提出针锋相对的观点呢？按照北京大学王博教授的看法，《荀子·劝学》篇是理解这个问题的关键。从学理上看，“首先，‘学’可以看作是荀学的中心观念，并和其他一系列的观念有着内在的联系；其次，对学强调，从逻辑上来说，包含着一个重要的前提，即人是非自足的或者有缺陷的存在，所以需要后天的功夫来塑造和弥补”；“再次，生命的缺陷决定了生命主体需要借助于他者来改进和完善自己，单纯依赖生命内部的发掘并不能改变问题”①。所以荀子《劝学》篇强调，“君子性非异也，善假于物也”。事实上，这里涉及的是人的心性和品格的成长问题，我们认为，孟子和荀子并没有实质上的冲突，性善性恶的分野只是出于从不同的侧面对“学”的强调。下文关于儒家之“学”的论述，将尝试对这个论争提出自己的看法。

总体上看，儒家的心性说强调心或性是人面对生活情境尤其是外界干扰和影响时，所具有的最终的自决和行为选择能力。这种自决能力是一种最终的活动性，它来自天赋，对人所面对的境遇、所受到的或善或恶的影响，有自己的是非判断、监测能力和自我调整的功能。按照多数儒者的看法，这种自我监测、调整和扩充，实际上就是通过学习而自我成长的过程。这其实就是儒家的心性成长观。

二　儒家的心性成长观：教育的可能性与空间

儒家肯定心、性是人的生命活动的根本，这首先来自最初的生命直

① 王博：《中国儒学史·先秦卷》，北京大学出版社 2011 年版，第 527 页。

觉和生活体验。如果说这种来自原初生活体会的所谓“本体论”是在生命活动中可自觉和可证成的，那么这种证成或自觉的过程就是儒家思想的另一半，即“功夫论”或“修养论”。简单地说，这可以称为儒家的心性成长观，也可以说是儒家特殊的教育观。历代儒者用自己的学说和具体生活实践，为心性的成长论证和示范了可能性和空间。

从上文对孔子思想中性与天命、性与仁的范畴关系所内蕴的张力的论述，可以看到，在孔子那里，所思所想达到了仁的要求，实际上就是扩充和发挥了人得自天的性，人也就完成和实现了自己的“天命”。这也正是孟子明确提出心性论、良知良能说的合法性所在，也正因此，孟子被历代儒者尊为孔子的正宗传人。事实上，孔子也用自己的学说和生命过程，论证和示范了他如何完成了自己的天命，如何践行和实现了自己的心性成长。在《论语·为政》中，夫子自道说：“吾十有五而志于学，三十而立，四十而不惑，五十而知天命，六十而耳顺，七十而从心所欲不逾矩。”即可看成孔子对自己心性成长过程的血肉丰满的描述。从《论语》中所记载的孔子言行，尤其是孔子对其弟子的教诲和点拨来看，所有关于“学”的言论，其预设的前提也正是心性的成长，尤其是自我成长。所以《论语·述而》中孔子强调的教育观是“不愤不启，不悱不发”。按照《论语·学而》对人格修养和完善之基本历程的描述，“兴于诗，立于礼，成于乐”，实际上就是通过诗、礼、乐等手段和文化积累来完成对心性的陶冶。甚至更广泛地看，儒家的“礼乐教化”思想，正是立足于人的天赋心性的成长空间和可能性进行的引导和教育，使其“自成”。这也是《论语·雍也》所谓“博学以文”的真实标的。

《论语·为政》中说“君子不器”。关于文中“器”字的理解，历代注家众说纷纭。但在我们看来，“君子不器”说的是人的心性的提升空间问题。从具体的生活技能尤其是《论语》所强调的为政才能上说，我们首先应该对“器”持肯定态度，所以我们也经常将某人在某个领域有所成就，说成是“成器”。但《论语》中强调的是成为“君子”，即是说，人不应当像器具一般，只满足于获得有限的才能和用途，而首先应着眼于心性的成长，从不断的自我突破中不断发现自己心性的成长空间，这是比获得具体的才干更为重要和迫切的任务。

本书在上面的分析中，探讨了孟子和荀子关于性善与性恶的分歧。

从儒家学说的内在理路来看，孟子和荀子的分歧在于对如何“学”以自我成长的具体问题持不同看法，但对心性的成长来说，他们的观点是一致的。荀子强调“善假于物”，通过外物的助益来化恶为善。《荀子·性恶》中说，“故圣人化性而起伪，伪起而生礼仪，礼仪生而制法度；然则礼仪法度者，是圣人之所生也”。这里所谓的“化性起伪”，即是化恶为善。相比之下，孟子则主张“万物皆备于我矣。反身而诚，乐莫大焉”(《孟子·尽心上》)。这里则明显强调反求诸己的内省。深层地看，荀子之所以反对孟子，即在于他认为孟子主张心性自满自足，从而缺少了自我提升和“学”的维度。但实际上，孟子所说的“四端”用现在的术语表达，应该是一种潜能，其完全的发挥和实现，有待于孟子所说的“扩而充之”。这实际上就是一种“学”的过程。从学理上说，我们所以能意识到善与恶的分野，能够做出为善去恶的行为，其最终的依据还是在于心性本身的自决能力，这本身就是善。因此，从这个角度说，孟荀在“本体论”上的分歧只有表述上的不同。“人之为学”和“扩而充之”都立足于人心的是非辨别能力，心性的成长空间及其“自成”的自决能力。

宋明理学家所特殊重视和标举的《大学》和《中庸》，实际上是将早期儒学关于心性的本体论和关于心性成长的功夫论、修养论打通并结合起来论述的标志性文本。《中庸》主张“天命之谓性”“修道之谓教”；《大学》标举“明明德”。这里的“性”和“明德”就是人所得诸天的心性；而“修”和“明”则是将作为天赋潜能的“性”和“明德”扩充和实现出来的动态过程。具体来说，这种扩充和实现的历程，就是《大学》所标举的“三纲领八条目”。所谓“八条目”，就是“格物、致知、诚意、正心、修身、齐家、治国、平天下”。这里的“格物、致知、诚意、正心”首先涉及的就是心和性的修养和砥砺，只有以此为基础，后面的功夫才有根基。

就宋明儒者自己的学术主张而言，他们也都有对心性与天、命和道等概念范畴的专门辨析和澄清。二程尝言“心即性也。在天为命，在人为性，论自所主为心，其实只是一个道”(《二程遗书》)。王阳明则将心性的本体论和心性发挥、扩充和成长的修养论熔为“致良知”一炉。秉承孟子和陆九渊偏向心学一系，王阳明将人天赋的心的活动性界定为“良知”，而“致良知”则是即本体即功夫，推致和扩充心性本然的良知，将之贯彻于自己的一言一行。在这个过程中，人不仅实现了自己的成长，也完成了自己的天命。宋明儒学这些对心性概念的辨析，不仅是对先秦儒家核心学说的发展，更是在精神气质和价值追求上对先秦儒家学说的特殊继承。总体而言，心性论是传统儒家学说一以贯之的本体论主张。

综上所述，儒家以心和性的概念来界定人最终的活动性。就我们的生活直觉而言，人当然是容易受到外界影响乃至侵染的，但人心能够最终意识到这些影响和侵染，具备监测这些影响的是非善恶的能力。用我们日常语言说，每当人陷入某些外界的负面影响和束缚而感到"郁闷"和"悔恨"时，其根源即在于人心能够意识到自己所处的状态，知道自己能够改变和走出这种状态但尚未做出实际行动。实际上，这种不断意识到障碍和不断采取克服行动的过程，正是心性的成长。这种不离生活情境而求取觉解的思想和行为框架，也正是中国传统思想不同于西方思想的突出特色。思想政治教育的教学和实践，实际上也正是找到一个合适的概念框架来描述和界定人本身具有决定性的活动性因素而予以肯认、发掘和培育，在这里，可以说传统儒家思想的心性观具有天然的用武之地和广阔的开发借鉴空间。

第二节　儒家思想政治教育理论的基本内容

儒家思想政治教育以其心性论和心性成长观为理论前提引出其最基本的理论内容和逻辑理路。总体上看，儒家思想政治教育的基本内容可以《大学》中所说的"修身、齐家、治国、平天下"来概括。但必须指出，这个内容本身呈现为一个带有逻辑必然性的由内而外逐渐扩充的进路：个体修身属于发明本心的内在觉悟，而齐家、治国、平天下则是将发明本心带来的行为模式的改变，通过功夫与扩展逐渐过渡到社会秩序的过程。

一　理解儒家思想政治教育理论基本内容的前提

儒家思想政治教育与其他形态的思想政治教育有着本质的不同。要理解其极具特色的基本内容和逻辑进路，理解它为什么会具有这样的基本内容，通过与其他形态的思想政治教育理论尤其是西方政治教育理论进行对比考察，是一个合适的视角。因此，本部分将通过与西方思想政治教育理论的对比，澄清理解思想政治教育基本内容及其特色的前提。这对理解儒家思想政治教育基本内容的诸方面有启发意义。

西方尽管没有明确使用“思想政治教育”的概念，但其公民教育大体就相当于思想政治教育。从公民教育也就是思想政治教育的视角看，西方的教育理论家最为看重的是教育环境对人的影响和塑造作用，所谓“环境决定人”。“公民”的概念最早出现在古希腊，用来指代与奴隶主享有同等权利的自由民。此时的奴隶是没有任何特权的，他们只是作为干活的工具而存在。一旦公民离开了自己的城邦，那么他就极有可能在其他城邦中沦落为奴隶。所以，城邦是公民身份的保障，只有在城邦制度下才能维护公民的权益。因此，一方面，由此引申出了国家、社会对人的重要性。苏格拉底认为，好的社会是能够培养出好公民的前提条件。柏拉图也认为，一个良好的社会环境是能够使人健康成长的必要条件。人们在学校中受到教育的同时，还有一部分时间是在学校外面生活，他所居住的城市、小区、邻居、家人等都会对其产生影响，人们在相互交流沟通中，在对家人、邻居的行为模仿中，在不同的地点、风景中，都会获得与学校教育同等重要的教育。而这一切都是由国家这个大环境决定的。因此，柏拉图认为，国家就是一个大型的学校。这一观点，在亚里士多德那里也可以看到。亚里士多德认为，“社会是一个完整的教育体系，每个人都因身居其中而让自己的潜能得到最充分的发挥；国家是一个巨大的教育机构，它高度集中了一切有益于人之教育的包括宗教、神话、民主政治、社会舆论在内的一切社会影响，以及在一个有组织的社会中一个人为了获取和保持其社会地位而必须接受的所有教育和‘训练’。”① 这些教育和训练不仅包括对人们生存、生活技能的教授，还包括对人们的道德、美德的培养。亚里士多德认为，德性、美德是后天学习获得的，不是遗传的、与生俱来的品质。因此，要想拥有高尚的道德品质，使人们处在一个良好的家庭、学校教育之下是一个至关重要的途径。家庭和学校是我们主要的学习环境，是获取知识提高自身修养的主要场所，因此，亚里士多德认为，为了使思想政治教育达到预设的效果，国

① 刘丽：《亚里士多德的公民教育思想研究》，硕士学位论文，武汉大学，2005 年。

家要对所有的教育环境进行掌控，这一点是很有必要的。直到近代，还是有很多西方思想家同样重视教育环境对人的影响，比如洛克、爱尔维修、杜威等思想家们。以洛克的“白板说”为例，洛克认为人的心灵其实是一面白板，不存在任何的标记、内容甚至是印痕。当外部事物刺激到心灵的时候，才会在心灵上留下一些印痕，这些印痕就是观念。也就是说，观念来源于外部事物的刺激，来源于感觉经验。因此我们的一切知识也都是来源于感觉经验的。思想道德观念也是如此，没有人生来就具有思想道德观念，思想道德观念是建立在经验上的，是观念的组合，因此受到外部环境的影响，只有加强对教育环境的掌控，为人们提供良好的教育环境，才能使人们的天性得到最大限度的展开。因而他们主张，教育尤其是涉及思想政治层面的实践性教育，最应该重视的就是教育环境的营造、建设和相应的理论研究。作为整个教育过程中的一个环节，受教育者当然也得到了相应的重视和研究，这些研究主要集中在发展心理学和社会学的层面上。例如，按照心理学的成长与发展理论，人的成长成熟，从能动性的方面看就表现为从对外依赖到自依自治、从被动到主动；从知识储备看，是从无知到有识；从社会实践技能看，是从弱入强；从行为模式看，是由感性冲动到理性冷静；等等。总体上看，一方面，这些通行教育理论主要奠基于经验心理学、教育心理学、社会学等方面的实例观察和总结，因而在可操作性和操作的规范性、程序性上，是非常出色的，这实际上也是注重量化、注重经验观察和归纳的西方科学精神的体现和延续。因此，这些教育理论是非常适合规模化和一体化的学校教育的，并因而被各个层次的学校单位所接受和实行。另一方面，公民教育通常与国家的政治统治相关联。国家通过教育手段向人们传输国家的政治共识，普及符合国家政治秩序的价值观，让人们的价值观符合国家的政治价值观，从而产生出想要维护国家政治生活的有序性、稳定性和连续性意识，并且能够通过有效的行动来保障国家政治社会的稳定性。因此，公民教育的理论背景存在于政治哲学中。[①] 公民教育的目的并不仅仅是对一种价值判断标准体系的传递，为了让公民拥有对美好生

---

① Mabe, R. Alan, 1993, Moral and Practical Foundation for Civic Edncation, The Social Studies, 84 (4).

活的向往，拥有一种美好人生的价值观，而且也是为了维护国家的政治统治，保障国家的公共价值以及政治道德的稳定性。

同时，西方近代以来自然科学的崛起和突飞猛进的发展，也使得数学、物理学等成为教育的主要内容，并在现当代为世界范围内的教育实践所继承。简而言之，这种偏重知识的学习和接受的教育内容，适合教育环节、课程设置等方面的齐一化和规范化，所以西方的思想政治教育理论实际上是一种以经验总结和尽可能量化为特征的科学理论。

对比而言，传统儒家的思想政治教育理论的直接着眼点在于达到和谐稳定的社会秩序，而其着力点则在于对自身心性的体证和觉悟，并由此出发达到上述社会理想。西方思想政治教育理论和儒家思想政治教育理论，一个重多样本的经验观察，一个重由个体体验出发由己及人。自先秦儒家开始，儒家作为一个思想和政治学派，就已经奠定了其致思和践行学问的视域：从微观层次说，儒家认为，成人或人对自身的实现，实际上就是实现自身中为天所命、天所赋予的内在潜力和潜能；从宏观层次说，人要实现自身，或者说“成圣贤”，其必然的表现就是实现整个社会范围内的各安其分、各尽其能、安伦尽分的和谐社会秩序。

一方面，儒家的思想政治教育是为了让人们拥有完善的道德修养和理想的人格，是对个人自身心性的探讨。与西方的公民教育不同的是，西方思想政治教育的目的是为了向公民传输符合国家政治秩序的价值观，让人们能够产生维护国家政治生活有序性、稳定性和连续性的意识，做出维护国家秩序稳定性的有效行为。而儒家的思想政治教育并不仅仅局限于政治层面，不是为了掌控人们的价值观和社会行为，而是让人们通过对自身的体悟，觉察到“凡人之所以为人者，礼义也”（《礼记·冠义》）。“克己复礼”是儒家对人的期盼和追求。“颜渊问仁。子曰：‘克己复礼为仁。一日克己复礼，天下归仁焉！为仁由己，而由人乎哉？’”（《论语·颜渊》）一次，孔子的弟子颜回请教孔子，如何才能达到仁的境界，孔子就作出了以上的解释。孔子认为，人生而自由，但自由与自由之间是相对的，人生来就有欲望，但个人的欲望与社会规范之间会存在冲突。那如何达到一个平衡的状态，达到“仁”的境界呢？孔子认为，要克己复礼。为了让每个人的天性都得以展开，自由与自由之间不发生冲突，让身心得到真正的自由，那就需要每一个人都能做到“克己”。

克，顾名思义，就是克制，也就是每个人都要克制住自己不好的念头，“惟圣罔念作狂，惟狂克念作圣”（《尚书》）。圣人与凡夫俗子的区别，只在一念之间，一个圣人，若心生“罔念”、邪念、贪念等不好的念头，就会被烦恼与欲望所吞噬，变成一个凡夫俗子。一个凡夫俗子，若能克制住自己的“罔念”、邪念、贪念等不好的念头，保持正念，做到自戒，诚不自欺，他就是一个圣人，圣人与凡夫俗子之间的转换就在“罔念”与“克念”之间。只有战胜自己的私欲，遵循天理，才能通达仁的人生境界。故此，儒家的思想政治教育首先就是要为人们解答“人应该是什么样子的”这一问题，从而明确人们的人生观和道德追求，完善自己的理想人格。

另一方面，儒家的思想政治教育还是为了让人们在完善自己理想人格的同时，促进天道的完善，即由仁及礼。一次子路问孔子，“桓公杀公子纠，召忽死之，管仲不死，曰未仁乎？”子曰：“桓公九合诸侯不以兵车，管仲之力也！如其仁，如其仁！”（《论语·宪问》）齐桓公杀了公子纠，管仲不仅没有为公子纠自杀殉死，还给齐桓公做相国，子路认为，管仲不仁不义，没有仁德。孔子却认为，齐桓公因为有了管仲做相国，在管仲的助力下，改革内政，对内发展生产，强兵富国；对外尊王攘夷，不出一兵一卒，不凭借武力，多次会盟诸侯，抑强扶弱，维护着中原的文明秩序，这都是管仲辅佐执政的功劳，这就是仁。相较于执着小节小信，孔子更看重个人道德的外在实现，道德只有落实到现实政治中，才会具有普遍的影响力。因此，对内，儒家的思想政治教育要求人们以严格的标准来要求自己，提高自身的道德修养，汲取道德的智慧，完善自己的理想人格，成就自身，这是“成己”；对外，当一个人有了极高的道德修养，才能影响别人，将道德修养落实到现实，实现对现实的关怀，这是“成物”，这就是儒家最高的价值观念和终极关怀——“内圣外王”。而所谓的终极关怀，正是对仁、礼的切实实行，“修身、齐家、治国、平天下”，是儒家积极入世的态度。不仅重视对个人的理想人格的修炼，还要求人们有强烈的爱国情感、历史使命感和社会责任感，实现对生命的终极关怀，注重理想人格在现实社会的实践，达到内心世界与外在世界的辩证统一。“这个复杂理想的双重使命并非意指这两种使命是经由两个明显不同、各自遵循自己理路，而最后在它们发展的最高层次上相互重叠的过程，相反地，这个理想的含义是：外王是从内在完成的内圣的光辉散发而得到的。此理想根本上立足于一个基本命题，自我的道德修养本质上不仅仅是目的，并且还是达成大同世界的一种手段。”① 李泽厚也认为，儒学不仅仅是一句句的人生格言，教人学习诚信、友善、孝顺、忠心等好品质，儒学是有终极关怀的，这种终极关怀超越了人的有限性，是对天地境界的体悟，以达到成人成圣、天人合一的境界为目的，并要求在现实社会中，也能有所成就、有所作为。儒家的思想政治教育理念，要求从个人出发，以完善个人的德性与人格为最初目标，当一个人拥有了完善的理想人格，就会自觉地将自己的德性落实到现实，进行道德的实践，从而实现超越人的有限性的终极关怀，这正是儒家思想政治教育与西方思想政治教育理念的相异之处。

另外，西方思想政治教育理论以自然科学的统计学模式来规划整个教育过程和程序，从而设计出一套分阶段、渐进式的知识体系，以培养出知识储备丰富、专业技能精良的能力型人才。儒家教育的重心则在于以“先圣”对自身心性成长和由此而来的行为规范的领悟，以通常所说的“言传身教”的方式引导“后圣”，也就是受教育学子充分发挥和实现自家心性的潜能，以培养出较易融入社会和伦理秩序的道德型人才。注重心性的涵养不是说不注重实际的生活和实践知识技能，比如先秦儒家也教授礼、乐、射、御、书、数等具体技能，即所谓“六艺”，但儒家始终将自身心性、道德的培育放在整个教育过程的首位。这种由天之所命的心性出发的教育理论，必然决定了儒家治学和践行走的是由内而外逐渐扩充的路子。对内，是个体对本心的修养和发明，这是根基和起点；心性发明的表现，就是将内心的道德本性扩展和发挥出来，推己及人地处理对待与他人的关系，这实际上就是“内圣外王”的实践追求，是功夫和对根基的扩展；随着自身修养和对同学或后学的引导和影响，这种动态教育过程逐步辐射到整个社会，从而形成安伦尽分的理想社会秩序。这三个阶段和环节，共同构成了儒家思想政治教育理论的基本内容。

① 余英时：《中国思想传统的现代诠释》，江苏人民出版社 1998 年版，第 108 页。

二 根基与起点：发明本心的个体修身

按照本章第一部分的分析，心性是儒家思想政治教育的人性论基础，也可以说是儒家思想政治教育理论的“本体论”。那么很明显，心性的发明、觉悟及其与行为模式的关系就是儒家思想政治教育的根基与起点。具体说来，作为儒家本体论的心性论与思想政治尤其是社会秩序有何具体的内在联系？阐述儒家心性论的内涵特别是它与人的行为模式必然改变的内在联系，也就是儒家心性论的伦理实践内涵，是回答这个问题的关键。儒家学者多有关于这方面的论述，其中较为系统的是先秦儒家文献《大学》。

《大学》云：“大学之道，在明明德，在亲民，在止于至善。知止而后有定，定而后能静，静而后能安，安而后能虑，虑而后能得。物有本末，事有终始，知所先后，则近道矣。古之欲明明德于天下者，先治其国；欲治其国者，先齐其家；欲齐其家者，先修其身；欲修其身者，先正其心；欲正其心者，先诚其意；欲诚其意者，先致其知；致知在格物。物格而后知至，知至而后意诚，意诚而后心正，心正而后身修，身修而后家齐，家齐而后国治，国治而后天下平。自天子以至于庶人，壹是皆以修身为本，其本乱而末治者，否矣；其所厚者薄，而其所薄者厚，未之有也。此谓知本，此谓知之至也。”

这段话是《大学》开篇，也是《大学》所谓“经”的首段。众所周知，《大学》为后世特别是宋明儒学所特殊重视和标举，被视为入学的门径，并被精练概括为“三纲八目”。所谓“三纲”，就是“明明德”“亲民”“止于至善”；所谓“八目”就是“格物”“致知”“诚意”“正心”“修身”“齐家”“治国”和“平天下”。这本是先秦的文本，本身就代表着早期儒学的观点，到了宋明儒朱子和王阳明，也大都以它为载体来建立自己的学说。因此，说《大学》代表了儒家统一的人性论乃至功夫论，是合适的。

我们首先来梳理这段文字的逻辑关系。本段中所谓的“本”“末”和“知本”，首先表达了作者自己的价值态度和取舍观念。那么何谓“本”？不难发现，从“知止”“知本”“壹是皆以修身为本”几个表述看，“知止”和“知本”意味相同，那么结合文意，“修身”与“止于至善”约略同义；而“止于至善”又是由“明明德”和“亲民”递进引出，那么，所谓“知本”与“修身”，也就是知道“明明德”和“亲民”的次第关系，并由此出发切实践行。因此，所谓“知之至”，也就是说明白先做好“明明德”的功夫再去实践“亲民”，那么这就是“知”的极致了。从文脉来看，“明明德”包括格物、致知、诚意、正心四个条目，并可概括为修身一目；而亲民则包含齐家、治国、平天下三目。因此，所谓“壹是皆以修身为本”，也就是以明明德为本，也就是做好格、致、诚、正的功夫；舍此而急于求成地去齐、治、平，则无异舍本求末，“其本乱而末治者，否矣”。

《大学》对修身的特殊强调，其实和其他儒家文献是一致的。《论语》以“忠恕而已矣”总结一以贯之的夫子之道，其内容偏重于修身。何为忠恕？在孔子看来，忠，就是与人交往要忠诚，面对他人的时候要尽心尽力，儒雅谦和，恕，就是“己所不欲，勿施于人”。面对弱者不可以盛气凌人，对别人进行压制。待人“忠恕”，是孔子所追求的“仁”的精神境界。孔子认为，修身要靠自己的体悟与努力，不可投机取巧，向外而求。子曰：“我未见好仁者，恶不仁者。好仁者，无以尚之；恶不仁者，其为仁矣，不使不仁者加乎其身。有能一日用其力于仁矣乎？我未见力不足者。盖有之矣，我未之见也。”（《论语·里仁》）所以，想要达到“仁”的精神境界，并不是遥不可及的，靠主观自觉的努力，是可以通过后天的教育习得的，不受外在的条件所限制。由此可见，进行有效的自我修养是非常有必要的而且是可能实现的。

孟子也认同修身对人的重要性。孟子说：“天下之本在国，国之本在家，家之本在身。”（《孟子·离娄上》）这句话强调了个人的道德修养的好坏会直接影响到国家的统治秩序，影响社会的稳定发展，因此，齐家、治国、平天下的根本就在于提升个人的道德修养。可见，孟子对修身的重视。孟子主张“性善论”，认为人有“四端”，即“恻隐之心”“羞恶之心”“辞让之心”“是非之心”，这是人生来就具备的，正如人生来就有四肢。而“仁、义、礼、智”这四个道德规范的出现正是源于人性中的这“四端”。“凡有四端于我者，皆知扩而充之矣，若火之始燃，泉之始达。苟能充之，足以保四海；苟不充之，不足以事父母。”（《孟子·公孙丑上》）凡是拥有“恻隐之心”“羞恶之心”“辞让之心”“是非之心”

这四端的人，都知道要将它们扩大充实起来，只有将这四端充实起来，才能使社会稳定，天下太平，如果不能充实这四端，则都不足以赡养自己的父母。虽然人生而就拥有“四端”，但还需要通过后天的学习对其进行扩大充实，并且孟子认为，人们生活的环境也会对人们的品性产生影响，复杂恶劣的生活环境甚至会让人们迷失本心。所以，在孟子看来，对人们进行后天的道德教育，是让人们回归本心，扩充“四端”的必要手段，从而实现“人皆可以为尧舜”(《孟子·告子下》)。

荀子主张人性本恶，不认为道德观念是人生来就具有的，而是靠后天的教化和学习才能获得的，所以荀子很注重后天的教育对人们的影响。荀子认为，“人之生固小人，无师无法则唯利之见耳。尧、禹者，非生而具者也，夫起于变故，成乎修为，待尽而后备者也”(《荀子·荣辱》)。人一生下来就是小人，就有欲望，婴儿会通过啼哭来获得食物，这是不需要学习也不需要人教的，是天性，是本能。人与动物一样，生来就具有趋利避害的本能，为了能够生存，为了避免死亡，使自己的生命甚至是物种得以延续，人与动物都会避开对自己有害的事物，趋向对自己有利的事物，是“生”的动力让生物具备了这样的本能，因而是无法避免的。所以荀子认为，人的本性就是充满了欲望并且是自私的，为了让个体能够在这个世界上得以存活，优胜劣汰，人只能也必须如此。故此，荀子认为尧、禹他们能够成为圣贤，并不是生来就具备圣贤的德行，而是源于他们生活在一个动荡的社会中，受到后天生活环境的影响，通过提高自己的道德修养才改变了自己的本性。因此，在荀子看来，后天的教化对人的道德修养起到了关键作用，“扁善之度，以治气养生，则身后彭祖；以修身自名，则名配尧、禹”(《荀子·修身》)。另外，在《荀子》的《修身》篇中，荀子申明了修身与社稷存亡的关系。荀子认为，修身的目的不仅是为了提高个人的道德修养，当人拥有了理想的道德修养，获得了自己的生命价值的提升，就会关注他人的生命价值，关心天下人的生命价值，就会生发出心怀天下的情感，因此修身的最终目的实则是要使自己成为拥有治理国家、守护天下能力的贤者。要想成为这样的贤者，就要做到君子之求利也略，其远害也早，其避辱也惧，其行道理也勇。君子贫穷而志广，富贵而体恭，安燕而血气不惰，劳勧而容貌不枯，怒不过夺，喜不过予。君子贫穷而志广，隆仁也；富贵而体恭，杀势也；安燕而血气不惰，柬理也；劳勧而容貌不枯，好交也；怒不过夺，喜不过予，是法胜私也”（《荀子·修身》）。君子不会过分执着于对利益的追求，在遇到问题、祸害之前就会早早做好应对的准备，并且对于道义之事会不畏艰险勇往直前。即使是过着穷困潦倒的生活，君子的心中依然有着远大的理想和抱负；即使是生活富裕，身份高贵，君子依然会保持恭敬的态度和优雅的体态；即使是生活安逸、平淡，君子也不会因此而懈怠慵懒，浑噩度日；即使是感到疲倦，君子的神态也不会表现出无精打采；即使是发怒，君子也不会恶意地惩罚别人；即使是高兴，君子也不会过分地奖赏别人，而是奖惩有度。这样淡泊名利，坚毅勇敢，能掌控自己的言谈举止、喜怒哀乐的人才称得上是君子，才拥有治理天下的能力。荀子认为，修身就是为了让普通的百姓、平凡的人通过学习，通过被教化，提高自身的道德修养，成为君子，再由君子提升到笃志体行的圣人，修身成圣，才能心怀天下苍生，才能做好一个统治者或者一个执行者。因此，修身与社稷的存亡息息相关。宋明儒者所强调的“涵养”“致良知”等说法，以及专辟功夫论，实际上都是在阐述和践行修身，或者大学上的“明明德”。

综合看来，按照众多儒者共同的“思想政治教育论”，一个人要在家、国、天下的层面上有所作为，必须在修身这个“本”上下功夫，所谓“本立而道生”。本章第一部分曾提到儒家特有的心性论和心性成长论，那么具体说来，所谓修身也就是将心性中本有的潜能、潜力、端倪发明和实现出来。孟子所说的“良知”“良能”，《中庸》所谓“天命之谓性”，陆九渊所谓“本心”，王阳明所谓“良知”，以及上文所说《大学》中的“明德”，都是心性的不同说法。而对心性的发明和实现，就在于保持心性中本有的善的端倪而不失，并进而使之扩充到自己的言行，尤其是扩充到对其他个体、宗族乃至家国关系的处理上来。这就是《大学》中所谓齐家、治国、平天下的说法。综上不难看出，在儒家学说的特殊语境中，修身有其特殊的意义，即对本心的发明和扩充。而这种发明本心的修身，实际上是儒家思想政治教育理论的“第一次第”，是儒家思想政治教育的起点和根基。

三 功夫与扩展：内圣外王的实践追求

众所周知，儒家作为一个学派而得以建立和发展，是对春秋所谓“礼崩乐坏”的政治失序和混乱的反应和对治。所以儒家思想中有对政治和伦理秩序的关怀和审视是不言而喻的。按照上文的论述，修身是儒家思想政治教育理论和实践的根基和起点，那么在这里可以说，从这个起点出发，其生长方向就是改变政治和伦理的失序。因此，儒家所倡导的修身不是泛泛而言的加强修养，而是有其明确指向的，这就是要导向安伦尽分、天下大同的政治秩序。所以，儒家思想政治教育理论，必然从修身开始导向对宗族、国家等伦理单位秩序的处理上来。这种由内而外的实现路径，也就是《庄子·天下》这篇最早的中国哲学史文章所总结的“内圣外王”的实践追求。

《大学》在阐述修身的内容之后，就紧接着由修身向齐家、治国和平天下的内容上牵引和扩充。《大学》在“传”的部分说：“所谓齐其家在修其身者，人之其所亲爱而辟焉，之其所贱恶而辟焉，之其所畏敬而辟焉，之其所哀矜而辟焉，之其所敖惰而辟焉。故好而知其恶，恶而知其美者，天下鲜矣！故谚有之曰：‘人莫知其子之恶，莫知其苗之硕。’此谓身不修不可以齐其家。”这段话厘清了由修身到齐家过渡的逻辑关系，这就是说，家所以不齐是因为人受蔽于偏爱、憎恶、同情、轻视等情感影响而处事有偏，有所“辟”，无法做到中正公允。而要做到中正公允，只能靠修身的功夫，也就是扩充天之所赋的本心良善。由此很明确，家之不齐在于所行有辟，对治所行之辟在于改变行为模式，而这只能是发明本心的修身功夫的合理结果。

“所谓治国必先齐其家者，其家不可教而能教人者，无之。故君子不出家而成教于国。孝者，所以事君也；弟者，所以事长也；慈者，所以使众也。”这句话所表达的思想与“君君臣臣父父子子”实际上有同样的逻辑理路。《论语》将君臣与父子予以地位上的对举，这里隐含的逻辑关系，其实是说君与臣的关系，相当于父与子的关系。而上面所引《大学》文“孝者，所以事君也；弟者，所以事长也；慈者，所以使众也”，也正是将孝悌的家庭伦理关系投射和扩大到君臣关系中。即是说，将以修身为根基来处理好的家庭血缘伦理关系，对位地投射到对君臣关系的处理中，事君如孝父，事长如临兄，这就将讨论的范畴从家扩展到了国，即所谓治国。“所谓平天下在治其国者，上老老而民兴孝；上长长而民兴弟；上恤孤而民不倍。是以君子有絜矩之道也。”这里由治国到平天下的逻辑过渡，正是对于由家到国过渡的进一步扩展和引申。所谓“絜矩之道”，也就是将孝父弟兄的家庭伦理关系，由在“上”者或在位者在整个社会范围内予以表率和实行。所谓上行下效，由此达到整个社会范围内移风易俗、取得一个大家庭式的安伦尽分的秩序。如此一来，国为一大家，天下亦为一大家。

孟子所谓求放心、《大学》所说明明德，也就是格物、致知、诚意、正心，《中庸》所谓率性之谓道说的都是修身的路径，这是儒家学说中的“内圣”范畴。如果说“内圣”是儒家对自家本心的葆有和发明，是儒家人格的自我修炼和精神维度的崇高追求，那么“外王”就是“内圣”功夫自然而然的向外扩充，将其本有的内容向家庭、国家、天下等伦理单位贯穿和实行。

用王阳明的话说，就是“致良知于事事物物”。内圣与外王的实践追求，实际上是同一个过程的不同阶段，不可分离开来看。当然，从逻辑次序来说，儒家是更为重视内圣的过程，将修身视为“本”。其本既立，外王则是自然而然能达到的结果。所以余英时先生指出，“（内圣和外王）这个复杂理想的双重使命并非意指这两种使命是经由两个明显不同、各自遵行自己理路，而最后在它们发展的更高层次上相互重叠的过程，相反地，这个理想的含义是：外王是从内在完成的内圣的光辉发散而得到的。此理想根本上立足于一个基本命题，自我的道德修养本质上不仅仅是目的，并且还是达成大同世界的一种手段”①。所以，儒家意义上的思想政治教育理论，实际上是“成圣成仁和仁民爱物的统一，个人价值和社会价值的统一，人格理想和现实政治要求的统一，自身关怀和现实关怀的统一”②。

---

① 余英时：《中国思想传统的现代诠释》，江苏人民出版社 1998 年版，第 108 页。

② 薛晓萍：《先秦儒家道德价值思想及其现代启示研究》，博士学位论文，河北师范大学，2010 年，第 66 页。

四 实现与完成：天下大同的理想社会

儒家学派的开山鼻祖孔子生活的时代名义上是在周王朝统一的统治之下。但实际上，整个社会早已礼崩乐坏、形名相分，以致当时以臣伐君、以下犯上、父子争国的乱象已层出不穷。儒家思想政治教育的优长之处就在于，为对治这种社会乱象提出了一条便于践行的路径：由个体修身到内圣外王的逐渐外扩，并最终落实到理想的社会秩序中来。按照儒家的理想，实现了天下大同的社会秩序，思想政治教育的目标也就真正实现了。

儒家思想政治教育的典型特色在于，尝试为社会习俗、社会制度等所谓客观伦理实体的合理性，找到内在于人性中的本体论基础。孔子之后，从孟子到陆九渊再到王阳明的所谓心学一路，经常被视为儒学思想的“正宗”和“大统”，是有其内在的和必然的学理上的依据的。正如上文所述，由心性的发明和扩充出发逐渐向践行上过渡，自然就触及与人群的相处规则乃至社会秩序问题。因此，《中庸》说孔子“祖述尧舜，宪章文武”，《论语》中则强调“克己复礼以为仁”。这里的“文武”和“复礼”字眼，很明确地表明孔子的政治理想在于某种程度上恢复周朝的礼乐典章制度，从而恢复天下长幼尊卑井然有序的社会秩序。这种政治追求在后世儒家如孟荀、汉代以及宋明儒学中都有明显的继承和体现。

儒家政治理想的最终落脚点是安伦尽分的大同之世，这一思想在《礼记·礼运》中得以集中表述。首先看《礼运·大同篇》的描述：“今大道既隐，天下为家。各亲其亲，各子其子，货力为已，大人世及以为礼。域郭沟池以为固，礼义以为纪。以正君臣，以笃父子，以睦兄弟，以和夫妇，以设制度，以立田里，以贤勇知，以功为已。故谋用是作，而兵由此起。禹、汤、文、武、成王、周公，由此其选也。此六君子者，未有不谨于礼者也。以著其义，以考其信，著有过，刑仁讲让，示民有常。如有不由此者，在執者去，众以为殃，是谓小康。”这里假托孔子与言偃的对话所描述的小康社会，是为了在家天下的状况下，突出礼的作用。谨于礼“以著其义，以考其信，著有过，刑仁讲让，示民有常”，社会行为以礼为准则，从而有了维系秩序的客观准绳。从逻辑上说，小康社会的理想发展，即是所谓大同社会。

“大道之行也，天下为公，选贤与（举）能，讲信修睦。故人不独亲其亲，不独子其子，使老有所终，壮有所用，幼有所长，鳏、寡孤独废疾者皆有所养，男有分，女有归。货恶其弃于地也，不必藏于己；力恶其不出于身也，不必为己。是故谋闭而不兴，盗窃乱贼而不作，故外户而不闭，是谓大同。”鉴于《礼记》的篇名，不难看出这是对孔子所重的“礼”的描述和阐发，当然这里可能更偏重的是礼行于世之后的世界景象。“人不独亲其亲，不独子其子，使老有所终，壮有所用，幼有所长”，如果脱离语境，显然首先是一幅其乐融融、长幼有序的家庭画面。与上文所阐述的思路如出一辙，篇中描述的大同之世，显然是家庭伦理关系的向外投射和扩散。这种由内及外、由小推大的路径，显然也与孟子所谓“老吾老以及人之老，幼吾幼以及人之幼”（《孟子·梁惠王上》）有相同的理路。在这种画面之下，“家”显然不仅仅是各个自顾、各扫门前雪的小家，而显然是以所谓天下为政治单位，将天下老幼视为己之老幼的大家。这就是《礼运·大同篇》所描绘的天下为公的社会图景。

从我们一贯的论述思路来理解，如果说《礼运》的思想偏重于社会典章制度和所谓外在的表现，那么自孔子以来的儒家学派的特色，就在于为这种小康乃至大同社会找寻人性的基础。在孔子那里，如果说礼是外在的表现，那么仁就是内在的人性基础。自孟子而下，都是从人的内在心性出发，扩展到家、国和天下。天下为公的大同社会不仅是儒家思想政治教育的宏愿图景，而且是由明心尽性的个体修养、内圣外王的实践路向的必然归宿。从儒家思想政治教育理论的内在理路看，这三个方面正是同一个基本内容的三个展开环节，不可简单地拆分开来看。而从内在心性到家、国和天下的整个践行过程，就是儒家思想政治教育的完整“线路图”。

到这里，我们已经勾画了儒家思想政治教育的基本内容，它涵盖了从个体修养到家、国、天下等伦理单位的诸多层面。尤其有特色的地方在于，儒家思想政治教育将这个基本内容本身作出了合乎逻辑、易于实践的层次性安排，那就是从个体的内在潜能出发，将这个潜能的发挥和扩展过程与思想政治教育的最终目的即社会秩序关联起来。下文将看到，这对我们思考今天思想政治教育体系的一贯性、具体实现路径等，都有重要的启示。

第三节　儒家思想政治教育理论的教育方略

上面我们主要是从儒家思想政治教育理论的内在进路出发，从学理上予以“同情的”解析，以了解其大概。随着社会的发展，尤其是我国近代以来的社会巨变，思想政治教育理论也已经发生了翻天覆地的变化。因此，站在现当代教育理论的立场和框架上分析儒家思想政治教育的特点，不仅能看清其隐含的某些政治倾向，而且也能在更为合理的角度上把握其实质。

首先，儒家思想政治教育理论是重学的，但这个学与我们今天的学习科学文化知识是不同的；其次，儒家的思想政治教育理论是有其阶级立场的，其不自觉的着眼点还是统治者至少是士大夫阶层的；最后，儒家思想政治教育采取了一些适合于当时社会状况的教育方法和手段。

一　重学与进学次第

儒家思想在我国传统文化数千年的传承和发展中产生了深远影响，塑造了中华民族的民族性格和人文气质。其中，发挥了重要作用并值得深入研究和继承的是儒家的思想政治教育思想。儒家思想政治教育关于“学”的规定、“学”所必然包含的思想政治向度及其进学次第，都是对今天富有启发的理论资源。

与我们当代的一般理解相比，“教育”一词在儒家思想中有着特殊的丰富内涵和特色鲜明的理想指向。从众多儒家经典著作来看，教育的意义偏向“学”甚于“教”，而且“学”并不单纯指对外在知识的摄取，而是主要指以外在为助益和手段达到内在的成长和成熟。儒家主张，在受教育者内在修为充分提高的前提下，其外在行为才能达到理想的高度和标准，即恰切地处理与群体和他物的关系。如果用《中庸》的术语来表达，前者是基础，可称之为“成己”，后者是前者的自然延伸，可称为“成物”。简而言之，儒家教育思想的基本理念在于强调学以成己，而后成物。而所谓“成物”，已经内在地蕴含了个体与群体和他物相处的规则问题，这就是说，儒家的“学”内在地就包含着思想政治教育的内容。

（一）重学

历代儒者都重视对“学”的探讨、论述和亲身体证。在一定意义上，说历代儒家学说都是围绕“学”来组织和展开的亦不过分。其中，关于学的内容、学的方法、学的人性论基础、学的展开方向和理想指向的学说，都可以看成儒家思想的核心内容。

在儒家学派开山鼻祖孔子那里，已经有关于“学”的生动论述和对重学的特殊强调。陈来教授认为，“‘好学’绝不是孔子思想中的一个普通概念，我们可以肯定地说，‘好学’是孔子思想中一个具有核心意义的基础性观念，不仅在他的教育思想，也在他的整个思想中占有重要的地位”①。按照学界已经普遍接受的看法，《论语》中的篇目并不是任意组合，而是经过精心编排的。从这个角度说，开篇“学而时习之，不亦说乎？”就标志着《论语》对重学的着力强调。孔子自诩，“十室之邑，必有忠信如丘者，不如丘之好学也”（《论语·公冶长》）。在《论语》整部书中非常靠前的首篇第四则就是曾子的言论：“吾日三省吾身。为人谋而不忠乎？与朋友交而不信乎？传不习乎？”不难看出，“忠信”是《论语》中突出强调的德性。但按照这里孔子的说法，“好学”显然是比“忠信”更重要和可贵的品质。从孔子学说的整体看，学是贯通、连接和成就所有德性的必由之路，因此可以说是他的整个主张的血脉。

《论语·阳货》中记载：子曰：“由也，女闻六言六蔽矣乎？”对曰：“未也。”“居，吾语汝。好仁不好学，其蔽也愚；好知不好学，其蔽也荡；好信不好学，其蔽也贼；好直不好学，其蔽也绞；好勇不好学，其蔽也乱；好刚不好学，其蔽也狂。”从孔子与仲由的对话中可以看到，孔子认为人有六种品德和六种弊病。爱好仁德但是不去学习学问，那么人就会变得愚蠢，这是他的弊端；喜欢聪明与智慧但是不去学习学问，人就会变得放荡不羁；喜欢讲诚信却不学学问，那就会很容易被人所利用；爱好直率却不学学问，人说话的时候就会变得尖酸刻薄；生性勇敢却不去学习学问，那么就会捣乱闯祸；爱好刚强却不学学问，就会使人胆大妄为。这段话中“六言六蔽”说是孔子对其思想中诸多重要观念的总结。

---

① 陈来：《论儒家教育思想的基本理念》，《北京大学学报》（哲学社会科学版）2005 年第 5 期。

仁、智、信、直、勇、刚是孔子的“口边词”，孔子之学要达到的目标无非是这六种德性理想在人身上的情境化实现和达成，而这六德正是靠学而得以立。因为，人的行为要达到仁、智等观念的要求，首先必须经历一个不断纠正愚、荡、贼、绞、乱和狂的动态过程，这个不断磨炼和砥砺的过程就是“学”。

在学习的内容上，孔子认为学习的内容要丰富且广泛，在技能方面，要善于射箭并能驾驭好战马，拥有良好的体魄，骑马射猎是最基本的技能；在知识方面，孔子认为识字是最基本的，还要通晓常识，对数学知识以及历法、八卦等内容也要有所掌握，通过学习这些知识内容来增长智慧；在做人方面，孔子注重对于礼、乐的学习，要求弟子能够自觉提高自己的道德修养，并且能从音乐、舞蹈等艺术形式中得到熏陶，修身养性。这就是孔子认为弟子应该具有的六艺，即“御、射、书、数、礼、乐”。其中，孔子最为看重的是对“礼”“乐”的学习。对人们进行礼乐文化的教育，其根本的目的是维护西周时期的等级制度和统治秩序。因此，面对礼崩乐坏的境况，孔子的教育目标就是培养出对社会有用之人，传播“仕而优则学，学而优则仕”（《论语·子张》）的人生信念。“仕而优则学，学而优则仕”这句话在当今被解读出了不同的含义，有人认为“学而优则仕”体现出的是一种积极入世的追求，这是没有问题的，但其本意并不是说学得好了才能做官，才能入世，将做官看作最终目的，而学习只是为了实现做官的手段。因此，朱熹认为，“仕与学，理同而事异，故当其事者，必先有以尽其事，而后可及其余。然仕而学，则所以资其仕者益深；学而仕，则所以验其学者益广①”。学习与入世二者是相长的，做官的人如果有余力，就应该去继续学习，提升自己的能力，这样会让自己的仕途走得更加顺利，而一个人如果在学习方面做得很好而且还游刃有余，那么就应该去运用自己所学的知识，将理论知识落实到实践中，这样会使自己受益匪浅。而在孔子看来，入世，是最好的验证学习成果的方式。当掌握了足够的知识，就应该将其落实到具体的工作中，进入仕途，从政为官，为国家作贡献。因此，孔子认为一个人能入仕为官的前提是，要学习并掌握大量的古代典籍，对社会制度有足够的

① 王浩编，（宋）朱熹注《四书集注》，凤凰出版社 2005 年版。

了解，能够做到克己复礼，拥有高尚的品德修养。因此相较于学习文化知识，孔子更注重的是学习做人，而学习做人是通过对“礼”的学习来实现的。孔子注重对“礼”“乐”的学习，让人们在日常生活中，在诗歌、音乐、舞蹈等艺术活动的熏陶下，逐渐接受并认同“礼”的要求和规范，克己复礼，用“礼”的标准来规范人们的日常行为，让每个人都能各安其位，各司其职，人与人之间，不再仅仅是以血缘关系来决定彼此间的亲疏关系了，还加入了人在社会中的政治关系。不同的社会角色之间存在着不同的社会政治关系，由此，逐渐形成了宗法等级社会。孔子使教育拥有了社会价值，在那个礼崩乐坏、极其混乱的年代里，构建出了一个稳固的社会秩序，维护了宗法等级社会制度的统治地位，具有十分积极的作用。

显然，在这里，“学”远远超出了对外界事物进行认知和接受的范畴，我们也可以说，孔子思想中所有的核心主张，都是学的内容。我们也能从孔子其他言论中看出他对学的重视：“君子食无求饱，居无求安，敏于事而慎于言，就有道而正焉，可谓好学也已。”（《论语·述而》）饮食饥饱和居处安否是次要的，而时常就学于有道之人才是重要的，才是好学。那么反过来说，学以证立的仁、智、信、直、勇、刚等德性，则是个体在与他人相处中所具备的优秀品质。这些品质在诸多个人中得以培育和践行，就自然有利于人群乃至整个社会达到和谐的秩序，换言之，这些品质都是思想政治品质。

从学理上说，孔子所主张的德性如果没有人的内在心性的根据，那么学就缺少了取得相应效果的必然性的保障。儒家发展到孟子，已经开始着力于为孔子的学说寻找心性论基础。因此，在孟子那里，“学”的主要内容就是扩充和发展人心内在的道德端倪。《孟子·尽心上》说，“人之所不学而能者，其良能也；所不虑而知者，其良知也”。所谓“良知”“良能”，就是人心所固有的道德本性和潜能。尽管孟子说“良能”是“不学而能”者，“良知”是“不虑而知”者，但这里的“学”和“虑”显然不是孔子意义上的学，也不是本书所论述的儒家关于学的看法。这里的“学”就是通常意义上的外在接受，而在孟子看来，这显然不是人心的道德本性的来源。

《孟子·告子上》说：“乃若其情，则可以为善矣，乃所谓善也。若夫为不善，非才之罪也。恻隐之心，人皆有之；羞辱之心，人皆有之；恭敬之心，人皆有之；是非之心，人皆有之。”这里所谓“非才之罪也”即强调善乃是人的心性所天生固有，“恻隐之心，羞辱之心，恭敬之心，是非之心”非外铄而来。这可以说是孟子的心性本体论；在此基础上，儒家有关德性学习的学说才有了成立的基础。孟子说：“恻隐之心，仁之端也；羞恶之心，义之端也；辞让之心，礼之端也；是非之心，智之端也。”（《孟子·公孔丑上》）“君子之所以教者五：有如时雨化之者，有成德者，有达财者，有答问者，有私淑艾者。此五者，君子之所以教也。”（《孟子·尽心上》）这里所谓的“四心”正是孔子学说中仁、义、礼、智四德之“端”，也就是其端绪。这里所言“教”，其意义相当于孔子的“学”。《孟子·公孙丑上》所言“凡有四端于我者，知皆扩而充之矣，若火之始然，泉之始达。苟能充之，足以保四海；苟不充之，不足以事父母。”由四种端绪出发而扩充培育并向外展开和表现，自然而然就能达到仁、义、礼、智的要求，这个由内修而外发的动态过程实际上也就是孟子心中的“学”。

孟子虽然认为人生来就有四端，仁、义、礼、智是人的自然属性，“君子所性，仁义礼智根于心，其生色也睟然，见于面，盎于背，施于四体，四体不言而喻”（《孟子·尽心上》）。君子的本性，仁、义、礼、智的道德准则已经根植在他的心中，即使他的理想已经实现，他的谏言已经被采纳并被大范围地实施起来，他也不会因此变得狂妄自大，从而改变本性。同样，即使是生活艰难，处境窘迫，他也不会因此消极懈怠，怨天尤人，从而改变自己的本性。这是因为，君子的本性已经是确定的，仁、义、礼、智的道德准则早已根植在他的心中，所以君子所散发出来的气场是温润的、纯正的，这种温润的气场，从君子的脸上可以看得出，在肩背上可以看得出，在他的肢体上可以看得出，不需要言说，从他的一举一动的肢体动作中就可以看出他温润和顺的本性。孟子认为每个人都应该是如此，因为，人性本善，人皆有“不忍人之心”。但为什么君子却鲜有呢？孟子认为那是因为，人生活在一个复杂的环境中，受到环境的影响，人会渐渐将自己的善隐藏起来，用恶来保护自己，或者来谋求某些利益。正如孟子所言：“富岁，子弟多赖；凶岁。子弟多暴，非天之降才尔殊也，其所以陷溺其心者然也。”（《孟子·告子上》）在麦穗两歧的丰收之年，老百姓家的子孙大多十分懒惰，因为收成好了，没有粮食短缺的担忧，只要按部就班地顾好自己的土地，就可以有很可观的收成，所以百姓生活安逸，没有纷争与担忧。但如果天公不作美，遇到了灾荒之年，老百姓家的子孙就会变得凶暴。努力耕耘也没有好的收成，家家户户都要面临粮食短缺的危机，百姓苦不堪言，迫使他们变得凶暴，企图用其他的方式来维持生存。人的这种差异性，并不是来自上天的赐予，让他们拥有了不同的心性和资质。而是外部的环境影响了人的心性，是善良温和还是凶暴贪婪，都是在后天客观环境的影响下形成的。因此，人虽性本善，善是人与生俱来的自然属性，但还是要在后天通过不断学习、不断反省改进，才能不忘初心，始终保持向善之心。于是，后天的学习与教化在孟子那里就有了重要的意义和作用。故而，在关于学习的目的这一问题上，孟子认为，在个体层面上，学习就是为了让人能不忘初心，始终保持向善之心，扩展四端，不断提高自己的道德修养，丰富自己的知识与经验。“仁义礼智，非由外铄我也，我固有之也，弗思耳矣。故曰：求则得之，舍则失之。或相倍蓰而无算者，不能尽其才者也。”（《孟子·告子上》）仁、义、礼、智的道德准则不是通过后天的学习得来的，而是我们生来就有的，上天所赋予的，只是很多人没有领悟到而已。所以说，如果去自我反省，通过反省自身来寻找它们，那么就会得到，如果放弃了寻找，就会一生都不得领悟，从而失去它们。这就是为什么人与人之间的道德品行，可以相差一倍，甚至是五倍、数倍，都是由于他们没有领悟到他们生来就具有的性情与资质。所以，学习的目的，从这个意义上来讲，是为了让人成为真正的自己。在国家的层面上，孟子与孔子一样，认为学习的最终目的应该是为了实现国家、天下的和谐与太平。故而，孟子的思想政治教育的目的就是为了通过对老百姓的教化，让百姓们具有提高自身道德修养的觉悟，形成一个良好的社会风气，从而推动社会的发展与进步。正如《学记》开篇提到的那样：“发虑宪，求善良，足以謏闻，不足以动众；就贤体远，足以动众，未足以化（教化）民。君子如欲化民成俗，其必由学乎！”执政之人在处理国家大事上，如果能够深谋远虑并任用贤人辅助自己，虚心听取品德高尚的人的谏言，推行利国利民的法令与政策，那是源于执政者个人的修养，虽然会有所成就，但不会打动人心。如果执政者能够做到礼贤下士，尊重亲近品德高尚的贤良之人，疏远慎用品行恶劣之人，那么就可以打动人心，但还不足以教化百姓。只有通过教育，在民间形成良好的风俗习惯，才能够影响百姓，实现对百姓的教化，得到百姓的支持和拥护，从而从根本上治理国家。

荀子继承了儒学的传统，也十分注重学习，在《劝学》篇中，荀子集中讨论了有关于学习的问题，其中涉及如何学习、学习的内容以及学习的目的等诸多具体的问题。荀子认为学习的目的是实现学以成人，“化性起伪”的思想在荀子的思想政治教育中处于核心的地位。与孟子不同，荀子主张人性本恶，人生来就充满着欲望，对欲望、利益的渴求是人的本性，自然是不知何为“礼”“义”。因此，要想让人们注重礼义，提高自己的道德修养，建立完美的人格，拥有向善之心，教育就可以起到至关重要的作用。人的心性并不是一成不变的，后天的学习以及环境的影响，是可以改变一个人的心性的。正如荀子在《劝学》篇中所说，“君子曰：学不可以已。青，取之于蓝而青于蓝；冰，水为之而寒于水。木直中绳，輮以为轮，其曲中规。虽有槁暴，不复挺者，輮使之然也。故木受绳则直，金就砺则利，君子博学而日参省乎己，则知明而行无过矣。”（《荀子·劝学》）靛青这个颜色虽然是从蓝草里面提取出来的，但是它要比蓝草还要蓝，冰的本体是水，水凝结后形成冰，但冰却比水寒冷得多，靛青和冰都是受到环境的影响从而改变了自己原有的状态，有了新的发展。接着荀子又列举了木头的例子，一根笔直的木头，同拉直的墨绳一样直，当它受到了来自外界的压力，对它进行加工，就可以将这根笔直的木头变成一个圆形的轮子。即使在未来，经历风吹日晒，干枯受潮，但它都不会再恢复到原本笔直的状态了。荀子以此来说明人本性的可变性，认为人的本性是可以通过后天的学习和教化来改变的，并且在改变之后，就会像圆木一样，保持在一个稳定的状态，不会轻易被改变。在学习的内容上，荀子主张在知识的涉猎上要广泛深远，注重积累。天然的木材，要用墨线测量以后，用辅助工具将其拉直，木材在墨线与辅助工具的约束下，就可以保持笔直的生长，刀与剑等金属制品，如果被磨刀石打磨过，就会变得锋利无比。故此，荀子认为，人也是一样的，要广泛地涉猎知识，并不断地进行自我反思，在接受他人经验成果的同时，要注重自我体验、自我思考，从而形成属于自己的新的知识经验，如此，人就不会有错误的行为了。人通过学习，通过后天的教化超越了有限的自己，改变了自己的本性，弥补了生命的缺陷，从而走向完满的理想状态，实现学以成人。由此可见，荀子对教育的重视。

后世儒者虽都曾提出关于学的不同主张和体会，但重学始终是他们共同的特点。从学的具体施展看，他们也都强调学主要是对自己心性的砥砺和磨炼，开发和扩展心性固有的道德潜能。总体上看，儒家论学其指向范围都不出仁、义等内容，而所谓仁和义，都是对人与他人相处所提出的思想政治素质要求。因此，儒家之“学”始终瞄准的是开发人与他人和谐相处的潜能，因此，所谓重学，也就是重视思想政治教育。

（二）成己与成物：“学”的指向与次序

从上文的分析来看，在传统儒家学说中，“学”绝不仅仅指对外界信息和知识的接受，而是有其特殊的价值指向。按照我国历代学者的共识，如果说佛家（某种意义上也包括道家）是“出世之学”，那么儒家就是要求积极参与到世界的运行中并要求施力匡正世事的“入世之学”。既然是入世之学，那么其学说体系至少要包含处理与人、物关系的要素，以就如何与外界打交道的原则提出具体看法。按照儒家的价值取向，“成物”是对人面向世界的向外行为的理想要求；但从重要性与次序上说，儒家认为，在“成物”之前要首先“成己”，即首先注重对自己的心性进行磨砺和修养，只有人的内在修为达到了标准，他才能在与人和物的相处与相接中做到正当恰好，做到“中庸”的理想境地。

众所周知，孔子学说的核心思想是“仁”，而上文已经论证，“学”是贯穿孔子整个学说的血脉，可以合理地认为，整部《论语》讲述的就是如何学以为仁。因此，厘清如何做到仁的要求，也就厘清了学在孔子那里到底有什么意义，学到底有什么样的指向和次序。

子路问君子。子曰：“修己以敬。”曰：“如斯而已乎？”曰：“修己以安人。”曰：“如斯而已乎？”曰：“修己以安百姓。修己以安百姓，尧舜犹病诸。”（《论语·宪问》）

颜渊问仁。子曰：“克己复礼为仁。一日克己复礼，天下归仁焉。为仁由己，而由人乎哉？”（《论语·颜渊》）

子贡曰：“如有博施于民而济众，何如？可谓仁乎？”子曰：“何事于仁，必也圣乎！尧舜其犹病诸！夫仁者，己欲立而立人，己欲达而达人。

能近取譬，可谓仁之方也已。”（《论语·雍也》）

从上面三段重要的引文看，孔子关于仁、关于君子的说法，是遵循着由己及人、由内及外、由近及远的顺序层级的：“为仁由己”，首先从内着手“修己”，在此基础上才能进一步“安百姓”。因此，在为学的次序上，孔子肯定是主张学首重修己，其次才能安人。也就是说，按照孔子的看法，要匡正春秋末年“礼崩乐坏”的时弊，从学者或为政者自身首先要达到仁和圣的要求。可以说，学而从己入手、注重内修，是后世儒家从孔子那里继承下来的精神“家规”。

儒家讲求“修身、齐家、治国、平天下”，（《礼记·大学》）正如《礼记·大学》中所述，“古之欲明德于天下者，先治其国；欲治其国者，先齐其家；欲齐其家者，先修其身；欲修其身者，先正其心；欲正其心者，先诚其意；欲诚其意者，先致其知，致知在格物。物格而后知至，知至而后意诚，意诚而后心正，心正而后身修，身修而后家齐，家齐而后国治，国治而后天下平”。可见，儒家思想政治教育理念中对于“学”的指向与次序，首先是看重对个人道德修养的教化。孔子主张“性相近，习相远”，认为仁爱之心人皆有之，这在人的生命中是具有普遍性的，而现实中，人与人之间的差距却很悬殊，这是由于人们在后天的学习中养成了不同的习性，导致彼此之间产生了巨大的差距，因此，“习”在人的生命中起到了至关重要的作用，它决定了个人的心性发展方向。国家是由许多个人构成的，处在社会关系中的个人的道德修养会直接或间接地影响到国家的发展，因此，在儒家的思想政治教育理念中，首要看重的就是对个人心性的教化，对个人仁爱之心的培养。子曰：“人而不仁，如礼何？人而不仁，如乐何？”（《论语·八佾》）在那个礼崩乐坏的时代，“礼”“乐”受到了极大的破坏，社会道德规范、教化的规范都被打破了，变得混乱不堪。面对这种混乱的局面，孔子试图复兴“礼”“乐”，因而在教育弟子的过程中，孔子更注重仁与礼的结合。认为仁爱之心是礼乐的基础，一个没有仁爱之心的人，即使遵守了礼仪，也是没有用的。因此，孔子注重培养人们的仁爱之心，让人们自觉地遵守内心的道德规范，并能通过礼乐这种外在的形式体现出来，内外兼顾，达到“仁礼合一”的境界，也就是“学以成人”。当人们的思想境界达到了“仁礼合一”，就不能再满足于对自身道德修养的提升了，而要将学习的目标转向“学以成物”，实现人生的终极目标——内圣外王。这在孔子与子贡的谈话中可以看出，“子贡曰：‘如有博施于民而能济众，何如？可谓仁乎？’子曰：‘何事于仁，必也圣乎！尧舜其犹病诸！夫仁者，己欲立而立人，己欲达而达人。能近取譬，可谓仁之方也已。’”（《论语·雍也》）子贡询问孔子，到底什么样的人才能被称为“仁”，如果一个人同时兼具博学、富有、有颗仁爱之心、能救济百姓等品质，这个人是不是就可以称为“仁”了？孔子的回答是，如果一个人兼具这些品质，那就是圣人。当一个人能够站稳立足的时候，他也想让别人能够站稳，当自己能够飞黄腾达的时候，也会想带动别人一起进步，这样能够不断提升自己，还能积极帮助他人，乐善好施的人，才能称得上是具有了仁的品质。可见，儒家十分重视人与人之间的关系，儒家认为一个人生命意义在于他同其他人的关系，正是在这些关系中，个人的生命的意义才得以实现。所以，孔子认为当一个人具备了仁的品质，就应该去服务社会，为国家、为人民做贡献，只有通过关怀现实社会，关怀他人，才能完满地成就自己。

孟子关于善的内生说的心性论，决定了孟子的“学”其实就是孔子观点的系统化继承和申发。与孔子一样，孟子一生奔波列国、游说诸侯，所以“学”以安天下、了纷争是最终的旨归。但《孟子·公孙丑上》有言：“仁者如射，射者正己而后发；发而不中，不怨胜己者，反求诸己而已矣。”按照孟子的比喻，如果说射矢是处理与外在世界的关系，尤其是其理想秩序的行为，那么这种行为达到预期效果的前提就是“反求诸己”，即存养和扩充自身心性所固有的善，以成为符合这种理想秩序要求的“君子”。

那么，“反求诸己”包括哪些内容呢？《孟子·离娄上》中强调：“爱人不亲，反其仁；治人不治，反其智；礼人不答，反其敬。行有不得者，皆反求诸己，其身正而天下归之。”按照这段论述，“爱人”“治人”和“行”即是与外界的接触，尤其是具有伦理和秩序规定的相接；而这些行为如果达不到理想的预期，那么接下来就要反思自己是否充分扩展和发挥了己心固有的仁、智等方面的潜能。所以，孟子说：“君子所性，仁义礼智根于心，其生色也，睟然见于面，盎于背，施于四体，四体不言而喻。”（《孟子·尽心上》）存养和扩充根于心的仁义礼智的“不言而喻”的外向效果，即所谓“生色”，就是内心的修养自然而然地达于四体，带来整个人的气质和行为模式的变化。可以说，以内求、内修为根，继而追求合乎规范的行为，正是孟子的“教”或“学”的内在次序和价值取向。从最终成果上看，“反求诸己”所造就的君子，就是具备了社会理想秩序所要求的思想政治素质的人。这就是孟子之“学”，也是他的思想政治教育理论。

现在来审视《中庸》中所说的“唯天下至诚，为能尽其性；能尽其性，则能尽人之性；能尽人之性，则能尽物之性；能尽物之性，则可以赞天地之化育；可以赞天地之化育，则可以与天地参矣”，这种由己到人，及物乃至天地的由内到外的“尽性”，正是对儒家所谓“学”的次序与步骤的系统总结。“诚者自成也，而道自道也。诚者，物之终始，不诚无物。是故君子诚之为贵。诚者，非自成己而已也，所以成物也。成己，仁也；成物，知也。性之德也，合外内之道也，故时措之宜也。”（《中庸》）这里所谓的“诚”就是诚实不欺地“尽性”，即人得之于天的善的本性，做到了这一点，就可以说是“成己”。从儒家思想的旨趣看，人的修养当然不能止步于成己，“诚者非自成己而已也，所以成物也”，即还要在此基础上以善的行为对外界施加影响以达到理想的秩序，即所谓“成物”。但从逻辑次序上说，不“成己”“自成”，则无以“成物”，前者在学的动态过程中享有不可置疑的优先性，也是为学者必须首先着力的地方。

这种由内而外的修和“学”的次序，也得到了其他经典的支持。《大学》开篇所谓“三纲领”，即“大学之道，在明明德，在亲民，在止于至善”，“明明德”即是孟子和《中庸》所谓的“尽性”，即将天赋的“明德”发明和扩充开来，这是所谓“内”的方面或“成己”；而“亲民”则是由“明明德”而来的自然而然的外在行为表现，这就是“学”的所谓“外”的方面，即“成物”。在《大学》所列的修养或“学”的所谓“八条目”中，“格物、致知、诚意、正心”，约略是关于“成己”或内在的具体修养方法与步骤；而“修身、齐家、治国、平天下”则说的是在内修的基础上，按照身、家、国、天下逐步扩展的范围，用自己合乎道德的行为施加影响，从而带来政治上平和的秩序。从这里也可以看出儒家之“学”对思想政治领域的明确指向。

总而言之，在儒家思想中，“学”的内涵绝不止于单纯的知识接受，其最终目的是带来人的善的行为和理想的秩序，即“成物”；但“成物”的前提却是发明和扩充自己“性”的善的端倪，使之充盈而自然而然地向外发散，这个过程就是所谓“成己”。因此，儒家思想“天然地”就是思想政治教育思想，其“成己成物”的进学次第为思想政治教育实践划定了便于操作的路线。

二　主客体分离、内部分层的教育方式

从当今时代的眼光看，尽管儒家思想政治教育有着大同社会的宏伟愿景，但其不自觉预设了从统治阶级出发的立场。自先秦儒家开始，文献中就不断出现君子、小人之分，如“义利之辩”“君子小人之辩”等。这里君子小人不仅是按品性优劣、道德高下划分，总体而言也是按照社会地位来划分的。汉代以降，以儒家为导向的官学更是强化和细化了教育主客体内部的分层。从这些隐含着的政治立场出发，主客体分离、内部分层的教育方式成为儒家思想政治教育的突出特点。

总体上看，儒家思想政治教育的施教者是与统治集团有关的所有人员（如君王、士大夫阶层等），受教育者则是所谓“斗筲之民”或普通民众；就制度上说，儒家思想政治教育一方面将受教育者优劣分等（如董仲舒的“性三品”之说），另一方面又将教育资源按照官学和私学之分进行不平均分配，从而保证统治阶层享有优势教育资源，更进而保持其统治地位。这最终决定了儒家思想政治教育的内容，如其教化的最终目标即天下大同的社会秩序，带有不言而喻的阶级性预设。

（一）主客体分离、对立的教育方式

从教育的实施过程说，有教育行为的实行者和教育行为的接受者之分，也就是通常所说的教育过程主客体之分。儒家思想产生的根源是传统阶级社会，因此，教育过程的主客体实际上是分离和对立的。教育的真正主体是社会资源和经济资源乃至教育资源的占有者，通常是统治阶级；而客体则是普通民众。因此，教育过程不免渗透乃至冠冕堂皇地灌输了统治阶级的意志。总体而言，这种主客分离、对立的教育方式，有阶级性、强制性和等级性的特征。

第一，教育的阶级性。在作为学派的儒家产生之前，《周易》《诗经》

《尚书》等文献中，“君子”“小人”之分均以不同频度出现。在这些文献中，君子与小人的最初含义是统治阶层与一般民众，是以社会地位划分的两个不同阶级的人的称谓。“君子”的最初含义可能是封君之子，其引申含义“就包括了通过血缘关系联合起来的与统治集团有关的所有人员，这就使得君子成了‘贵族’的同义词”①。据学者统计，在《周易》的卦爻辞中，君子与小人对举的情况出现了 6 次，如《剥·上九》：“硕果不食，君子得兴，小人剥庐。”《遯·九四》：“君子吉，小人否。”等等。在这里，两词的含义开始出现了由社会分层向道德含义的过渡。而在孔子那里，“君子与小人观念中兼具阶层与德性两个方面，二者有时是分开的，有时是混而为一的，只是因应社会背景的转变，孔子更重视道德意义上的君子和小人”②。

荀子则是从人的天性出发，将人分成了不同的等级。荀子认为，“欲不待可得，所受乎天也；求者从所可，所受乎心也”（《荀子·正名》）。人的欲望，不是因为你有实现这个欲望的把握，才去追求它，欲望的产生与主观的努力没有关系，这是受天性所决定的。人同动物一样，具有动物的属性，对生存的欲望不仅对动物，而且对人来说也是最强烈的一种欲望，因此趋利避害是人与动物的本能，为了能更好地生存下去，人会不断地追逐自己的欲望。但如果每一个人都毫无节制地追求着各自的欲望，那么人与人之间的欲望一定会发生碰撞，彼此限制，彼此阻碍，出现冲突。从而导致大家都无法自由地满足各自的欲望，“以若所为，求若所欲，尽心力而为之，后必有灾”（《孟子·梁惠王》）。如果齐宣王一心只想独霸中原，过度追求自己的欲望，又没有相应的策略，既没有强大的势力能威震四方，也没有施行仁政，获得百姓的拥护，在错误的道路上，就算再努力，也不会取得胜利且必有后患。所以，荀子认为，人之所以能够顺利存活下来，不会因为大家都在追求各自的欲望而发生灾害，是因为人具有社会属性，更准确地说是人具有社会性的潜能。在社会中，这个由人构成的团体中，为了能够更好地生存，除了考虑自己的

① 胡适：《中国哲学史大纲》，东方出版社 1996 年版，第 99 页。

② 王雅、刘东升：《从社会分层视角解析“君子喻于义，小人喻于利”》，《人文杂志》2012 年第 6 期。

欲求以外，必须也考虑到他人的欲求，处理好自己与他人的关系、道德和欲望的关系、利益和仁义的关系等。如何才能构建这种和谐的人与人之间的关系呢？荀子认为，可以通过教导大家学习礼义来实现。“起礼义，制法度，以矫饰人之情性而正之，以扰化人之情性而导之。”（《荀子·性恶》）通过制定相关的礼仪制度，教化人们遵守已有的社会规范，用礼义的道德伦理纲常来约束自己本性的欲望，建立和谐的社会关系，保障社会秩序。故而，荀子非常注重对“礼”，这一道德规范和行为准则的教育，认为礼可以激活人的社会性潜能，“人无礼则不生，事无礼则不成，国无礼则不宁”（《荀子·修身》）。人如果不懂得礼的道德规范，那么他就无法在社会中生存，不考虑他人，就会在实现自己欲望的过程中受到他人的压制与约束，做事情如果不讲礼的行为准则，就不会有所成就，一个国家如果不讲礼，则不会安宁，定会发生争夺纷争。而在对人们进行礼义的教育时，荀子认为，教育是分等级的，因为人是有高低贵贱、长幼亲疏的区别的。“人之所以为人者，何已也，曰：以其有辨也。辨莫大于分，分莫大于礼。”（《荀子·非相》）人之所以是人，不同于其他的生物，那是因为人的心中存有界限，知道各种事物之间是有所区别的，而这种区分能力不是人生来就有的，是因为学习了礼义的道德规范。春秋战国时期，礼崩乐坏，社会动荡，所以，荀子的教育目标就是解决人的本性所带来的纷争，保障礼仪制度的稳固，维护统治阶级的政治统治，通过对不同阶层的人进行不同的教育，让每一个人都能在自己的位置上发挥各自的优势，从而构建一个和谐的社会。人与人之间有不同的角色，有不同的能力与职位，自然就有不同的等级，“郊止乎天子，而社止于诸侯，道及士大夫，所以别尊者事尊，卑者事卑，宜大者巨，宜小者小也”《荀子·礼论》。在郊外祭祀上天，那是天子才有的权力，社祭是诸侯们的祭祀方式，士与士大夫则只能祭祀路神，身份尊贵的自然能够祭祀身份尊贵的神，身份低微的只能祭祀身份低微的神，神尚且还有高低贵贱的等级之分，何况是人呢？既然人有等级之分，那么教育也应该分出等级，因此荀子认为，不同等级的人应该接受不同等级的教育，学习不同等级的礼，各个等级之间有其不可逾越的界限。除了上文提到的祭祀之礼在不同的等级中有不同的要求，荀子还认为，根据不同的职业和技能，人们也应该接受不同的教育。“故先王案为之制礼义以分之，使有贵贱之等，长幼之差，知愚、能不能之分，皆使人载其事，而各得其宜。然后使悫禄多少厚薄之称，是夫群居和一之道也。”（《荀子·荣辱》）圣明的执政者会给人们制定不同的礼仪，以此来区别人们的等级与身份。身份是高贵还是低贱，年纪是年长还是年幼，能力是贤能还是无能，智力是聪慧还是愚笨，通过人与人之间在各个方面的差别，使他们学习不同的礼仪，就能更好地发展他们的特点与能力，每个人都能专注于自己的特长。做到“农分田而耕，贾分货而贩，百工分事而劝，士大夫分职而听，建国诸侯之君分土而守，三公摠方而议，则天子共己而已矣”，农民就专注于耕种，为国家提供充足的粮食，商人就专注于贩卖货物，促进市场的流通，工人就专注于制作，为人民提供生活所需的物品，士大夫就专注于处理国家政务，辅助君主掌控国家。荀子认为只有通过这种方式，给予不同阶级的人以不同的教育，教授他们不同的礼仪，使人们遵守社会道德规范，明确自己的社会位置与作用，确立等级秩序，就会阻止社会的动乱，让社会分而有序，从而达到一个和谐的社会状态。所以，归根结底，荀子将教育进行阶级划分，是为了维护社会的等级秩序，“礼以制度”的最终目的是维护执政者的统治，荀子的教育思想具有政治性，他试图通过对社会等级的维护来结束当时那个混乱无序的国家局面。

所谓“君子之德风，小人之德草”，整个教育过程就是“风行草上”、以风易草的过程。就这个过程而言，君子或占据社会资源的统治阶层作为施动者或主体、小人或一般民众作为接受者或客体的地位是很明显的。这也决定了掌握着教育资源的统治阶层必然在教育过程中渗入有利于自己阶层统治的内容，从而造成主客体的分离和对立。

第二，教育的强制性。纵观历史，从秦始皇到汉武帝，国家的正统思想经历了法家—道家—儒家这样一个转变的过程。汉武帝总结了秦朝灭亡的经验，认为墨家主张平等，不利于集权统治，道家讲求无为、放任，追求出世，也不利于国家对其进行干涉，这些思想都不是利于统治者进行国家管控的，于是，追求入世的儒学获得了执政者的认可。儒家思想认为人有等级之分，重礼义，重秩序，孔子的政治主张就是要恢复周礼，维护宗法等级制度。所以儒家思想可以为执政者的统治提供理论的正当性，提高国家的治理效率，从而得到了君主的认可。但同时，儒生也拥有了对执政者行为的解释权，这个解释能力掌握在儒生手中而不是君主手中，这就对执政者形成了一个反制的能力。二者互相牵制，又互相扶持，使得儒家思想站稳了官方思想的位置，汉朝的大一统也在汉武帝那里发展到了极致。孔子认为："天下有道，则礼乐征伐自天子出；天下无道，则礼乐征伐自诸侯出。自诸侯出，盖十世希不失矣；自大夫出，五世希不失矣；陪臣执国命，三世希不失矣。天下有道，则政不在大夫；天下有道，则庶人不议。"（《论语·季氏》）只有当礼乐的规范、出兵征伐的命令都由天子下达的时候，天下才会政治清明，百姓才会拥护君王，不再议论朝政。而如今，等级制的礼制失效，不同职位的人所拥有的权利、义务等没有进行严格的区分，连诸侯们都不严格遵守国家的礼义制度，何况是百姓，这必会导致天下无道，百姓惶惶不可终日。因此，孔子一心想要恢复周礼，他认为"礼崩"是导致天下无道、社会秩序混乱的原因。这就要求诸侯、大夫们必须要"克己复礼""以德为政"，提高自己的道德规范，避免失德而违礼。孔子认为"为政以德，譬如北辰，居其所而众星共之"（《论语·为政》）。为政者要有高尚的道德品质，良好的德行和思想，用良好的德行来管理自己的下属，为下属做好表率，才能让下属真心地服从执政者的管理和命令，自动服从其领导，像天上的北极星那样，被众星所围绕，将整个政治团体紧紧团结起来。为政者在核心处，安居其所，执行者各安其位，井然有序。如此才能让为政者的领导具有权威性和号召力，从而有效地对国家进行管理。因此，为了建设一个伦理社会，不仅百姓要学习礼，诸侯、大夫们，乃至君王都要学习礼，并且要率先垂范，为百姓做榜样，严于"正己"，再以之"正人"。于是，儒家的思想政治教育在此时具有了强制性。另外，由于儒学受到了执政者的认可，成了国家的正统思想，举国上下都要学习儒家思想，这就导致一般民众要想脱离自己的阶层并获得一定的社会地位，只有通过学习儒家思想，才能受到赏识。在传统封建社会中，即便在社会动荡时期，社会阶层的划分也是具备相当稳定性的。一般民众要想脱离自己的阶层并获得一定的社会地位，只有通过受教育一途。"学而优则仕"的说法，不仅仅是指学有优长可入仕的宽裕选择，而更可能是指一般民众入仕只有"学而优"一途。孔子诸多弟子通过在门下学习才有资格被推举入仕途即是鲜明的例子。然而，教育资源或施予教育机会的权利一般而言都掌握在官方手里，普通学子想以学习成绩被官方认可，就只能接受官方指定的教学内容，从而整个教育的定性早已强制性地被预先规定。在选拔人才上，孔子认为，所谓贤才，要德才兼备。“子曰：‘博学于文，约之以礼。亦可以弗畔矣夫！’”（《论语·颜渊》）贤才就要广泛地涉猎知识，大量地学习文化典籍来充实自己，做到知古今达事变，并能用“礼”来约束自己，不能做出离经叛道之举。同时，还要做到“学”而“优”，这才能称之为德才兼备。为了能够突破自己的阶层，步入仕途，学子们努力学习，期望能达到“学而优”的“优”标准，这就需要学子们全身心投入儒家的思想教育之中。特别是科举制度设立之后，为了入朝为官、光宗耀祖，学子们更加专注于四书五经等人文学科。死板的八股文束缚了学子们的思想，让需要创造力、需要独立思想的自然学科没有得到应有的发展。董仲舒曾谏言，“臣愚以为诸不在六艺之科、孔子之术者，皆绝其道，勿使并进。邪辟之说灭息，然后统纪可一，而法度可明，民知所从矣”（《汉书·董仲舒传》）。这说明了当时选择官员的标准就是具备诗、书、礼、易、乐、春秋这六艺的人，如果没有学习过儒家思想，就要断绝他的升迁之路，不让他被选中，具备儒家思想是国家选择官员的前提。从这点来看，儒家思想政治教育的强制性已经很明显了。总体而言，自先秦至汉代和宋明，儒家思想政治教育被赋予官方意志的色彩越来越浓重，从而其强制性也越来越明显。

第三，教育的等级性。在传统儒家的思想政治教育中，仅就教育机构而言也是有着鲜明的等级性的。早在夏朝，学校就已经分为“学”“右学”“左学”“校”四个等级。这种等级的划分在以儒家学说为内容的教育中一直延承下来。到汉代，最高一级的学校称作“太学”，其下分别是“东学”“西学”“南学”“北学”。自汉代以下，学校分为官学和私学两种，私学亦称“蒙学”，有私塾性质。在西周时期，接受教育是贵族与奴隶主的专属，普通的百姓是没有机会接受教育的。随着犬戎势力的逐渐增强，国内矛盾的渐显，周王室的势力日渐衰微。社会的动荡导致只属于贵族与奴隶主的官学也逐渐由盛转衰。饱读诗书的士人没有了周王室的庇护，从宫廷中沦落到民间，在民间开始游走讲学，私学就这样产生了。大多数学者认为，孔子是第一个开办大规模、正规私学的人，并在教授过程中，形成了自己的儒家学派。孔子的教学目的是让人们追求

“内圣外王”的人生境界，提高自己的道德修养，从而服务国家，服务百姓，实现自己的人生价值。所以，在孔子的教学过程中，非常注重教育与政治之间的关系，孔子认为，“诵《诗》三百，授之以政，不达；使于四方，不能专对；虽多，亦奚以为?”（《论语·子路》）学习广泛的知识固然重要，但是，就算是《诗经》三百篇早已烂熟于心，如若交给他政事，治理政府事务，却不能将学到的东西运用起来，不能胜任，派他出使其他的国家，也不能独立地去应酬，灵活地应对，那么《诗经》背得再熟，读得再多，又有什么用呢？学到的知识最终还是要运用于现实的社会中，不然读死书、学死书，又有什么意义呢？学习了大量的知识，如果不能运用在服务国家、造福百姓上，再多的知识也是无益。所以孔子强调“仕而优则学，学而优则仕”（《论语·子张》）。将“官”与“学”结合起来，学习不是为官的手段，而是实现自己人生价值的方向，做官也不是不去学习的借口，反而应该更多地学习，丰富自己，充实自己，才能更好地为国家服务。孔子用这种教育方式，为国家培养着能为国效力的贤能之才，从而缓解了过去的贵族子弟没有知识也能入朝为官，平民百姓饱读诗书却报国无门的社会状态。孔子私学的设立，为平民百姓提供了入朝为官的机会，让他们能够实现自己的理想抱负，改变自己的阶层。自此，私学的教育方式一直延续了下去，到了西汉早期，由于黄帝之学与老子之学能够辅助君主治国安邦，受到了执政者与诸侯们的认可，他们开始使用黄老思想对国家进行治理，于是黄老学派逐渐盛行起来，成为当时道家思想的中流砥柱，当时黄老思想的传播也是采用私家教学的方式。汉武帝开始推行“罢黜百家，独尊儒术”的统治政策，“孝武初立，卓然罢黜百家，表章《六经》”（《汉书·武帝纪赞》），并接受了董仲舒的建议“兴太学，置明师，以养天下之士”①（《汉书·董仲舒传》），在长安建立了太学。太学通常直接为官僚机构培养人才，因而是极为稀缺的教育资源。太学作为统治阶层设立的机构，其招纳对象必然偏向阶层内部，例如，汉代太学生常可因父任入学，王莽以后，太学贵族化的倾向日益明显，公卿子弟等贵族子弟逐渐增多。太学作为文化教育机构，隶属于掌宗庙礼仪的太常，在太学中担任教学的人被称为

① （汉）班固：《汉书》，上海古籍出版社 1986 年版。

"博士"，主要负责对弟子进行授课，同时也会参与国家政治的讨论，为处理国家政务出谋划策，此时的博士是可以参与政治的。博士的选拔也是相当严苛的，首先在学问上，要饱读诗书，博古通今，能够通过重重考试的选拔；其次，博士需要为人师表，拥有较高的道德修养；此外，博士还要有服务国家之心，当国家在政务上有问题时，要积极参与政议，辅助决策。博士的言行代表的是国家，博士的教学传播的是国家的意识形态。这意味着，博古通今的博士，在学子的心中具有极大的权威性，这在传播国家意识形态，为国家培养有志之士、为国效力的贤才之人的过程中，具有很大的影响力。传统儒家教育的这种等级性特征，决定了贫门学子鲜有机会真正步入最高学府学习，并从而获得更多的入仕机会，而最好的教育机会多为统治阶层占有。

（二）主客体内部分层

儒家思想政治教育除了主客体分离、对立而外，主客体内部的分层也是一显著特点。就主体层面而言，大体可分为天子、士子、学子；就客体层面而言，则通常分为"中性之民、斗筲之民"等层次。士子、学子尽管通常必定经过受教育的阶段，但从根本上说，他们已经是掌握了经世致用的知识的人，而他们的工作，用"牧民"来形容是恰当的，因而他们应被视为教育的主体。而他们面对的对象或客体，则是一般民众，这个过程在古代通常被叫作使民或教化民众，这些是教育过程中的客体。

总体而言，在传统儒家思想中，按社会分层的不同施以不同教化的倾向是一直存在着的。荀子说："上重义则义克利，上重利则利克义。故天子不言多少，诸侯不言利害，大夫不言得失，士不通货财。有国之君不息牛羊，错质之臣不息鸡豚，冢卿不修币，大夫不为场园；从士以上皆羞利而不与民争业，乐分施而耻积藏，然故民不困财，贫窭者有所窜其手。"（《荀子·大略》）作为一种施教或教育的理论，这里的义利之辨，就是以天子、大夫、士、民的社会分层而做出的；而从现实的社会运行来说，天子、大夫、士则因手中的权力和资源而成为教化过程的主体。因此，按荀子的这个说法，天子、大夫、士是主体内部的分层；民则是教化客体的统称。

自汉武帝采用董仲舒改造过的儒家思想作为封建统治的正统指导思

想以来，儒家思想政治教育成为两千多年封建社会的正统思想。其中，董仲舒的“性三品”思想，可谓系统实现了儒家思想政治教育理论的主客体内部分层。所谓“性三品”，也就是按照人性中善质的含量，他比喻说：“善如米，性如禾。禾虽出米，而禾未可谓米也。性虽出善，而性未可谓善也。”（《春秋繁露·实性》）以此为依据，他将社会成员分为三个等级：“圣人之性”“中民之性”“斗筲之性”。大略说来，圣人之性为上等，是说生而为善或者先天为善，不需假以教育；斗筲之性为下等，即便经过教育也难以为善；而中民之性，则包括圣人之性、斗筲之性之外的所有人，也就是万民之性，是“有善质而未能善”，必须通过王者的教化才能成善。从表面上看，“性三品”说的划分依据是人性中善的含量，但实际上，在很大程度上却是社会成员的阶层和地位。这与先秦关于君子小人之说的倾向是类似的。比如，圣人之性就包括三公或大臣，所谓“三公之位，圣人之选也”（《春秋繁露·官制象天》）；而所谓“斗筲”，本身就是小容器的意思，因而斗筲之性或斗筲之民，也就是小民。

从教育施行的过程看，按照性三品思想，圣人之性的成员可谓生而善，因而就有了不必接受教育而成为教育施行者的权威，因此，他们作为教育主体的地位就被赋予了天然的合法性。详细分梳，教育主体内部，可以包括天子、士子和一部分的学子。而教育过程中的客体，则毫无疑问是“民”、被统治阶层或普通民众。而在客体中，又分高下层次，即所谓“中民之性”和“斗筲之性”。

就单从学理来说，儒家思想政治教育理论似乎是针对所有人，所谓人皆可成圣贤，“人同此心，心同此理”；但就其背后不自觉预设的政治倾向来说，儒家思想政治教育理论的实行，总是难以避免地将人分为三六九等，而这种分法依据人的社会地位或社会分层。主体层面，天子、士子、学子权威依次降低；而客体层面，普通民众总是受动和被灌输，而其内部，所谓中性和斗筲也分出高低贵贱。

三　以“化”为主的教育方法

总体上说，儒家的思想政治教育理论作为一种经世致用的学问，必然决定了其教育方法和渠道的多样性。在儒释道三家学说中，儒家是典型的入世之学，从旨趣上说，它是要实现安伦尽分、井然有序的社会秩序；而从现实上说，其实现的直接方式还是使得学子入仕，在传统的官僚体系中得位，从而实现其政治理想。因此，儒家的思想政治教育，一方面脱离不开对现实的客观政治秩序或伦理实体的直接接触、体验、总结和教学；另一方面，也脱离不开人们实际的生产和生活过程。这决定了儒家思想政治教育的情境性、生活指向性、伦理指向性和鲜活性等方面的特征，也决定了儒家思想政治教育必定采用身教示范、礼乐结合、化民成俗、环境熏陶、因材施教等多种以“化”为主的教育方法。最为重要的是，儒家思想政治教育的本体论基础即其心性论，也决定了其教育方法必定以“化心”“治心”为主。

（一）身体力行、践履示范的教育方法

按照上文的分析，不论是儒家思想政治教育思想的人性论基础，还是其现实实现和理想旨趣，都决定了它是一种关于实践的学说。就其起点来说，尽性和修身仅有空悬的理论思考和想象是不够的，也是偏疏的，它需要从体验自身天性出发，做到诚或不欺本心，要求自己的一言一行渗入和符合本心的规定。就其扩展和最终实现来说，则必然涉及如何将自身和自身的行为融入家庭、国家等伦理实体中，也就必然涉及自身如何处理与他人或其他团体的关系。这从根本上说是一个实实在在的践履过程。因此，儒家教育必定会以先觉者或师者的言行，对受教育者做出示范和引导，以利于受教育者修剪掉自身不符合本性和客观伦理规定的行为方式和习惯，从而完成教育。先秦儒家身体力行、践履示范的教育方法最早可以追溯到原始的氏族社会，但是至西周起，儒家的伦理思想才真正形成，逐渐形成了系统的道德理论。在儒家思想中，很注重学习对人们的影响，认为只有通过不断学习，博览群书，才不至于智识卑微，拥有统领知识的智慧。在学习的内容中，孔子更注重弟子们对道德品行方面的学习，他认为拥有高尚的道德品行，是完善自己人格的关键。儒家的这种教学理念，被后来的儒家学者们所继承，张载就曾表示：“致文于事业而能尽义者，只是要学，晓夕参详比较，所以尽义。惟博学然后有可得以参较琢磨，学博则转密察，钻之弥坚，于实处转笃实，转诚转信。故只是要博学，学愈博则义愈精微。舜好问，好察迩言，皆所以尽精微也。”（《张载集·经学理窟·气质》）儒家的思想政治教育除了注重

对各种文化知识以及道德知识的学习之外，还十分注重“力行”，也就是将学习到的知识运用到现实社会中，即付诸实践。正如《中庸》对学习的描述：“博学之，审问之，慎思之，明辨之，笃行之。”（《礼记·中庸》）要广泛涉猎各种知识，饱读诗书，在学习的过程中，要有问题意识，能够提出有针对性的问题，这才说明对所学的知识有所思考和领悟，同时还要学会周全地思考，举一反三，培养自己分析决断、明辨是非的能力。最后，最重要的就是要将学得的知识和思想运用到现实社会中，“诵《诗》三百，授之以政，不达；使于四方，不能专对；虽多，亦奚以为?”（《论语·子路》）只读圣贤书，而不注重其在现实中的运用，是没有意义的。从这个意义上来讲，道德实践要比学习知识更具有重要性。孔子在如何识人这个问题上，有这样一个标准，“始吾于人也，听其言而信其行；今吾于人也，听其言而观其行”（《论语·公冶长》）。原本，孔子认为人的言语是很重要的，所谓君子一诺千金，通过一个人的言语就可以判断他接下来的行为了，但是在看到其弟子宰予的行为之后，孔子改变了识人的标准，认为观察一个人的行为要更加重要，更能体现出一个人真实的品格。因此，孔子非常注重一个人是否能够做到言行一致。一个人无论学习了多少知识，有多么高尚的道德品行，他一定要在社会实践中将其实现出来，这样才能实现人生的价值和意义。这在孔子所追求的“内圣外王”的人生境界中就可看出，个人的完满人格和人生境界要通过实践来完成来实现。孔子在其整个学术理论和生活、教育实践中，都给予“行”最高度的重视。例如，孔子说：“其身正，不令而行；其身不正，虽令不行。”（论语·子路》）即是强调，在儒家思想政治教育的视野内，身体力行是教育效果的最有力保证。孔子还有很多强调行的说法，例如：“听其言观其行”“君子欲讷于言而敏于行”“君子耻其言而过于行”等，直接将行作为考核教育的标准——是否能成为君子的标准。这种倾向在后世儒家思想政治教育中，得到了一贯的重视，例如王阳明“知行合一”“行为知之成”的说法，清代王夫之“行先知后”“知之非艰，行之惟艰”的论述，都是强调儒家思想政治教育身体力行、践履示范的教育方法。

（二）化民成俗的教育方法

儒家的思想政治教育，不仅提出天下大同、安伦尽分的社会理想，而且明确规定，这个愿景的实现不是一蹴而就的，而是一个缓慢的和渐进的“化”的过程。社会秩序作为一种实体性的伦理规范，并不是单个统治者或统治集团能够以个人意志控制和形成的，它是一个不断熏陶的教养过程。

孔子在《论语》中提到，“道之以政，齐之以刑，民免而无耻。道之以德，齐之以礼，有耻且格。”[①] 执政者通过制定政令来强制性地约束百姓的行为，用刑罚来处罚不遵守政令的人，这样虽然对百姓的行为有规范的作用，但是不会使人生发出羞耻之心，不会认为违背政令，不遵守统治，是一件令人可耻的事情。那么如何让人们从心里生发出荣辱观？孔子认为要培养人们在道德上的自律性，用道德来治理百姓，用礼制的社会规范来约束百姓的言行，让百姓们从心里接受礼制下的道德价值和行为规范，如此才能自觉地用这一套道德价值和行为规范来要求自己，从而生发出廉耻之心，甘愿服从执政者的管理。因此，孔子特别注重对百姓的教化实践，他认为用道德来治理百姓，具有很强的感化力量，相较于用政令来强制地约束百姓的行为，更能从心里对人们进行鞭策和激励。在孔子看来，为了让百姓们认同国家的礼仪制度，认同礼制下的道德价值和社会精神秩序，就要从百姓的日常生活入手，用百姓最容易接受的方式对其进行潜移默化的影响。通过改变百姓的生活方式，为百姓提供思想政治教育，譬如，在礼仪、音乐、诗歌等艺术形式中，将国家抽象的意识具体化、形态化；重视启蒙教育，让孩子们从小就接受道德的熏陶；在邻里之间制定乡约民规；在家庭中制定家法族规等，用这些方式来引导社会风气的转变，从而在百姓中得到普遍性的认可。孔子通过对百姓进行生活上的教化，形成了符合社会精神秩序的民风民俗，对巩固封建统治起到了极大作用。这种在生活中实现教化的实践活动，即使在当代，也有其积极的意义，正如习近平总书记在中共中央政治局第十三次集体学习上的讲话中指出的，“历史和现实都表明，构建具有强大号召力的核心价值观，关系社会和谐稳定，关系国家长治久安”[②]。

儒家最早专题讨论教育、教学的论著《礼记·学记》中说：“发虑

---

① 朱熹：《四书章句集注》，中华书局1983年版，第10页。

② 习近平：《习近平谈治国理政》第一卷，外文出版社2014年版，第163页。

宪，求善良，足以謏闻，未足以动众。就贤体远，足以动众，不足以化民。君子如欲化民成俗，其必由学乎。”所谓“化民成俗，其必由学”，也就是说教育民众以形成良好的社会风尚、社会秩序，必定要经过学、经过漫长的教化过程。儒家很重视对于儿童的教育，即所谓蒙学，“儿童的道德行为通过习惯性的反复陶冶和行为规范的多次重复，使之在潜移默化中接受并成为不可动摇的道德信念，这种道德信念的意义是：即使当他成年时处于不善的道德环境中，因为他已经养成了遵守道德规范的习惯，他不会轻易受到腐蚀，这种道德养成的方法，在当时对培养人们的道德行为和坚定道德信念具有很大的教育意义”①。自孔子创办私学起，平民百姓也拥有了受教育的机会，为了让年纪偏小的学子或基础较差的成年人能够更好地接受、吸收学习内容，学堂会编写出一些通俗易懂的读物，比如《三字经》《百家姓》《千字文》《弟子规》等。这些通俗易懂的读物，是启蒙德育的入门教材。《三字经》只有1000多字，言简意赅，儿童也可以轻松地背诵，其中包含了教育、历史、天文、地理等多领域的知识，还有一些民间的传说，能让儿童在学习的过程中，得以贮备丰富的知识，丰富自己的视野。《弟子规》的原名叫《训蒙文》，其中主要阐述的是在生活中的规范，包含德育的修养、智育的修养以及做人的准则等。《弟子规》是三言韵文，背诵起来朗朗上口，又由于其中的内容多与日常生活有密切的关联，因而家喻户晓。儒家通过这些通俗易懂的读物，培养儿童的伦理道德素质，从儿童抓起，让他们从小就将道德要求内化于心，从而伴随他们一生，在对儿童的教育过程中，逐步实现着化民成俗的理念。

孔子说：“君子之德风，小人之德草，草上之风，必偃。”（《论语·颜渊》）这里所谓风与草的关系，就是比喻君子以己之德性教化和熏陶“小人”的过程。《易传》上说：“观乎天文，以察时变，观乎人文，以化成天下。”这段话大概是“文化”一词的来源，以人文“化成天下”，实际上也就是《礼记》所谓“化民成俗”，即是说，儒家思想政治教育讲求的是通过逐渐的陶冶和教化，以达到移风易俗的显性效果。“化民成

① 祖嘉合：《儒家道德教育方法对现代道德教育的启示》，《学校党建与思想教育》2005年第12期。

俗”与具有强制性的政令不同，它不是靠强制、惩罚来约束人们的行为，而是讲求逐渐的陶冶和教化。通过通俗读物、诗歌、舞蹈、乡约等，在日常的生活中逐渐地对百姓进行教化，改变人们的生活状态和精神状态，让人们在生活中不知不觉地得到训练和熏陶。由于民众的接受能力和生活阶层存在着很大的差距，所以对民众的教化，要从最基本的行为规范开始，正如南开中学的行为规范，首先是“面必净，发必理，衣必整，纽必结；头容正，肩容平，胸容宽，背容直”。良好的精神面貌是一个人立身处世的前提，面容要干净，衣服要整洁，仪表整洁，举止端庄是对他人的尊重，也是对自己的尊重。然后才是对精神层面的要求：“勿傲，勿暴，勿怠，宜和，宜净，宜庄。”待人接物要态度谦和，与人交往要和蔼温和，戒骄戒躁，拥有一个平和心态，举止大方不轻佻。“化民成俗”采用的正是这种循序渐进的教化方式，让不同阶级的民众，都能将“明礼、习礼、执礼”内化于心，自觉提高自己的道德能力。儒家思想政治教育正是用“化民成俗”的方式，通过改变民风民俗，改变民众的生活方式，在社会中构建出了一种具有普遍性的价值观，让民众自觉地认同并遵守国家礼制下的道德价值和行为规范，从而实现对民众的教化，维护执政者的统治地位。

（三）因材施教的教育方法

顾名思义，因材施教就是根据不同受教育者的认知能力、志趣、天资等诸方面的不同，而施以不同的教学方式、教学内容的教育方法。就儒家思想政治教育范畴内部而言，因材施教的教育方法，主要还是在历代儒学学者对自己弟子进行教育指导的过程中体现出来的，大略属于“私学”的范围。特别是在汉代以后的官办学校中，因学生数量较多，教学材料、教学情境较为固定，故而难以在生活情境中根据学生的天资等因素进行针对性教育，较难体现因材施教的特色。

孔子主张“性相近也，习相远也”（《论语·阳货》），他认为人与人之间，拥有相近的天性，上天所赋予的资质和禀赋都是相似的，而人与人之所以会产生很大的差距，是因为受到了后天环境的影响以及接受的道德教育的程度和内容不同，这才使人性之间有了很大的差别。由此，孔子提出了自己的四大顾虑，也可以说是为我们提出的四条建议，即“德之不修，学之不讲，闻义不能徙，不善不能改，是吾忧也”（《论语·

述而》)。他认为，如果不注重提高自己的道德品行，加强道德上的培养，不广泛涉猎知识，就不能做到学以致用，不能在现实生活中践行善举，学习仁善之道，不能及时发现并且改正自己的错误。那么这样所塑造出的人性必定会逐渐走向堕落，并且会危害到国家的安定和团结。人性是需要通过后天的教化来挖掘的，如果不注重后天的学习和自我有意识的提升，人的善的本性就会被扼杀，不能被激发出来。所以，孔子主张"有教无类"的教育思想。既然人的本性本无差别，那么就不应分高低贵贱，每个人都应该拥有平等的受教育的权利。春秋之前，只有奴隶主、贵族们才有受教育的机会，普通百姓是不能够接受教育的。孔子在设立私学之后，打破了这个规定，结束了奴隶主与贵族们对文化教育的垄断，让所有人都有了受教育的机会，这为平民百姓们提供了翻身的机会，让他们能够通过学习来实现自己的理想抱负，改变自己的阶层。同时，面对不同特点的教育对象，孔子主张"因材施教"，"夫子教人各因其才"，"视其所以，观其所由，察其所安"(《论语・为政》)。面对不同的学生，要仔细观察他的言行，了解他做事的缘由，考察他的居心，明确他的价值取向，对其有一个全面的了解，才能从他的特点出发，根据他的需求、追求、能力来确定与他相匹配的教学内容和方式方法，以此达到扬长避短的教学目的。"中人以上，可以语上也；中人以下，不可以语上也。"(《论语・雍也》) 人生来就有不同的智识，有聪明的就有愚笨的，针对聪明的学生，他具有很强的统领知识的智慧，那么就可以为他讲授较为高深的学问，他也有能力接受并有所体悟，而面对并不是很聪慧的学生，如果对其讲授高深的学问，只会为其带来困扰，没有任何的帮助，还会打消其学习的积极兴趣。因此，针对不同智识的学生，要本着"因才施教"的原则，对其讲述不同程度的知识内容。而针对不同的学生，也要及时发现他们的特长，譬如，有的学生在德行方面有天赋，有的在交际方面有天赋，有的在文学诗歌方面有天赋，那么就要针对他们的特长制定具有针对性的教学内容，从而充分发挥他们的优势，使他们拥有一技之长。在这一点上，孟子也有同样的观点，孟子认为君子的教育方式有以下五种："君子之所以教者五：有如时雨化之者，有成德者，有达材者，有答问者，有私淑艾者。此五者，君子之所以教也。"(《孟子・尽心上》)

《论语·先进》中说："德行：颜渊，闵子骞，冉伯牛，仲弓。言语：宰我，子贡。政事：冉有，季路。文学：子游，子夏。"这里孔子所列的杰出弟子的专长，一方面固然是诸孔门高第学有所成的结果，另一方面，肯定也是孔子经过对各个弟子的志趣、能力、天赋等进行观察筛选，并施以针对性教育的结果。对于"子游问孝""子夏问孝"，孔子的回答并不相同，朱熹引宋程颐曰："子游能养而或失于敬，子夏能直义而或少温润之色，各因其材之高下与其所失而告之，故不同也。"这里即是说，孔子能够针对不同学生的性情、行为习惯，予以针对性的提点和教育，这一点很有医学上对症下药的所谓"对治"的意味。所以北宋二程总结说："孔子教人，各因其材。"① 事实上，自孔子以下，历代儒者进行私人教育，都贯彻了因材施教的教育方法。孟子、荀子自不必说，《朱子语类》、王阳明《传习录》实际上都是日常教学过程中先生弟子问答的语录汇编，都明显带有因材施教的特色。

（四）礼乐结合的教育方法

"礼"最早可以追溯到史前时代，源于原始的巫术宗教。"中国古代最原初的'礼'具有原始宗教的性质，它起源于史前时期的各种鬼神崇拜和各种巫术、禁忌、祭祀、占卜等巫祝文化。"② 人们在祭祀祖先，进行占卜等活动的时候，会根据相应的仪式和规范来进行，这些仪式与规范就是最初的礼。"乐"则是在进行此类活动时，所表演的与其相匹配的乐曲和舞蹈。随着人类社会的发展，"礼""乐"的适用范围就不仅仅局限在祭祀、占卜等活动中，而是渗透进了人们的社会生活。在不同的时期，礼乐则具有不同的内容与作用。当人类社会发展出了等级制度，人的身份有了高低贵贱之分，"礼"就被赋予了新的内容和职能，它作为人们在社会中需要遵守的礼仪规范而存在。在家庭中，人们要关爱自己的亲属，孝敬自己的父母，对兄长尊敬，对子弟友爱，以父亲为尊；在社会中，要遵守严格的等级秩序，尊重上级，不可僭越，尊重并服从作

---

① 程颐、程颢：《河南程氏遗书》，上海古籍出版社 2000 年版。

② 王启发：《礼学思想体系探源》，中州古籍出版社 2005 年版，第 11 页。

为一国宗主的执政者，“亲亲、尊尊、长长，男女之有别，人道之大者也。”[①]“礼”决定了人们的行为规范和伦理观念，周王室按照这样的“礼”的规定来治理国家，管理百姓。到了西周，周公提出“制礼作乐”[②]，其目的是维护统治者的等级制度，维护贵族在国家中的统治地位。周公所制定的“礼”相较于之前，要更加系统化，他用各项典章制度将人分成了不同的等级，不同等级的人有其明确的权利和义务，每个人都能各安其位，各司其职。此时的舞乐，也具有了等级的划分，不同级别的活动，其舞乐的演奏规模也有所不同。在这种礼乐文化下，西周一直保持着内部团结、和谐的状态。直至春秋时期，“礼崩乐坏”，社会混乱不堪，面对这种情形，孔子一心想要恢复周礼，恢复西周时期的礼乐制度。于是孔子创造性地给予了“礼”“乐”以新的内涵，建立了儒家的思想体系。

上文已经讨论过，在孔子那里，“仁”是整个思想体系的核心。如果说，仁是偏重于内、偏重于心性的本质的规定，那么礼和乐则是仁的外化表现。《论语・八佾》说道，“人而不仁，如礼何？人而不仁，如乐何？”这句话的本意当然是说，如果不存仁于内，那么外在的礼和乐又有什么意义或作用呢？反过来说，存仁于内，那么其合理和自然的外化，就是礼和乐。所以《论语・宪问》所说的“文之以礼乐，亦可以为成人矣”，即是说，发明心性本有之仁，就自然以礼乐的方式陶冶和规范自己的言行，那么就可成人，也就可以完成思想政治教育的目标。如果放在儒家思想政治教育的最终旨趣，也就是安伦尽分、天下大同的社会理想上说，则如《论语・季氏》所说：“天下有道，则礼乐征伐自天子出；天下无道，则礼乐征伐自诸侯出。”也就是说，在孔子看来，实现理想的社会秩序，其最明显的表现就是礼乐的来源符合社会的应有秩序。

众所周知，礼作为一种客观存在的伦理实体，尽管其具体内容可能随时代而变，但它本身却一直为儒家所重视，孟子、荀子包括宋明儒家

---

① 孔颖达：《礼记正义》卷32《丧服小记》引《十三经注疏》，中华书局1980年影印本，第268页。

② 孔颖达：《礼记正义》卷31《明堂位》引《十三经注疏》，中华书局1980年影印本，第260页。

几乎都有对礼的讨论。乐，尽管表面上看来，在先秦之后儒学中没有像礼那样得到一贯的重视，但实际上，它作为一种教化和培育性情的方法，很可能不言而喻地贯穿在后世儒家的教学实践中。例如，王阳明就喜欢与弟子通过奏乐和歌来传授和探讨学问，《王阳明年谱》载："中秋月白如昼，先生命侍者设席于碧霞池上，门人在侍者百余人。酒半酣，歌声渐动。久之，或投壶聚算，或击鼓，或泛舟。先生见诸生兴剧，退而作诗，有'铿然舍瑟春风里，点也虽狂得我情'之句。"总而言之，儒家的思想政治教育，总是避免不了对礼乐的涉猎，甚至可以说，以礼乐来陶冶和教化人，以利于引导受教育者更为正确和直接地发挥心性中固有的善，是儒家特有的教育方法。

第五章

儒家思想政治教育理论的历史作用

我们知道儒家思想政治教育理论在我国几千年的封建社会发展中曾经发挥了重要作用，因此，考察其历史作用，总结其积极的意义价值和消极影响，对于我们今天的思想政治教育理论与实践来说有着十分重要的意义。

第一节 对中华民族意识的内在维系和支撑作用

一 儒家思想政治教育理论对传统文化的内在维系

儒家思想政治教育理论作为儒家思想的重要方面，渗透于社会生活的方方面面，深深地影响了中国人的文化心理和文化品格，对中国文化产生着积极影响。主要体现在以下几方面。

（一）积极进取的精神底色

儒家思想政治教育理论中，内蕴着积极进取的开拓精神。自儒家创始人孔子始，儒家就把“内圣外王”作为对一个君子的最高要求。《大学》明确给出了“三纲领、八条目”。“三纲领”，即“明明德”“亲民”“止于至善”，“八条目”，即“格物”“致知”“诚意”“正心”“修身”“齐家”“治国”“平天下”。其中，“格物”“致知”“诚意”“正心”“修身”“齐家”是我们通常所说的“内圣”的环节，一定意义上这是对于“君子”的要求，而这还不是全部，更为根本的则是“治国”“平天下”。

"内圣"从来不是为了成就一己之圣，而是为了"外王"做准备。这"不只是指道德修养或道德践履，同时还包含社会政治实践的意蕴道德修养或道德践履即通过修身或自我改造以达其'内圣'目标，社会政治实践即通过事功或社会改造以达其'外王'目的"①。因此以"内圣"为基础，最终实现"外王"是儒家思想中最具有代表性的思想。而无论是"内圣"还是"外王"，都属于"事功"，需要人具有积极进取的开拓精神，勇于挑战自身能力的极限，争取达到新的高度。

"内圣""外王"从根本上是儒家的"成人"思想，作为一个人而不断努力进取自我证成！"自我证成"蕴含着儒家所特有的积极进取的开拓精神，到北宋大儒张载所谓的"横渠四句"体现得尤为明显，即"为天地立心，为生民立命，为往圣继绝学，为万世开太平"。这种积极进取的开拓精神影响了儒家特有的劝学传统。因而，积极进取的开拓精神首先就体现在儒家思想政治教育理论中蕴含的鼓励人追求进取、热爱学习的内容。而这样的劝诫在儒家的经典中俯拾皆是、随处可见。

比如在《论语》中，孔子说："学而时习之不亦乐乎？"（《论语·学而》）"学而不厌，诲人不倦。"（《论语·述而》）曾子也说："吾日三省吾身：为人谋而不忠乎？与朋友交而不信乎？传不习乎？"（《论语·学而》）；孔子说"学而不思则罔，思而不学则殆。"又说："吾十有五，而志于学，三十而立，四十而不惑，五十而知天命，六十而耳顺，七十而从心所欲，不逾矩。"（《论语·为政》）孔子甚至说自己是"发愤忘食，乐以忘忧，不知老之将至"（《论语·述而》），他盛赞颜回说："一箪食，一瓢饮，在陋巷，人不堪其忧，回也不改其乐。"（《论语·雍也》）

需要特别指出的是容易让人误解的《中庸》。我们一般都认为"不偏不倚"的中庸精神类似于一种折中的乡愿精神，只是一种世俗层面的避免祸端的处事原则。其实不然，《中庸》中蕴含着极其重要的具有为儒家风貌奠基性的改造世界的积极进取力量。它开篇就说，"天命之谓性，率性之谓道，修道之谓教"。这其中就蕴含着把天命的"性"发挥出来的号召。如果用我们今天的话说，就是把生命所赋予的潜能充分地开显出来，这已然是一个相当高的维度了。然而，其深奥高明之处在于以"生"解

① 邵汉明：《中国文化精神》，商务印书馆 2000 年版，第 82 页。

“性”的内涵，那么这种积极进取改造世界的意思则更为根本。按照郭店楚简“性”为“生”，再参照后来的“万物并育而不相害”的说法，那么对“生”的理解就鲜明透彻了。究其根本，《中庸》的奋发有为是哲学的宇宙论层面的底层精神。它要求人们通过自身的努力与天地万物实现共生，最高目标在于“赞天地之化育”“与天地参”。在这样的意义上，《中庸》中所谓的“中庸之德”其实就是“天下之大德曰‘生’”无上大德。也难怪孔子感慨，“君子中庸，小人反中庸”。由此可见，相较于《论语》中君子的积极有为，中庸的进取有为不仅仅是一般日常生活层面的，而且带有终极的形而上的精神取向。一定意义上，我们甚至可以说《中庸》所揭示的积极进取精神是“外王”的终极旨趣。及至后来张载的“民吾同胞，物吾与也”（《西铭》）和“万物并育而不害”是一脉相承的。在这样的意义上，《中庸》中的这种积极进取精神可以说是儒家的最高理想，是奠基性的。可以将其作为哲学层面的本体追求来理解。

当然，《中庸》中也包含一般意义上的劝学层面的内容，如《中庸》中也提到的“博学之，审问之，慎思之，明辨之，笃行之”，鼓励人们努力学习，“人一能之，己百之；人十能之，己千之”（《中庸》），这样一些热爱学习、努力向上的精神都是积极进取的表现。下学而上达，这就属于下学的层面了。

儒家的这种积极进取的开拓精神作为儒家思想政治教育理论中的核心内容也激发人们在实践层面形成刚健有为、自强不息的精神，可以说从古至今，都具有奠基性的维度。比如孔子说：“刚、毅、木、讷近仁。”（《论语·子路》）他认为刚毅、刚健是一种重要的品德，刚毅的人才会守住大节，能担当大任，才更接近“仁”。而孔子所作的《易传》中有“天行健，君子以自强不息”的说法，勉励人们效法天，努力做到刚健有为，积极进取。这样一种刚健有为、自强不息的精神激励着一代代中华儿女，培育了一代代志士仁人：张载的“为天下开太平”，文天祥的“留取丹青照汗青”，顾炎武的“天下兴亡，匹夫有责”，毛泽东的“敢教日月换新天”，甚至再到今天习近平总书记的“让人类命运共同体建设的阳光普照世界”，等等，都显示出儒家文化中与天下共生的这种积极进取、刚劲有为的精神面貌和思想特质。

（二）崇尚道德的德性修养论

儒家思想政治教育理论崇尚道德，这是毫无疑问的。无论是孔子还是后来的孟子、荀子，都是道德生活的倡导者和践行者。他们认为，过有道德的生活才是有意义的、完满的生活。我们知道苏格拉底有一句名言“未经反省的人生是不值得过的”，那么按照这种句式，儒家的说法就是“不道德的生活是不值得过的”。不仅如此，儒家甚至主张一种德性本体论。从形而上学或者说从哲学的高度上讲，儒家对德性的这种推崇甚至在一定意义上成为中国人之为中国人的人性论层面的规定性，这种影响一直持续至今。这种人性论层面的规定性，极以言之，德性即人之为人的本质规定性。这种对人的德性规定性的理解从根本上决定了中国人的致思方向，在任何意义上都影响了中国人的方方面面。

一定意义上，要理解儒家对德性的重视程度需要参照古代西方对理性的重视程度。我们知道，古希腊把理性视作人之为人的根本规定性。大家知道，西方哲学诞生在古希腊，一直到今天，人们公认的希腊哲学是欧洲文化的摇篮，普遍的古希腊理性精神是欧洲文明的根本，或者说是欧洲文明的标志。两千年的西方哲学，作为一种为学术而学术的纯粹理论，或者说纯粹理论态度的思维、纯粹思想，实际上表达着一种对人性的理解和自觉。这种对人性的理解和自觉在古希腊哲学家看来，就是人区别于动物的地方，所以去充分实现人的理性思维能力的理论生活就是理想的人生，这就是说，纯粹理论生活的理想。在古希腊人看来，人区别于动物的地方在于人有思想、有意识、有理性能力，人能问“为什么”，亚里士多德进一步把这个“为什么”的回答规定为关于一切事物普遍原理和原因的知识。在古希腊哲学家看来，人之所以区别于动物是因为人有理性，那么最充分地实现人的理性能力，是一种接近神性的生活。

与之相对的，在中国哲学家特别是在传统儒家看来，所谓人禽之辨，人区别于动物在于人有一种道德能力，人能过一种道德的生活，所以人区别于禽兽。到孟子这里，把这种人性理解进一步具体化，大家都知道著名的“四端”之说：恻隐之心、辞让之心、羞恶之心、是非之心。我们用刚才类似于古希腊哲学的表述，可以把它叫作“纯粹的道德意志”，它也是没有任何功利目的的纯粹的道德意志。孔子还有一些经典的表述，比如，“己所不欲，勿施于人”，“己欲立而立人，己欲达而达人”这样一些说法，实际上都表明中国儒家对人性的道德自觉。希腊哲学家们看到人之所以区别于动物是因为人有理性，中国哲学家们看到人之所以区别于动物是人有道德性，有德性。这样的一个起点上，我认为这是中西哲学起点上的差异，由此也带来了两种不同的文化。根据孙利天教授的说法，传统儒家的这种德性本体论带来了儒家特有的致思进路。[①]《大学》开篇，"大学之道，在明明德，在亲民，在止于至善"。这里的"明明德"，就是要把每个人内在的"德性"开显出来，也就是阐明、发明、弘扬人类的德性。所以才有了《中庸》里面的"天命之谓性，率性之谓道，修道之谓教"。这里的"教"就是"教化"，就教化他人来说，这是儒家思想政治教育的一种系统的教化思想。而就个人说来，作为人而成为人，成为人根本说来是一种道德修养的过程。这是一种典型的道德修养论，修养要把"天命"开显出来。按照钱穆先生对"命"的这种理解，对于"德性"的自觉即是人自性自行的最大自由，"德性"成为人的生命的最高原则，自为地去发明、扩充自己的"德性"，这就是人的"天命"。[②]由此可见，传统儒家是如何重视道德，以及德性规定性怎样影响了我们。

以上，我们通过与西方传统哲学中对人的理性自觉的对比，看到了德性的重要性，我们更多地是在思想史或者说哲学史的层面上来审视这一问题的。而在社会治理层面，与法家主张通过外在的严厉的法律约束威慑人们，最终使人们在被迫的情形下遵守道德规范的做法不同，儒家主张通过提升人的内在修养，使人养成较高的整体素质，并在此基础上积极主动践行道德规范。儒家认为修养是一个自觉而又渐进的过程。孔子认为克己在道德修养中至关重要，因此要严格约束自己的言行，使之合乎礼，他说"克己复礼为仁"（《论语·颜渊》），约束自己以复礼可以说就做到"仁"了，可见"克己"、修养对于孔子来说意义重大。而对于道德的践行也是孔子十分重视的方面，他认为"力行近乎仁"（《礼记·中庸》），把内在的德性修养转化为外在的德行，才是真正践行了道德。孟子基于其性善论，提出修养的提升首先要"存心养性"，他认为，人性中本就具有四个善端，而这仅仅是"端"而已，只能说明善行所具有的

---

① 孙利天、张岩磊：《哲学的人性自觉及其意义》，《长白学刊》2011 年第 1 期。

② 孙利天、张岩磊：《哲学的人性自觉及其意义》，《长白学刊》2011 年第 1 期。

可能性，如果把先天的善端真正地转化为善行，就需要后天的存养和扩充，就需要“求放心”（《孟子·告子上》），“养心莫善于寡欲”（《孟子·尽心下》），通过保持并扩充良心以及剔除掉多余的欲望，就离君子人格更近一步了。这就需要开展思想政治教育，孟子还提出提升修养要做到“反求诸己”，强调通过内省的方式反思自身的思想动机是否端正，以此来矫正自己的行为，即我们通常说的自我教育。荀子基于其性恶论观点，认为礼义道德并非人天生就具有，而是通过后天教化形成的，因此他提出“化性起伪”，认为每个人都有“化性起伪”的能力，通过“彊学而求”“治气养心”等途径做到积善成德，最终实现“涂之人可以为禹”（《荀子·性恶》）。[①]

无论是在哲学层面还是社会治理层面，儒家思想政治教育理论中对道德的关注、对人的修养提升的内在诉求，深深扎根于中华民族的灵魂深处，成为中华文化的重要精神力量。

（三）责任担当意识

儒家思想政治教育理论中蕴含着一种责任的担当意识，这种担当与儒家的忧患意识密切相关，是对忧患意识的进一步发展。忧患意识是指“人们从忧患境遇的搅扰中体验到人性的尊严和伟大及其人之为人的意义和价值，并进而以自身内在的生命力量去突破困境、超越忧患，以达善美统一境界的心态”[②]。这样一种心态能够激发出人们的责任感和担当意识，并使儒者们形成积极入世的人格品质。

孔孟的担当意识主要在于他们所忧患的并非私人领域的一己之私，并非是物质生活的匮乏、居住条件的恶劣以及个人成长中的烦恼，他们所忧患的是公共领域的群体利益，所忧患的是人的内在精神层面的困惑以及人类群体发展的困境。他们的着眼点在于人类群体的幸福，在于天人合一境界的实现。但是现实却是残酷的，他们发现人类在现实处境面前显得那样无力，人与物、君与民之间剑拔弩张，芸芸众生生活在困苦之中。因此，孔孟内心中升起了一股悲悯情怀，这是对众生的一种同情与怜爱，也即孟子所说的“恻隐之心”。只陷入悲悯之中无法改变现实，

① 邵汉明：《中国文化精神》，商务印书馆 2000 年版，第 108—111 页。
② 邵汉明：《中国文化精神》，商务印书馆 2000 年版，第 71—72 页。

无法了结众生的痛苦，因此，他们在此基础上，生发出一种责任担当，以实现人类群体的幸福为己任。孔子说："君子忧道不忧贫。"（《论语·卫灵公》）孟子说："尧以不得舜为己忧，舜以不得禹、皋陶为己忧。"（《孟子·滕文公上》）《易传》云："君子安而不忘危，存而不忘亡，治而不忘乱，是以身安而国家可保也。"[①] 这是孔孟对人类群体生活的关注以及在此基础上对社会稳定的诉求。

因此，儒家思想政治教育理论中蕴含着一种基于人类群体关怀的责任担当意识，这也是儒家所提倡的君子人格中的一项重要内容，影响了后来中华民族的人性品质。

（四）经世致用的实践精神

"学而优则仕""经世致用"是儒家思想政治教育中经常提及的概念。"学而优则仕"容易理解。"经世致用"则是治理国家社会对社会和民众或者说对老百姓有实际的效用和价值。这是一个很务实的概念。在一定意义上，"经世"就等于儒家的"入世"这一概念，与释家的所谓"出世"相区别。我们可以称之为"经世精神"。

经世致用可以说是儒家甚至中国传统文化在世俗生活方面一贯追求。儒家特别重视所谓的"立德、立功、立言""三不朽"，可见这种经世精神主要表现为一般人生态度上的积极涉世精神，政治理想上的经世作风，以及民族信仰中的强烈的非宗教化倾向。[②] 一定意义上，经世精神是《大学》中"八条目"的落实和外显，经世致用的精神典型地代表了儒家的实践精神。这也表明儒家和道家以及后来的佛家不同，其基调就是"事求可，功求成"的实践精神。这一精神在无数儒家的仁人志士身上都可以看到。孔子周游六国宣传"安人""安百姓"的社会理想，虽处处碰壁如"丧家之犬"也矢志不移。及至孟子亦复如是。后世典型如韩愈、苏轼、欧阳修、文天祥、王阳明、辛弃疾、曾国藩等历代大儒都不是尚空谈重玄思坐而论道的世外高人，无一不是"以道易天下""天下归仁""先天下之忧而忧，后天下之乐而乐""人生自古谁无死，留取丹心照汗青""苟利国家生死以，岂因祸福避趋之"，以天下为己任的无双国士。

---

① 邵汉明：《中国文化精神》，商务印书馆2000年版，第74—75页。

② 韩星：《儒家人文精神》，陕西人民出版社2012年版，第175页。

儒家经世致用的精神作用在思想政治教育层面有两个面向。其一是对庙堂的劝诫，其二是对百姓的教化。这种实践精神于庙堂体现为政治实践，远庙堂则是以道德实践为根本。以孔子为例，孔子本身身怀六艺多是经世之能在《论语》中多与弟子探讨“为学”“为政”“学政”“干禄”，无一不体现着入世用世的趋向。[①] 孔子之后，后世儒家在发展过程中逐渐分化出“主内”（内圣）和“主外”（外王）两派。前者代表为孟子，后者代表则是荀子。孟子除了直接劝诫诸侯之外，用他自己的话说“知言”“我善养吾浩然之气”即知言、养气，属于自我内省，明心见性，尽性知天。而荀子除了修身之外，更重“隆理”“重法”“礼法结合。”荀子《儒效》中有一个漂亮的说法，“儒者在本朝则美政，在下位则美俗”，“不闻不若闻之，闻之不若见之，见之不若知之，知之不若行之”，“知之而不行，虽敦必困”。荀子的实践精神已经体现出了知行合一的实践取向。

（五）家国情怀的爱国主义精神

2020 年 11 月，全国抗击新冠肺炎疫情表彰大会上，习近平总书记明确地说：“社会主义核心价值观、中华优秀传统文化所具有的强大精神动力，是凝聚人心、汇聚民力的强大力量。”面对突如其来、来势汹汹的疫情，亿万人民所展现出的炽热而深沉的家国情怀，激荡人心、振奋人心，给人以无穷的奋进力量。至真至深的家国情怀，根植于精神的沃土。精神是一个人的立身之本，也是一个民族、国家的强盛之基。艰苦卓绝的革命战争年代，舍生忘死、前赴后继、无坚不摧的精神伟力，激励着共产党人谱就了长征史诗、赢得了抗战胜利、推翻了蒋家王朝，开辟出“一唱雄鸡天下白”的新天地。新中国成立以来，接力奋斗、艰苦奋斗、顽强奋斗、共同奋斗的精神基因，感召着中华儿女成功研制出“两弹一星”，实现了“嫦娥”探月、“蛟龙”入海、“北斗”组网，不断开创着中国特色社会主义事业新局面。奋斗书写辉煌，奋斗砥砺精神，奋斗强国是最值得赞美的壮歌。[②] 我们认为，民族精神是对民族特质的凝聚和集中表现，是一个民族漫长的历史积淀和升华。民族精神渗透在民族的整

---

① 韩星：《儒家人文精神》，陕西人民出版社 2012 年版，第 187 页。

② 马祖云：《把家国情怀融入不懈奋斗》，《人民日报》2020 年 11 月 3 日。

个历程之中，贯穿于民族的大全之中。一般来说，我们谈民族精神时，总会自觉不自觉地把它视为一个高度的抽象物。但是，经过高度抽象化了的民族精神只剩一个枯骨似的符号，其内涵被过滤掉了。而我们认为，民族精神不是一个抽象的存在物，而是一个民族的文化（包括宗教、伦理、风俗、科学、艺术等）的特质和标记。直接来说，一个民族的整个文化的历史就是其民族精神——一个民族的历史就是其民族精神。而中华民族的团结精神更多则是由儒家的家国一体理念所影响的。

中华民族拥有五千多年的悠久历史。从远古的有文献可查的“三代”（尧舜禹）经由夏商周……一直到宋元明清，再到中国特色社会主义的今天，整个中华民族经历了兴衰更替，经历了荣辱的流变——现在巍巍立于世界民族之林！中华民族精神是由中华大地上 56 个民族共同组成的中华民族世代相传的，渗透在其血脉灵魂深处、贯穿于其悠久的荣辱更迭的历史、熔铸在其灿烂文化和光荣革命传统之中的性格特征和意志品质可以说是中华民族共同的世界观、价值观。尤其值得一提的是中华民族的近代历史，在这段历史中中华民族体现出在内忧外患民族危亡的意识中内生出来的救亡图存、不怕牺牲、争取民族独立的精神。而纵观整个中华民族的历史，中华民族形成了“天行健，君子以自强不息。地势坤，君子以厚德载物”一方面刚健有为，另一方面又博大宽厚的民族精神，具体来看，主要体现以下三个方面。

第一是各个民族共有的爱国主义情怀。我国经过五千多年的演进成为一个拥有 56 个民族的多民族国家。然而在漫长的历史长河中，每个民族都体现出强烈的爱国主义情怀。56 个民族拥有着一颗共同的爱国之心。在这颗共同的爱国之心下，我国历史经历了多次分分合合，经历了帝国主义的侵略，最终仍凝聚在一起，形成了一个无坚不摧、众志成城的伟大民族。

第二是各民族追求祖国统一的团结互助精神。正如上边我们所说，我国在几千年的历史中，出现过多次分分合合。然而纵观整个历史，追求团结统一和共同发展是各族人民的共同愿望。孔孟的大一统思想集中代表了这一民族精神。这种民族精神使得中华民族大家庭里的各兄弟民族始终保持着持久的亲和力、感召力。

第三是各民族自强不息、共同发展的精神。56 个民族，每个民族都具有勤劳勇敢、吃苦耐劳，热爱生活、善于创新的宝贵品德。在五千多年的历史发展中，中国各民族在中华大地上，“艰难困苦，玉汝于成”，不管生存条件多么艰苦，都能以顽强的精神辛勤劳作，积极开拓，从而创造出了自己独特的绚丽多彩的物质文明和精神文明。

如果可以将中华民族的民族精神实质归纳为这三方面的话，那么其核心则是爱国主义精神。对 14 亿中国人民来说，“国家”不是一个空疏的政治符号。“国家”所表征的是强烈的内心可以直观的“家国”情怀。没有家哪有国？没有国哪有家？中华民族正是这样一个大家庭，我们都是这伟大家庭中的一员。这个大家庭的繁荣富强是每一个中国人内在殷切的共同诉求。因此，“爱国主义”对每一个中国人来说是实实在在的可经验的“直观”感受。可以说，“爱国主义”是中华民族精神信仰层面的东西。中华民族没有西方民族意义上的宗教信仰，所以当西方出现所谓“信仰危机”时候，每一个中国人都始终有一份可以固守的精神家园——那就是爱国主义。

需要强调的是，中华民族精神的形成，是一个长期的历史过程，它有一个逐渐积累、不断发展，最终形成并为人们所认识的过程。“哲学就是哲学史”，在这样的意义上，中华民族精神就是整个中华民族的历史。中华民族的精神正是一部熔铸着中华儿女的泪与笑、激情与汗水、希望与理想的历史鸿篇巨制。而在中华民族的团结精神中儒家的思想政治教育起到了极其重要的作用。

二 儒家思想政治教育理论对传统政治和社会的影响

儒家思想政治教育理论不仅对中华文化产生了深远影响，也在中国的政治治理与社会建设方面发挥了重要作用。

（一）通过思想政治教育夯实以王道仁政为主的治国理念

儒家思想政治教育理论中最根本的治国理念就是“王道仁政”，也就是说要实行王道，推行仁政。

孔子的政治理想是要建成了一个“天下有道”的国家，因此他主张推行仁政。他说：“天下有道，则礼乐征伐自天子出；天下无道，则礼乐征伐自诸侯出。”（《论语·季氏》）天下有道是推行仁政的前提，也是实行礼乐教化的前提。他还说：“道之以政，齐之以刑，民免而无耻；道之以德，齐之以礼，有耻且格。”（《论语·为政》）也就是说，君主要推行仁政，就要通过德和礼的教化来使百姓明理，知道自己为什么要这样做，经过长期熏染之后渐渐由内而外自觉地遵守规章制度，而不是以一种强制性的外在刑罚来规训百姓。孟子同样主张实行“王道”（即“仁政”），而荀子也提出“王制”，其根本理念仍然是“王道”①。

在儒学思想家看来，实施王道仁政的具体做法是重视礼乐教化。因为在他们看来，只有实施礼乐教化才能带来文明，才能发展文化，而如果缺少了礼乐教化环节，人就缺少了社会教化的维度，就会变得“野”，那么整个社会就会增加不稳定因素。《乐记》中说：“乐以治心”，“礼以治躬”，这也就意味着“乐”能熏陶人的内心，使人的内心发生变化，变得平和、安宁，即“治心”，而“礼”能教化人的行为，培养人的身体。如果一个人能够做到内与外相结合，乐与礼相结合，那么他就具有比较高的道德素养和人生境界，如果社会上人人都如此，社会和谐就实现了。②

儒者所主张的以王道仁政为主的治国理念，为中国社会的稳定和发展以及中华民族精神文化的形成奠定了重要的思想和政治基础，也为后世的执政者们提供了良好的示范作用。

（二）通过思想政治教育夯实“大一统”的政治制度

儒家思想政治教育理论中蕴含着一种“大一统”的政治制度倾向，充分体现了中华民族崇尚和谐统一的民族心理。

儒家思想提倡以和为贵，提倡“和而不同”，积极拥护和平与统一，反对战争与分裂。虽然人际和谐、国家统一在儒者们所处的时代受到了挑战，但是这并不影响儒者们把人际和谐、国家统一看作十分自然的事情，他们认为这应该是事情的本来状态。这种心理对于中华民族统一文化心理的形成、国家稳定和社会发展，曾经发挥了并将继续发挥重要作用。自西周以来，“大一统”观念便深入人心，虽然后来包括儒家在内的诸子百家的学说各异，但是在国家统一、民族团结的观点上却惊人的一致。政治上的“大一统”观念是儒家所主张的“天人合一”“以和为贵”

---

① 邵汉明等：《儒家哲学智慧》，吉林人民出版社2005年版，第29页。

② 楼宇烈：《中国的品格》，南海出版公司2009年版，第103页。

等文化理念在政治上的反映，是儒家主张实现国家统一和谐的必然政治诉求。以国家统一为己任，以民族团结为目标，也是整个中华民族一直以来的政治价值取向。[①]

对于儒家思想政治教育理论中政治制度上所强调的“大一统”可以作这样的解释，“‘大’在这里的意思是重视，以一统为大，以一统为最根本；或者可以说是‘第一’的意思，以一统为第一”[②]。董仲舒认为这种思想在《春秋》中就有体现，他认为《春秋》就是主张一统、实施一统的。当然，儒家主张的“大一统”的政治制度必然包含着君主专制的中央集权要素，这里实际上已经蕴含了法家的思想。法家韩非子说：“事在四方，要在中央。”（《韩非子·扬权》）认为中央要牢牢把握住总体方向和原则，地方负责在中央的统一指导下做具体的事情。[③]

因此，“大一统”的政治制度体现了儒家对统一和谐的追求，这其中虽然蕴含着中央集权的内涵，但是不同的集权方式导致的最终结果不同，以“要在中央，事在四方”的方式集权，既可以使君主不必事必躬亲，更好地运筹帷幄，也可以充分调动人才的积极性，发挥人才的创造性。

（三）通过思想政治教育夯实和谐的大同与小康社会理想

儒家思想政治教育理论蕴含着建立一种和谐的大同与小康社会的理想。事实上，儒家的这一理想与其以王道仁政为主的治国理念密切相关，这是因为如果君主主张实行王道仁政，这一主张的一个必然逻辑结果就是希望建立一个和谐友爱的大同世界。

大同世界的说法源自《礼记》《礼运》篇，《礼运》篇中描绘了一个令人神往的社会：“大道之行也，天下为公……是故谋闭而不兴，盗窃乱贼而不作，故外户而不闭，是谓大同。”在这样的大同社会中，人人各尽其才，诚信和睦，夜不闭户，无盗贼，人的生活都能幸福，无须作恶，弱势群体都能得到很好的照顾。儒家所展望的这样一个大同世界，成为后来志士仁人共同的政治理想，康有为、孙中山领导的变法与革命都有一个共同的政治目标，那就是建立一个古人所描绘的大同世界。当然，

---

① 张岱年：《中国文化概论》，北京师范大学出版社 2004 年版，第 299 页。

② 楼宇烈：《中国的品格》，南海出版公司 2009 年版，第 104 页。

③ 楼宇烈：《中国的品格》，南海出版公司 2009 年版，第 104 页。

大同世界的政治理想比较理想化，因此，实现起来也具有一定难度。儒家不仅展望了大同社会的理想，也提出了小康社会的愿景。但是与大同社会不同，小康社会有一些等级之分，人与人之间有区别，因此，小康社会比大同世界更具有现实性，实现起来也更容易一些。荀子就主张应该在现实社会的基础上建立一个小康社会。他认为，社会一定要有等级才能维持相应的秩序，否则就会造成混乱，因此他强调要建立一个尊卑有别、长幼有序的群居社会。荀子认为，人是一种群体性存在，在孤立条件下无法生存，需要维护一定的秩序，如何实现呢？那就是要“明分使群”，有等级，有分工。在这一前提下，上层和下层共同努力，实现社会和谐。因此，小康社会中还存在着一定的等级，但是这并非意味着小康社会中的人与人之间就不是平等的。荀子认为不平等是实现平等的前提，有明确的分别才是真正的平等，每个人都应按照不同的职业、地位等有所分别，这样才是真正的平等，一刀切式的划一实际上才是不平等。[①] 荀子所描绘的小康社会的愿景虽然不如大同世界那样完善，但是却更符合现实需要。

儒家思想政治教育理论所描绘的和谐的大同与小康社会理想，为后来的统治者提供了可资借鉴的政治蓝图，成为一代代明君所力图实现的政治目标。

三　儒家思想政治教育理论对促进民族融合与进步的作用

儒家思想政治教育理论在其传承与发展的过程中对各民族的融合与进步也起到了积极的推动作用。

（一）促进民族融合

儒家思想政治教育理论内蕴着促进民族融合、凝结民族力量的思想内容和精神特质。中华民族在包括儒家思想在内的中华优秀传统文化的滋养下，在刚健有为、自强不息、以和为贵等精神文化的熏陶下，能够在战乱时凝聚在一起共同御敌，能够在和平时团结在一起共同推动社会进步。

儒家思想政治教育理论所提倡的“民胞物与”“四海之内皆兄弟”等

---

① 楼宇烈：《中国的品格》，南海出版公司2009年版，第105—106页。

观念，自古以来就是凝聚中华民族力量的重要精神支撑。这样一种民族融合、国家统一的理念经过儒法两家的共同论证以及在秦汉时期封建政权一统天下基础上所带来的民族融合、共同进步的现实实践，逐渐深入到中华民族深层的文化结构和社会心理之中，成为中华民族的一种思维方式，无论是在历史还是在现时代都推动着中国社会的发展。儒家思想政治教育理论作为中国文化的重要组成部分，也是促进民族融合、增加民族凝聚力的思想基础。这是因为它其中蕴含着一种思想融合与精神感召力量，各民族能够在这样的力量的激励与鼓舞下拧成一股绳，进一步推动民族团结与社会进步。①

（二）激励民族进步

儒家思想政治教育理论能够激励民族进步，使中华民族一直传承着奋发向上、不屈不挠的民族精神。儒家思想中“刚健自强的精神，在两千年的历史发展中，一直激励着人们奋发向上，不断前进，坚持与内部的恶劣势力和外来的侵略压迫者做不屈不挠的斗争”②。近代以来的救亡图存斗争就是一个典型例证。林则徐、康有为、孙中山身上所展现的自强不息的精神品质正是对以儒家思想为代表的中华传统文化的传承和弘扬。因此，儒家思想、儒家思想政治教育激励着一代代人为推动民族进步而努力奋斗。

儒家思想政治教育理论蕴含着一种对道德品质、道德价值的崇尚。以孔孟为代表的儒者认为，人的本性中固有着仁义礼智等善端，这些善端最终会形成良好的道德品质，但前提是需要人自觉地进行扩充、进行自我道德修养，需要有坚强的意志作为后盾。儒家思想政治教育理论以“内圣外王”为最高修养，积极鼓励人们通过自身的努力，通过自身持续不断的道德践履培养高尚的人格，成就人生的大业。这样一种对人的内在精神品质的执着追求，使历代志士仁人受到强大的鼓舞，形成了讲诚信、重气节、有担当、有毅力的人格品质，推动了整个中华民族人文素养的进步。③

---

① 张岱年：《中国文化概论》，北京师范大学出版社 2004 年版，第 209—300 页。

② 张岱年：《中国文化概论》，北京师范大学出版社 2004 年版，第 300 页。

③ 张岱年：《中国文化概论》，北京师范大学出版社 2004 年版，第 301 页。

（三）整合创新民族文化

儒家思想政治教育理论中具有整合创新民族文化的维度。其中“贵和”“以和为贵”就是一个典型例子。中国古人说“和实生物，同则不继”（《国语·郑语》），“日新之谓盛德，生生之谓易”（《系辞》），在他们看来，“和”是整合对立方面的结果，是创生万物的源泉，最终实现一个统一体。儒家思想在整合了之前中华优秀文化的基础上，保留了自身地域文化中的思想维度，形成了天人合一、贵和尚中、刚健有为、自强不息等文化理念，这些理念在历史的传承和演变过程中不断得到强化和认同，超越了历史和地域局限，逐渐成为深入中华民族潜在的民族心理，形成一种新的传统，直接影响着整个民族的未来发展。[①]“贵和尚中的精神，培育了中国人民追求和谐、反对分裂的整体观念，滋养了崇尚中道、不走极端的平和心境；天人合一的精神，激发出‘究天人之际’的治学传统和思想传统，并成为不同时期、不同思想流派共同的思维方式和价值追求。”[②] 这样一些思想观念经过历史的整合与传承，不断发展创新，形成了中华民族特有的文化魅力。

第二节　儒家思想政治教育理论的世界性意义

一　儒家思想政治教育理论对亚洲国家的影响

（一）对日本的影响

在日本的历史发展过程中，儒家思想政治教育理论发挥了重要作用。儒家思想在公元前 285 年从朝鲜传入日本，最先传入日本的儒家典籍是《论语》十卷与《千字文》一卷，再后来，《诗》《书》《礼》《易》《春秋》等儒家经典也渐渐传入日本。公元 7 世纪，中日文化交流开始频繁，13 世纪，中国宋学传入日本，以义理为主的儒家思想渐渐成为日本儒学主流。[③] 经过几个世纪的传播和发展，至德川幕府时期，日本儒学进入全盛时期。

---

① 张岱年：《中国文化概论》，北京师范大学出版社 2004 年版，第 302 页。

② 张岱年：《中国文化概论》，北京师范大学出版社 2004 年版，第 303 页。

③ 徐远和：《儒学与东方文化》，人民出版社 1994 年版，第 246 页。

作为一种意识形态和思想政治教育理论，儒家思想对日本社会产生了深远影响。首先，从日本社会发展角度来看，儒家思想中所蕴含的丰富的治国理念为日本提供了思想借鉴，使统治者能够以儒家思想作为指导思想，推动社会的稳定发展。“传说中的日本古代皇位推让及仁德天皇行仁政之事，即是受儒学影响的最早事例。7 世纪推古朝的改革和大化革新，利用儒学作为改革的指导思想，并以中国的政治机构为蓝本建立官僚制度，确立了以儒学为基调的律令政治，促进了日本社会的发展。12 世纪镰仓时代至 16 世纪中叶室町时代是日本封建社会形成和发展时期。”[①] 同时，儒家思想内容的逐渐更新及其日益日本化，使日本历代统治者都能从儒家思想中挖掘出有利于政治统治的内容，这就进一步促进了儒家思想在日本的传播与发展。其次，从日本的民族精神角度看，儒家思想自身蕴含的精神气质与日本本土思想相结合（主要是儒学与神道相结合），形成了日本的民族精神，即大和魂。也正因如此，中国的儒学与日本的儒学有所区别，以忠孝观为例，按照吉川惟足的说法，中国儒学以孝为五伦第一，而日本儒学则以忠为五伦第一。儒学与神道相结合，也推动了日本特有的武士道精神的形成。最后，从日本文化发展角度来看，儒家思想影响了日本文化的方方面面。哲学、文学、史学、绘画、音乐等，几乎在日本文化的一切领域，都能找到儒家思想的影子。[②]

儒家思想、儒家思想政治教育理论对日本的影响是深远而又巨大的，直至今天，日本社会、日本文化中还有儒家思想的烙印。儒家思想还将会在日本未来的社会生活中继续发挥积极作用。

（二）对韩国的影响

儒家思想以人伦道德、政治伦理为核心，在传入朝鲜半岛之后，被当地文化所接受，并进行了一系列创造性转换，使儒家思想深深地融入韩国传统文化之中，作为其重要血脉传承下来，潜在地影响着韩国人的

---

① 徐远和：《儒学与东方文化》，人民出版社 1994 年版，第 246 页。

② 徐远和：《儒学与东方文化》，人民出版社 1994 年版，第 246—247 页。

思维和行为。①

儒家思想不仅在韩国历史上发挥了重要作用，巩固了韩国政权，培养了韩国人的精神特质，而且在当今时代，也推动着韩国的现代化进程。首先，韩国受到儒家群体观念的影响。无论是孔子的孝悌之说还是孟子的“人伦”之说，抑或董仲舒的“五伦”之说，都在家庭伦理之中显现着一种群体观念。基于这样一种群体观念，儒家思想特别重视一个人的道德品行，这一点，在韩国也表现得比较明显。重视人的能力是无可厚非的，但是与能力相比，人品更重要，无论这个人的能力有多大，只要他真诚、踏实、勤恳，就会得到社会的认可。其次，韩国受到儒家刚健有为、自强不息精神的熏陶。韩国人在现实生活中正是本着这样一种拼搏的精神，在短期内实现了现代化和工业化。可以说，韩国人的成功，与他们一直以来所秉承的儒家自强不息的精神密切相关。最后，韩国十分重视伦理道德修养教育。受到儒家文化影响，韩国十分重视对人才伦理道德以及人格修养的培养，而且，从当前韩国社会所遵从的伦理道德原则来看，大多吸收于儒家思想。因此，有的韩国学者认为，儒家思想可以与流行于韩国本土的西方拜物主义相抗衡，可以弥补西方物质文明所带来的精神文明匮乏的缺陷。②

韩国是儒家文化圈中最热衷于儒家文化的国家，儒家思想作为其思想文化背景，将在新时期继续推进韩国社会的发展。

（三）对新加坡的影响

新加坡曾长期是英国的殖民地，独立之初满目疮痍，但是却在短短几十年时间里迅速成为亚洲“四小龙”之一，这不得不说是一个奇迹。而在这样一个奇迹中，除了以李光耀为代表的新加坡领导人以及新加坡人的共同努力之外，儒家思想也发挥了重要作用。

新加坡政府十分重视儒家思想，1991 年，新加坡政府发布了《共同价值观白皮书》，把以儒家思想精华为主，包括其他民族优秀文化成分在

---

① 李智惠：《儒学对韩国的影响》，转引自傅兆君《东南大学韩国学论集》（第 1 辑），东南大学出版社 1998 年版，第 128 页。

② 李智惠：《儒学对韩国的影响》，转引自傅兆君《东南大学韩国学论集》（第 1 辑），东南大学出版社 1998 年版，第 128—129 页。

内的“共同价值观”确立为国家意识形式。儒家思想对新加坡社会的很多方面都产生了重要影响。首先，在思想道德方面，新加坡政府积极推行孔孟思想，大力提倡“忠孝仁爱礼义廉耻”，认为这八种美德是中华民族的传统美德，新加坡人需要进一步继承和弘扬，并把这八种美德作为治国纲领。在这里，思想政治教育的对象不仅是民众，也包括政府官员，希望政府官员能够通过对“八德”的践履，廉洁奉公，为民奉献。其次，在经济制度方面，新加坡政府同样吸取了孔孟的思想，孔孟认为，百姓生活富足，生活有保障，政府就会得到民心，社会也会安定。孟子说：“民之为道也，有恒产者有恒心，无恒产者无恒心。”（《孟子·滕文公上》）新加坡政府根据这种思想建立了中央公积金制度。不仅对百姓如此，新加坡政府对政府官员所实行的经济政策也借鉴了儒家思想。孟子认为，对于官员的薪水应该高于社会一般水准，不然会给官员受贿留下可乘之机，不利于实现廉政建设和官民之间的和谐关系。因此，新加坡政府不断提高公务员待遇，使公务员不需要为生计忧虑而步入歧途。最后，在人才培养与选拔方面，新加坡政府吸收了儒家“修身、齐家、治国、平天下”等人格理想，在人才培养与选拔中，不仅要求人才要有胜人的才能和超群的智力和能力，还要求人才具有良好的道德修养和人格品质。因此，新加坡政府奉行精英主义，认为人才、精英才能使国家更加昌盛。①

儒家思想在历史上帮助华人占大多数的多民族多宗教的新加坡走向了稳定和富强，在今后的日子中，它将继续为推动新加坡的发展和进步贡献精神力量。

二 儒家思想政治教育理论对欧洲国家的影响

17 世纪下半叶，儒家思想被明清时代来华的传教士传播到欧洲。意大利传教士首先来到中国，其中最有名的是利玛窦。他对中国国情和文化有较为深入的了解，他努力学习儒学，力图把儒家与天主教相结合，

① 徐远和：《儒家思想与东亚社会发展模式》，广西人民出版社 2002 年版，第 261—263 页。

以此来传播天主教。[①] 同时，他也向欧洲介绍中国和儒学，他的著作在欧洲引起强烈反响。

后来的传教士逐渐增多，同时儒家经典不断在西欧国家出版，成为18世纪法国资产阶级革命可资借鉴的思想武器。法国启蒙思想家伏尔泰十分推崇孔子的德治思想，他认为中国的国泰民安与孔子主张的修身、齐家、治国、平天下思想密切相关，在他心中，中国君主开明，为百姓利益着想。法国思想家霍尔巴赫也对孔子的德治思想推崇备至，他认为欧洲应该学习中国的政治，欧洲的基督教也应被儒家道德所取代。狄德罗认为，孔子的学说令人敬佩，以理性和真理治国平天下值得学习。在18世纪，不仅法国思想家推崇儒家思想，德国思想家也是如此。莱布尼茨认为，在中国，无论君主还是平民，都注重自身的道德修养，因此，中国的政治开明，社会安定，如果中国和欧洲的优势能够互补，即中国引入欧洲的自然科学，欧洲引入中国的政治伦理，那么必然会促进人类的幸福。[②] 莱布尼茨的学生沃尔夫积极宣传儒家思想，他认为，"儒学是关于政治、伦理的实践哲学，是由尧、舜、孔子等创立和坚持的传统观念。儒学以自然和理性为基础，与基督教的神启和信仰可以相辅相成"[③]。

儒家思想对欧洲的影响主要体现在法国和德国。"孔子及其儒学成为法国政治革命和德国哲学革命的进步思想来源之一"[④]，推动了法国和德国的社会进步。

第三节　儒家思想政治教育理论的消极影响

儒家思想政治教育理论存在着一定的消极影响，这些影响在一定意义上阻碍了中国文化的发展和社会的进步，需要我们特别地加以注意并在认真分析总结的基础上积极克服。

---

① 阎韬：《孔子与儒家》，山东教育出版社1991年版，第130—131页。
② 阎韬：《孔子与儒家》，山东教育出版社1991年版，第134页。
③ 阎韬：《孔子与儒家》，山东教育出版社1991年版，第135页。
④ 许凌云、许强：《中国儒学通论》，广东教育出版社版2002年版，第476页。

一 思想的内守与封闭性的倾向

儒家思想政治教育理论与儒家思想一样，具有思想的内守与封闭性，这就在一定程度上影响了中国政治和文化的发展，在一定意义上阻碍了中国的进步。

儒家思想政治教育理论所具有的内守与封闭性主要体现在，在思想文化方面，强调内省，强调个人的修身养性，道德修养，自律性，这虽然能够提升个人的文化修养，为维护良好的社会秩序奠定基础，但是也在一定程度上使人变得循规蹈矩、战战兢兢，缺少创造性，缺少热情。这种思想甚至成为中国人的思维方式，求内敛、过度谦虚，束缚了人性本来应该具有的开放性和创造性，无法释放人性的魅力。在政治统治方面，儒家强调维护道统，强调“独尊儒术”“明华夷之辨”，具有极强的排他性和封闭性，不允许异己思想在政治领域出现，以一种专制方式禁锢着人们的思想。虽然儒家也主张吸取其他学派的一些思想，但是它必定选择符合自身思想逻辑、符合统治阶级利益的思想加以批判吸收，对于与之相反的观点或者加以排斥，或者是以自己的观点加以解释和改造，目的是发展完善壮大自身，不断保持和巩固自己在政治统治中的主导地位。“强烈的道统观使儒家不可能以公正、开放的心态对待外来文化。尤其是近代以来，封建顽固派利用孔子‘明华夷之辨’的思想，处理中学与西学之争，坚持闭关自守，拒绝接受西方先进文化成就，包括先进科学技术和资产阶级的民主主义思想与制度，使中国一次又一次失去赶超西方的重要机会。”① 这也是近代以来中国形成落后挨打局面的一个重要原因。

儒家思想政治教育理论的内守与封闭性给中国的历史进程带来了消极影响，这是我们在新时期继承和发扬儒家思想政治教育理论必须警惕的环节，需要我们进一步扬弃和完善。

二 一定程度的等级观念的倾向

在儒家思想政治教育理论中，存在着一定的等级观念。儒家思想延

① 王新婷：《中国传统文化概论》，中国农业大学出版社 2011 年版，第 74 页。

续了周朝的血亲等级制，从亲亲尊尊的父子血缘亲情推演出君臣尊卑等级关系，使这样一种等级观念不仅在家庭内部，更是在政治领域产生重要影响。

孔子主张“君君臣臣，父父子子”（《论语·颜渊》），把宗族内部的父子血亲与政治之上的君臣等级相提并论，并提出“友于兄弟”就是“为政”。孟子、荀子继承了孔子的这一思路，认为“无父无君，是禽兽也”（《孟子·滕文公下》），“先祖者，类之本也；君师者，治之本也”（《荀子·礼论》），把父、君分别看作家庭伦理和治国理政之根本。后来的儒家学者如董仲舒等人也同样把君臣关系等同于父子关系。这样的后果便是即使摆脱了封建专制社会，摆脱了统治压榨，每个人仍然无法逃脱父尊子卑、兄尊弟卑的等级关系，整个社会都无法脱离以血缘差序为基准而建立起来的一种等级关系之网。①

儒家思想中的血亲等级观念进入政治领域，统治阶层要求百姓像为父母尽孝那样，言听计从，尽忠于君主，把“父子”关系偷换概念为“君臣”关系，以此来维护封建统治的至上性与权威性。之所以如此，是因为儒家以“孝”为本，孔子说“孝弟也者，其为仁之本与”（《论语·学而》），认为“孝”是人之为人的根本，因此，在儒家伦理观念中，“孝”具有绝对的至上性。而把“君臣”关系套用“父子”关系之中，其实质就是要求百姓“孝敬”君主，即便君主不仁、不慈，百姓也要尽忠、尽孝。② 这样一种看似合情合理的等级观念成为维护封建统治的有力思想武器，束缚了百姓几千年。

儒家思想政治教育理论中的等级观念也对中国社会产生了一定的消极影响，这需要我们进一步深入研究，并积极回应这些消极影响所带来的挑战。

三　重人伦轻自然的倾向

儒家思想政治教育理论中存在着重人伦轻自然的理论倾向，这种倾向在一定程度上阻碍了中国自然科学技术的发展，也在某种意义上导致

① 刘清平：《儒家血亲等级观念初探》，《江苏行政学院学报》2013 年第 1 期。

② 刘清平：《儒家血亲等级观念初探》，《江苏行政学院学报》2013 年第 1 期。

了近代中国落后挨打的局面。

儒家思想政治教育理论主张"内圣外王"，主张通过一种道德践履、一种内在的自我修养完善自身，在"修身"的基础上，进一步"齐家、治国、平天下"。因此，崇尚道德、对人的内在人格修养的关注成为儒家思想政治教育理论的一项重要内容，在这样一种官方意识形态的倡导下，道德践履几乎成为整个社会的生活和行为准则，志士仁人尽忠尽孝的方式就是阅读经典、修身养性，在提升自身的基础上走向仕途，"学而优则仕"(《论语·子张》)，把自己的理想寄托在从政的路上，似乎只有把自己的政治观点实现出来才真正是实现了自身，才是真正为百姓谋幸福。同时，儒家思想政治教育理论讲求"天人合一""物我一体"，因此，人依赖于自然，认为自然是神圣的，与"我"是一体的。在以上两种情形下，自然科学技术的发展问题被忽视了，人们过于习惯于自己所生活的自然世界和农业王国，过于专注于人伦与政治，因此，自然科学思维能力缺乏相应的发展，自然科学技术日益落后。而在西方，人与自然之间是控制与被控制、宰制与被宰制的关系，因此，西方主张的理念是改造大自然，使大自然更好地为人类服务。在这样的一种思维方式支配下，西方人大力发展科学技术，以科技改造自然，虽然到近现代带来了一些负面后果，但是西方人的自然科学技术水平和创造思维能力有了大幅提升，推动了科技进步和社会发展。①

儒家思想政治教育重人伦轻自然的思想倾向也在中国历史上产生了负面影响，一定意义上，它使中国科学技术水平在相当一段时间内处于落后局面，这与中国当时在世界上的地位严重不符，也为后来中国封建王朝的衰落埋下了祸根。

四 重义轻利的倾向

儒家思想政治教育理论产生于农业社会，在封建社会中作为主流意识形态而存在。它所蕴含的重视仁义道德等价值理念使人们在熟悉的环境中，安分守己，"义以为上"，对于维系农业社会的家庭伦理道德以及社会的政治稳定来说有着重要意义。但是毋庸置疑的是，儒家对于社会

① 王新婷:《中国传统文化概论》，中国农业大学出版社 2011 年版，第 75 页。

伦理道德过于关注，忽视了对于利益的追求是促进科技发展、社会进步的重要因素。况且，人之本性就有追求利益的成分，过度强调义对利的优势作用，在一定意义上也是压抑人性的表现。随着儒家思想所主导的封建社会日益衰落，这样一种对义的追求变得愈发绝对，越来越朝向片面化方向发展。“何必曰利”“存天理，灭人欲”等，都反映了儒家的这一思想倾向。儒家以“义”作为道德标准，过分抽象地贬低人们的物质利益需求，导致了一些不良的社会后果。① 一方面，“从国家来看，轻视对物欲的追求，影响到国家综合实力的提高”②。中国封建社会作为一种自给自足的农业社会，自古就重视农业，“重农抑商”是当时普遍的社会现象。在儒家看来，商人与利为伍，“商人重利轻别离”，认为商人对于利益的重视程度要远远高于对忠孝的重视程度。因此，商人在社会中的地位较为低下。这样一种“重农抑商”的思想倾向制约了中国经济的进一步发展，尤其是扼杀了中国资本主义的萌芽。另一方面，“从社会个体来看，培育了一种‘安贫乐道’‘知足常乐’的民族心态，某种程度上消磨了开拓进取、敢于创新的锐气，成为社会进步、生活开拓、观念革新的极大心理障碍”③。“知足常乐”的心态在一定意义上有利于人的身心健康，有利于社会稳定，但是从另一角度来看，人总处于“知足常乐”的状态中，会失去前进的动力和斗志，从长远来看，既不利于个人的发展，也不利于社会的进步。

儒家思想政治教育理论中“重义轻利”的价值倾向，也在一定程度上阻碍了中国社会的进步，这也是我们在新时期研究儒家思想政治教育理论过程中需要扬弃的。

五　耻辱感教育的得失和弊端

儒家的思想政治教育理论中，每个人把道德视作人之为人的根本、本体规定性。然而我们知道，道德的约束力和法律法规相比，毕竟不是强制的。尤其是在“礼崩乐坏”，没有实际的奖惩制度的时代。因而，这

① 王新婷：《中国传统文化概论》，中国农业大学出版社 2011 年版，第 75 页。
② 王新婷：《中国传统文化概论》，中国农业大学出版社 2011 年版，第 75 页。
③ 王新婷：《中国传统文化概论》，中国农业大学出版社 2011 年版，第 75—76 页。

其中就有一个特别重要的环节，即儒家思想政治教育通过每个人自身的耻感而使得他们遵循德性的规定性。这种所谓的“耻感”教育在《论语》中得到了系统的体现。

“视其所以，观其所由，察其所安。人焉廋哉？人焉廋哉？”（《论语·为政》）这实际上是鼓励相互监督。“信近于义，言可复也。恭近于礼，远耻辱也。因不失其亲，亦可宗也。”（《论语·学而》）把不诚信、不近于义和不近于礼的行为和耻辱联系起来。子曰：“富与贵，是人之所欲也，不以其道得之，不处也。贫与贱，是人之所恶也，不以其道得之，不去也。君子去仁，恶乎成名？君子无终食之间违仁，造次必于是，颠沛必于是。”（《论语·里仁》）君子求仁恶乎成名。不仅如此，孔子还把耻感进一步扩展开来，“巧言、令色、足恭，左丘明耻之，丘亦耻之。匿怨而友其人，左丘明耻之，丘亦耻之”（《论语·公冶长》）。子曰：“笃信好学，守死善道。危邦不入，乱邦不居。天下有道则见，无道则隐。邦有道，贫且贱焉，耻也；邦无道，富且贵焉，耻也。”（《论语·泰伯》）孔子甚至把耻感视作比刑罚还要见效的社会治理方式，他说：“道之以政，齐之以刑，民免而无耻；道之以德，齐之以礼，有耻且格。”（《论语·为政》）

无疑这种耻感教育的作用是非常成功的：不道德的即是耻辱的。无论是在政治层面还是在社会层面，它使得人们自觉地遵守道德以避免由此带来的深深的耻辱感。我们知道，在所有的负面情绪中，耻感无疑是最让人感到沮丧的。因此，通过耻感教育，儒家的思想政治教育得以在德性本体论的基础上建立起了相应的伦理体系。这一体系在中国历史上造就了许多杰出的道德典范，也就是我们所说的君子。以司马迁为例，他的耻感已然产生根深蒂固的约束作用。“仆闻之：修身者，智之符也；爱施者，仁之端也；取予者，义之表也；耻辱者，勇之决也；立名者，行之极也。士有此五者，然后可以托于世，列于君子之林矣。”① 这样的例子我们还可以列出很多。古人的道德行为的约束力量往往来自于儒家思想政治教育成功实施的这种耻感教育。

对比古代中西方的思想史，不难发现基督教文明培育的是一种罪恶

---

① 吴楚材，吴调侯：《古文观止·报任少卿书》，北京出版社2018年版，第130页。

感人格。而我国古代儒家思想政治教育培育的是耻辱感人格。跟道德本体一样，耻感也成为“本体”。我们都知道孟子的“四端”，四端是“先验”层面的人之为人的规定性。孟子的论证在此我们不详细展开，重点在于，孟子把耻辱感论证为扩张四端的动力机制。“人不可以无耻，无耻之耻，无耻矣!”“耻之于人大矣，为机变之巧者，无所用耻焉。不耻不若人，何若人有?”（《孟子·尽心上》）通常我们认为，“耻感”是一种来自外部的“他律”。如“孝弟也者，其为仁之本与”。是否“孝悌”往往是由“礼”的规定性或者说由一个熟悉的社会来评判的。基于礼法的社会评价体系是真正使得耻感起作用的外部条件。

问题正是在这里。即便儒家作了一种重要的补充：以“慎独”来保证由“他律”到“自律”的转变。但是“慎独”起作用的模式还是“人之视己，如见其肺肝然”，不过是他律的一种惯性。至于“头顶三尺有神明”云云，依然是他律，而不是如康德所说的来自心中的绝对律令。因此，一旦这种“他律”的形象消失或者模糊，那么基于耻感的道德就会大打折扣。倘若一个人真的寡廉鲜耻，儒家的思想政治教育往往就没有了用武之地。并且，“他律”的对象如果超出了一般的权力预设，那么这种耻感就会自行消解。因为权力往往意味着道德的评判者和解释者。

所以，耻感教育虽然在一定程度上有利于人们自觉地遵从道德伦理体系，但是对于失去监督的地方往往就会失效。并且，对于那些权力至高无上的统治者来说也是无效的。这样一来，耻辱感教育一方面容易培育出一些“伪君子”，另一方面容易造成最高权力者的例外行为。其后果于全社会来说，就是一部分人是道德的，另一部分人是非道德的。在中国古代这种科层结构的社会中，越处在下层的人，就越是表现得更多的情境化，因为在他们面对比自己地位高和能力大的人时，要表现出道德来；而在失去了道德监控的场合就会原形毕露，把不道德的一面充分展示出来。而对于那些权倾朝野、身居高位的人来说，他们则不需要用道德来表现自己的高尚和清明。身份和地位本身就是价值的标志和道德的显现，就是被人羡慕的目标，更是道德判断和道德鉴别的资格，于是，他们就不需要道德，当然，他们中的部分人也没有道德。但是，他们却要行使道德裁判和鉴别的职能。[①] 一定意义上，儒家的这种思想政治教育的耻感教化可谓功过参半，尤其在今天，我们既要看到其合理的一面，又要充分地意识到其负面影响，建立起一种真实的基于自律和他律辩证结合的教育体系。

① 季国清：《儒家的当代阐释》，人民出版社2010年版，第95—99页。

第六章

儒家思想政治教育理论的当代价值和意义

儒家的思想政治教育理论对后世产生了深远的影响，它不仅构成了一个首尾一贯、有本体论、有工夫论的思想体系，成为中国传统文化的主流和核心，而且在很大程度上塑造了中华民族的民族性格和民族心理。实际上，它已经作为一种客观的伦理实体渗透在中国人的日用常行中，并对我们的言行起到某种潜在的强制性的规范作用。按照马克斯·韦伯的观点，“中华帝国的官僚制是一种从一开始就是顺应时势，并不断地激发文人阶层思考功利主义的官僚体制和统辖技术”①。而儒家的政治设计和理念作为古代的“思想教育理论”在汉代以后，逐渐为封建社会统治阶级所吸收和利用，被编制在一套隐性的阶级统治中发挥着调节社会秩序的作用。与此同时，儒学作为一种注重心性、注重体验的学问，也不断在民间或私学中获得精神上的重生，并由此获得符合时代要求的新的理论形态。

以我们今天的眼光看来，传统儒家思想政治教育的思想体系，就其旨趣来说，总体而言是以家庭伦理框架为核心，向外扩散和投射，力求在整个社会中建立一个类似于大家庭的伦理秩序。在其中，社会成员在公共领域的为人处世方式达到类似于处理家庭事务的要求和自觉，这就是所谓“天下为公”的大同社会。但从儒学作为一个学派诞生开始，它就致力于恢复和维护封建等级社会的秩序，因而从根本上说，它总是不

① ［德］马克斯·韦伯：《儒教与道教》，洪天富译，江苏人民出版社1995年版。

自觉地将自己的立场摆放在统治阶层的利益之上。因而，其实质是维护和稳定统治阶级的统治秩序和统治地位。但儒家作为一种关于心性和心性成长的理论，本身并不局限于维护封建社会秩序的外壳，这也是不少儒家学说存在内部冲突和矛盾的原因。随着时代的发展，儒家的心性论可以获得不同内容的发展和规定，这可能是变中的不变、变中之常。

在当今时代，市场经济的兴盛和全球化进程的不断深化，使得传统儒家思想政治教育理论赖以生存的现实土壤，即传统社会的核心伦理形态——家庭伦理逐步被消解和削弱。然而，就今天中华民族的心理来说，家作为一个伦理单位，依然在发挥着重要的作用，这也是中国乃至东亚文化圈不同于西方文化的显著标志。市场经济发展和全球化进程与家庭伦理的冲突、融合以及由此而引发的中国人心理层次上的激变，将是儒家思想或者说儒家思想政治教育理论获得新的时代形态的重要基础和契机。我们理应对这种思想本身作出严肃和同情的考察，洞察它独特的思想魅力和依然有生命力的要素，去粗取精、去伪存真，让其思想精华继续活在和融入我们今天的思想、生活和现实的思想政治教育活动中。只有这样，我们才能在当今时代形势下，获取儒家思想的新形态，在世界范围内的思想争鸣中，发出自己独特的声音。

经过以上对儒家思想政治教育理论的论述，我们能够从学理上梳理儒家思想政治教育的人性论基础、实现途径和方式方法。并且在前文中也已经揭示出了传统儒家思想政治教育理论背后预设的政治立场和由此带来的局限性。在经过审慎的和批判性的考察之后，我们一定能发现传统儒家思想政治教育理论中闪光的因素，并自觉地加以借鉴。有鉴于此，本章将尝试讨论儒家思想政治教育理论在思想层面、实践层面上的当代借鉴价值，并讨论儒家思想政治教育理论的创造性转化和创新性发展。

第一节　对现时代思想政治教育理论层面的启示

儒家思想政治教育作为一种关于生活智慧的理论和关涉从个体修身到家庭伦理秩序和整个社会秩序的思想，其思想旨趣、内容、框架、展开形式和思想核心都有独特之处，甚至在很多层面上都有独特的优势。

在某种意义上，中华民族是唯一延续下来并不断获得新生的文明古国，从此可以看出儒家思想政治教育理论所具有的强大生命力和它的外化所赋予中华民族心理的坚韧性和连贯性。

我们今天研究和挖掘儒家的思想政治教育理论，首先应当在整理其思想理路和内容的基础上，在思想和理论层面上提取和还原出其有借鉴价值的思想要素。比如习近平总书记就曾经指出，中国优秀传统文化中蕴藏着解决当代人类面临的难题的重要启示。他谈到了 15 种优秀古代思想：道法自然、天人合一，天下为公、大同世界，自强不息、厚德载物，以民为本、安民富民乐民，为政以德、政者正也，苟日新日日新又日新、革故鼎新、与时俱进，脚踏实地、实事求是，经世致用、知行合一、躬行实践，集思广益、博施众利、群策群力，仁者爱人、以德立人，以诚待人、讲信修睦，清廉从政、勤勉奉公，俭约自守、力戒奢华，中和、泰和、求同存异、和而不同、和谐相处，安不忘危、存不忘亡、治不忘乱、居安思危，等等[①]这其中绝大部分内容都来自儒家思想。

总体而言，我们可以用如下框架来整理儒家思想政治教育理论在思想层面上可资借鉴的因素：儒家思想政治教育理论的旨趣和关怀（即其核心价值取向）、其教育实施的丰富内容及其学说的核心。这个框架能够突出儒家思想政治教育理论的独特特点，并能筛选出其重要的理论内容。

一 儒家思想政治教育的核心价值取向

在本书第三章中，我们已经阐述过儒家思想政治教育理论的实现过程，其中，安伦尽分的大同之世，是儒家思想政治教育理论的价值旨趣和最终落脚点。从根本上看，大同之世的社会理想，实际上是儒家思想政治教育的核心价值取向。作为一种完整的思想政治教育学说，儒家思想给我们的最重要启示，就是思想政治教育必须有公共的、客观领域的指向。从当今的视野看，思想政治教育所承担的责任，就是使得社会成员在作为一个单位的社会的层面上，取得某些共同和符合时代要求的价值取向和志趣。在这个层面上社会成员的主要取向，就是核心价值取向。

---

① 崔小栗：《一年内三次亲近儒家　习近平为何如此强调重拾传统文化?》，《中国共产党新闻网》，2014 年 9 月 25 日，http：//cpc. people. com. cn/n/2014/0925/c164113－25731729. html.

（一）思想政治教育必须有坚定明晰的核心价值取向

理解“核心价值取向”这个概念，可以借用马克思主义哲学的思想框架。马克思指出：“价值这个普遍的概念是从人们对待满足他们需要的外界物的关系中产生的。”那么，“人们在认识和改造世界、创造和实现价值的过程中，必然要形成一定的价值观念。一个国家、一个民族、一个社会在长期共同的认识和实践活动中，必然要形成一定的价值观念体系，在这个体系中居核心地位、起主导和统领作用的就是其核心价值体系。任何社会都有自己的核心价值体系，这是一定的社会系统得以运转、一定的社会秩序得以维持的基本精神依托”①。人们依据价值观念体系而进行的价值追求和价值实现活动，就构成人们的核心价值取向。

儒家作为一个学派的产生，可以说是当时混乱无序的社会现实的直接反映，它至少表征了当时人们共同的精神渴望和价值追求，那就是使社会重新回到正常的运转秩序当中，以保证人们正常的生产和生活活动。因此，儒家大同社会的理想，既是儒家学者的精神追求，也表征了当时人们的核心价值取向。从根本上说，儒家最终提出的是大同社会的理想形态还是其他的社会形态，可能并不是最重要的；最重要的是，思想政治教育理论必定要包含坚定明晰的核心价值取向（例如儒家提出的大同社会），否则它就无法完成其社会使命。这种核心价值取向的具体内容可以随着不同的思想学派、思想学说乃至随着不同的时代而变，但它本身却是思想政治教育中不可或缺的指向性因素。

传统儒家思想政治教育的特色，即在于它以心性论及其实现为基础，提出了体验和发明本心、由内圣而外王的逐渐扩展，再落实到大同社会这个公共性的理想这样一套有顺序的教育和成长主张。这个最后的落实和落脚点，即是其核心价值取向。

确立核心价值取向，实现价值引领作用，是思想政治教育不言而喻的使命。思想政治教育，就是社会和社会群体用一定的思想观念、政治观点和道德规范，对社会成员施加有目的、有组织的影响，从而在社会层面内达到某种统一的精神气质和理想的活动。它毫无疑问担负着价值引领的任务，因此，思想政治教育有坚定明晰的核心价值观，乃是这个

① 李嘉美：《论当代大学生核心价值取向重构》，《理论界》2008 年第 1 期。

学科本身的题中应有之义。

改革开放以来，我国的社会物质财富有了极大的增长，人民生活得到显著改善，为社会主义精神文明建设提供了充分的物质前提。在当前多元文化背景下，确立符合我国国情的核心价值取向，是凝聚人心、安定社会秩序、促进经济社会进一步发展的重要举措。党的十八大报告提出："倡导富强、民主、文明、和谐，倡导自由、平等、公正、法治，倡导爱国、敬业、诚信、友善，积极培育和践行社会主义核心价值观。"这一核心价值取向同时也是当今我国思想政治教育工作的导向所在。反思和借鉴儒家关于思想政治教育实践路径的论述，为我国社会主义核心价值观探寻更为合适的实现道路，是当今思想政治教育工作者的任务。

（二）核心价值取向与时代、个人发展同步

思想政治教育的核心价值取向，会受到诸如社会生产力、社会的生产方式、时代风气等诸多方面的影响，因而它只是在某个时代内具有相对稳定的内容，而不是绝对一成不变的。从根本上说，一个社会的生产方式、生产力水平是核心价值取向的物质基础，随着生产力水平和生产方式的变化和发展，核心价值取向必定会获得新的时代性内容，这一点是不以个人意志而转移的。

就儒家思想政治教育内部来说，其产生的背景正是周朝的分封制和宗法制度等经济政治制度的逐渐失效和崩毁，而其核心价值取向，正是提出某种关于秩序的设想以应对当时天下的失序。这就是说，儒家思想政治教育的产生本身就是响应时代吁求的结果。事实上，尽管天下大同的社会理想总体而言是儒家共同的价值旨趣，但其具体内容却是随着时代而变化的。先秦、秦汉、隋唐、宋明的儒者，都有口头变化或成文的政论，其具体内容均有鲜明的时代特色。例如宋明儒者，已不像先秦早期儒家那样，汲汲于恢复周礼，而是根据当时具体的社会现实状况，提出时代性的关于社会秩序和政治制度的设想，尽管这些设想还可以笼统地归入大同之世这个范畴。

儒家思想政治教育不仅具有鲜明的时代特征，而且非常注重个人的发展，这是它能够为当今所借鉴的另一个方面。思想政治教育要实现其最终目的，即在社会层面上达到某种影响和效果，归根结底还是看它对诸多社会成员的影响力如何，在何种程度上塑造和改变了社会成员原有

的价值观念。整个社会价值取向的转变和确立，归根到底还是看它的成员如何培育和接受了这种价值取向。儒学最鲜明的特色，在于以修身为本、由体验和发展自己天性中固有的善的潜能和潜力出发，逐步达到整个社会范围内的价值追求。而这些，是只有通过个体性的努力才可以达到的，因为对修身、不欺己心、慎独这些修养和功夫来说，外缘只能起到一些引导和启发作用，根本上来说，它只能首先是个人的内在努力。

儒家思想政治教育理论的产生和发展过程提示我们，根据生产力水平和社会状况来反思和发展既有的价值观念、取向，并顺应时代的呼唤更新核心价值取向，是自觉发展思想政治教育理论的重要内容。另外，我们必须知觉到，思想政治教育要真正发挥它应有的作用，就必须重视和细化针对个人的教育策略，注重个人的发展，因为个人价值观念的确立和素质的提高，是在整个社会范围内实现价值引导作用的前提。

今天，在多元思潮涌入尤其是消费社会正在成为现实的背景下，影响个人成长的因素日益繁杂。西方社会的资本逻辑，尤其是金融资本逻辑所衍生的自由主义思想倾向日趋浸入人的意识，使人丧失自我反省、自我成长的能力。任其发展，结果必定是社会组织的涣散和凝聚力的丧失。在这方面，当下我国思想政治教育实践应充分借鉴儒家的心性论和心性成长论的思路，积极发现和利用每个受教育者身上的能动性因素，并予以针对性的教育，这是提高教育质量的必由之路。

（三）核心价值现实性和超越性的统一

自先秦开始，儒家学说就不断辩论和反思人与动物的区别，例如孟子就说过："人之所以异于禽兽者，几希。"（《孟子·离娄下》）总体而言，儒家认为，人与动物的最大不同，不仅在于人的心性中天赋的善的本性，而且在于人能够自觉地追求精神生活。如果人失去了对于精神生活维度的追求，而只追求感官刺激和物质享受，那么人就与动物没有什么区别了。衣食住行当然重要，它是生活不可或缺的最基本条件，但儒家认为，生活的本质及其本真的快乐并不来源于此。与所谓"逐于物"的生活取向不同，儒家主张在生活中寻求超越生活本身的要素，主张向内寻求生命的成长和生活的快乐。可以说，在生活本身中寻求超越物质生活的精神境界，是儒家精神最重要的取向。

冯友兰先生在总结中国哲学之精神时说："中国哲学所求底最高境

界，是超越人伦日用而又即在人伦日用之中。它是‘不离日用常行内，直到先天未画前’。这两句诗的前一句，是表示它是世间底。后一句表示它是出世间底。这两句就表示即世间而出世间。即世间而出世间，就是所谓超世间。因其是世间底，所以说是‘道中庸’；因其又是出世间底，所以说是‘极高明’。即世间而又出世间，就是所谓‘极高明而道中庸’。有这种境界底人的生活，是最理想主义底，同时又是最现实主义底。它是最实用底，但并不肤浅。它亦是积极底，但不是如走错了路而快跑底人的积极。”① 在这里，冯友兰借用《中庸》中的“极高明而道中庸”来阐释和概括中国哲学的精神，认为其最高境界是所谓即世间而出世间的，即所谓超世间的。这实际上就是在说中国哲学是力求在最为平常的生活之中，即所谓日用常行内，寻求超越日用常行的精神追求，这当然也是儒家思想的精神追求和突出特点。就儒家的思想政治教育而言，儒家作为入世之学，自然是现实的，但另一方面，儒家又有成为圣贤的人格修养目标和大同之世的社会理想，因而它是一种动态的追求性学问，是一门有精神导向的学问。

近些年来，随着市场经济体制的建立和发展，社会财富的创造和增加，以及西方国家有意渗透的资本主义不良思潮不断涌入我国，“道德无用论”喧嚣尘上，物欲横流、生活奢靡、为追逐利益不择手段等不良的社会风气日益沉渣泛起，并有愈演愈烈之势。这种社会风气的败坏，从总体上说，是自传统农业社会的痕迹日益退居次要地位以来，随着生产方式的剧烈变化，各种与传统封建社会截然不同而与西方发达资本主义社会相类同的生活方式不断涌现的必然结果。这些新的生活方式不同于日出而作、日落而息、衣食足荣辱知的传统农业社会生活方式，支撑这些新的生活方式往往需要越来越多的经济条件，从而导致社会大多数成员只顾埋头追逐利益。如果说人们的生活至少包含现实性的物质追求和超越当下现实的精神追求，那么对这种状况最合适的描述，就是当下人们太过汲汲于现实追求，而遮蔽了生活中本然存在的超越性追求、精神性追求。

---

① 冯友兰：《新原道——中国哲学之精神（绪论）》，生活·读书·新知三联书店2007年版，第3页。

儒家思想作为某种意义上的思想政治教育学说，融合了精神的追求性和现实性，或者说，是立足于现实而又超出现实本身，去追求精神层面的发展。儒家思想政治教育核心价值导向的这些特点，尤其在今天的社会条件下，其价值和意义是不言而喻的。它也启示我们今天的思想政治教育，要想达到移风易俗、扶正人心的理想目标，就必须提出符合人们当今心理结构而又符合当今现实的精神性追求。

二 儒家思想政治教育的丰富内容

我们上文讨论儒家思想政治教育理论的核心价值取向对今天的借鉴意义，主要是就其精神实质而言的，这是决定思想政治教育方向和灵魂的东西。实际上，就儒家思想的人性预设、展开理路而言，它能够为今天的思想政治教育提供丰富的内容上的借鉴。前文已经讨论过，儒家思想政治教育最突出的特色在于它立足于人性论由内而外地扩展，从而达到本体论与功夫论、人的内在本性与外在行为、个人层面的修身与社会层面的秩序的改变等诸多方面的融通为一，将之视为一个动态发展的过程。就思想政治教育本身看，尽管其最终落脚点是在社会秩序的层面上，但其前提是对作为个体的社会成员施加了什么样的影响、取得了什么样的效果，因为社会秩序如何还是取决于大多数成员的自身素质如何。因此，思想政治教育必须从个人开始，尤其是从辨认和发扬个人身上的能动性开始。以此为起点，将个人的能动性向社会理想的追求上引导，是思想政治教育的必由之路。因此，借鉴儒家思想政治教育的思想路向、概念框架、施教方式、逻辑推演，是符合思想政治教育这个学科本身的逻辑的。

（一）思想政治教育概念框架的借鉴与创新

一个国家、一个民族最初的文化思想对人性的发掘，往往既是对人性诸种活动性潜能的觉醒，又是对这种活动性的强化和培植。在这个意义上，这种传统思想其实就是对民族性格的发展和培育，也是国家和民族生生不息、持续发展的源泉和动力。不管我们是否意识到，儒家思想的心性论都既是对我们人性的发现，又是我们人性已经沉淀下来的实质内容，它在我们的言行处世中带有挥抹不去的痕迹。

《中共中央、国务院关于进一步加强和改进大学生思想政治教育的意见》强调，新时代我国大学生思想政治教育必须注重“继承优良传统与改进创新相结合”，我国的教育系统必须以传承和发展民族文化精神为己任。在这种视域下，重新思考我国传统思想的优良传统，耐心扎实地回到传统思想家的文本中去发掘可资借鉴的理论资源，并结合我们真切的人生体验予以利用和创新，是当前迫切需要迈出的步伐。其中，儒家思想的心性论，尤其是其对心性成长可能性与空间的论述和生活示范，是值得关注的，它具有重要的启示意义，确实应当在我们当今的教育工作中焕发新的活力。

如何理解人、怎样理解主体，事实上最关键紧要的是以什么样的概念框架或思想来理解和观察人的能动性或活动性的来源。无须讳言，我国当前教育界所使用的概念框架大多是对西方教育思想的简单生硬移植。回溯西方思想史，尤其是西方哲学史，近代以来思想家们提出的各种关于人的界定，不论是天赋观念说（如笛卡尔）还是概念能动说（如康德、黑格尔），都无法提出具体理解人在情境性活动中能动性的概念框架。因为在当今资本主义社会，如果人的概念方式被资本机器所侵染或控制，那么人的碎片化、人的能动性的消逝，就是合逻辑的结论。可以说，这是西方思想界和教育界之所以会面临主体概念困境的哲学根源。在西方后现代主义思潮的反省和批判下，西方教育思想对人的活动性的描述和预设的缺点已经暴露无遗。这事实上也是当今思想政治教育界所面临的重大困境。

在这样的时代背景下，结合儒家心性观对人的理解，做出教育通用术语和概念的创新和变革，应当说十分重要。我们必须结合传统的心性观念，找到恰切的思想概念框架来描述和界定人的能动性、主动性。只有重新界定了人的能动性，思想政治教育才有了施力的标的，才能避免做无用功。我们认为，人的能动性的发现，实际上是每个个体对自己心性进行切身体验并予以理论总结的结果，经验心理学的样本统计模式是不适合发现人的能动性的。有鉴于此，儒家心性观等学说才有着重要的借鉴意义和价值。

在概念框架创新的基础上，当今思想政治教育要达到对受教育者“成己”“成物”的培育和教导，首先要引导受教育者的“自成”。从根源上说，教育的功能在于唤醒受教育者对自身能动性、活动性的自我意识和觉解，外在的灌输终究无法代替主体自身的领会和证成。在这里，以新的概念体系阐发儒家关于“三省吾身”和“内省”、扩充良知良能的说法，并以此来熏陶和培养学生，才能使我们当前的思想政治教育工作完成其既定的目标。

（二）内容渗透到教育、生活和社会各个方面

考察今天思想政治教育课程的现状可以发现，其整个内容设置和教学实践安排，基本上是借鉴和承袭了自然科学。众所周知，自然科学的主要模式是，通过对作为对象的外部世界的经验观察和试验操作，取得外部对象所遵循的客观规律并予以总结，从而形成客观知识。对这些知识，只要达到某种程度的知性理解和记忆背诵，并辅以某些实践操作，就可以掌握和精通，为我所用。因此，自然科学的教学，就偏重于知识的理解和诵记，它对人的精神生活和社会生活的影响，也就仅限于人们遭遇到对应于某些知识的特殊环境。然而，从学科的根本性质上说，思想政治教育与自然科学是根本不同的，因为前者直接关涉受教育者日常生活的方方面面，要求在这些方面中都体现出其影响，只有这样，它才能达到其规范社会秩序的功能。在此意义上，突破当前思想政治教育的自然科学范式、采取符合其本身要求的新范式，是迫在眉睫的任务。

朴素地想，思想政治教育所要达到的效果，是达到个人言行的教化、熏陶和社会风气的逐渐转化，那么，思想政治教育的施行，一定要将其内容渗透到教育、生活和社会各个方面。很明显，言行习惯的陶冶和改变，只能通过言行的具体情境。

当今的思想政治教育应当逐步走向教育过程的情境化，使其内容作为背景，渗透到教育、生活和社会情境中。反观我们多年以来的思想政治教育，往往只注重教材的宣读与记诵，而没有渗透到具体的生活情境当中，这其实不利于受教育者对道理的切身领悟。事实上，儒家的心性成长观，其实现和落实往往就取材于实际生活情境中师生的交流和探讨。我们只要思索《论语》《二程遗书》和王阳明《传习录》等儒家经典的记载，就不难发现这一点。我们常说教育要“摆事实，讲道理”，其实说的就是教育的情境化。从学理上说，心性的觉解和成长，必须以对自己言行的砥砺琢磨达成，而这其实正是在生活情境中予以落实的。

（三）内容体系合理、结构明确、逻辑清晰

按照前文的分析，参考儒家思想政治教育理论，应该说，由人的能动性到思想政治教育的最终目标实现，必须是一个合逻辑的、一贯的、能够现实地实现的发展过程。不能把这个过程描述出来并整合进整个理论体系内，那么这种思想政治教育理论就是不成功的。在儒家设想的政治教育思想中，由个人的心性的发明，到家庭的血缘伦理，再到国、天下等政治单位的秩序，前阶段为后阶段的基础，是一个层层递进、理论上能够渐次实现的过程。毋庸讳言，我们今天的思想政治教育理论由于缺乏对人的能动性概念层面上的恰切描述，导致从人的能动性到思想政治教育最终目标之间的衔接上，存在理论和实践层次上的连贯和一贯性，从而一定程度上导致其现实的实现层面上的缺失。这些逻辑和实践环节上的贯通，需要概念层面上的重新发现和组合。在这个意义上，借鉴儒家思想由个人心性到各个层次的伦理单位的逐渐扩展，正是对症下药的举措。我们今天的社会伦理单位无疑与传统儒家社会有种种不同，但在衔接的具体思路上，儒家思想无疑可以提供一个借鉴模板，以实现具体内容上的创新。

总体上看，儒家思想政治教育理论是一个有起点、有实现展开、有最终目标的理论体系。在这个体系中，三个部分之间是一步步奠基、一步步完成的结构安排。尽管中国古代学术多以格言警句的形式写就，而较少逻辑铺展和论证，但就儒家思想政治教育而言，其三部分内容之间的逻辑关系是非常清晰的。总而言之，内容体系合理、结构明确、逻辑清晰，是儒家思想政治教育理论对当今思想政治教育体系建设的有益启示。

三　儒家思想政治教育的合理内核

本书第三章对儒家思想政治教育内容的分析，以及本章前面的分析，着力于展开儒家思想政治教育理论的内容，并就这些内容对当今的启示作出判断。本部分将讨论儒家思想政治教育理论的合理内核，也就是透过理论本身，去挖掘其背后的精神实质，讨论这种合理内核和精神实质对当今思想政治理论建设的借鉴价值。

（一）思想政治教育理论要符合时代发展要求和人的需求

上文已经提到过，儒家思想政治教育理论的产生，本身就是对时代发展要求的反映。从今天反观之，儒家思想政治教育理论只可能产生于孔子生活的那个时代。孔子对夏商周的礼仪制度等有深入研究，他认为，周朝的典章制度经过对夏商两朝的借鉴，已经非常系统、完善和繁盛，所谓“周监于二代，郁郁乎文哉，吾从周”（《论语·八佾》）。在孔子之前，社会都处于一种礼乐秩序的规范之下，况且这种礼乐是光彩繁盛的，它对人的规范与约束作用应该也已渗透到了生活的方方面面。有礼可依，当时的生活可能是平安和乐的。但到了孔子时，周礼对人的约束能力削弱，诸侯豪强争霸，战乱不断，天下失序，民不聊生。只有在这种社会风气急剧转折的时代条件下，才可能产生儒家思想政治教育这样一种着眼于天下政治之学的理论学说。换言之，儒家思想政治教育理论的产生不仅是时代需要的结果，而且是当时处于失序和战乱恐慌之下人本身的需要。正是人的这种最基本的对于安全的需要，促使儒家提出安伦尽分、天下大同的社会理想。

事实上，自儒家作为学派产生之后，儒家思想政治教育的具体内容也是随着时代发展而不断变化的，例如孔子对恢复周礼念念不忘，对诸侯间的征战深恶痛绝；到了孟子之时，这种情结可能已经大大减弱，孟子已经积极向梁惠王这样的诸侯游说国策了，并且这种游说必言王道，显然已经在某种意义上承认了其可能的扩张和征战行为的合法性，只要它是真正仁民的。荀子作为儒家学者，已经在某种意义上开始研究帝王术，而这正是当时诸侯纷战、周政不振、时代强烈呼唤有统一天下的强力诸侯国和雄主的必然需求和结果。另一方面，也是当时人心思定的结果。到了汉董仲舒、诸宋明儒者的时代，儒学发展与时代发展要求和人的需求的关系就更为明显了。

总而言之，敏锐自觉地捕捉和把握时代发展的要求，聆听和捕捉一定时期内人的需求，并相应地调整和确立思想政治教育理论的内容和精神，是儒家思想政治教育给我们的重要启示。

（二）注重历史传承和民族的特质

毫无疑问，中华文明是历史上延续时间最长、延续最稳定的文明。这个现象当然有地理、历史、民族性格、民族心理等诸多方面的原因，但最为重要的原因，莫过于中国传统学术非常注重历史传承，具有符合本民族心理习惯和精神特质的特点。中国传统学术往往根据学术旨趣、致思方式、说话对象等的不同而分为不同的学派，如道家、儒家、法家、纵横家等。尽管总体看来，是一种“道术将为天下裂”（《庄子·天下》）的局面，但每家内部是非常注重历史传承的。一般而言，一个学派内只有受到认可的继承人，才有资格继承前任衣钵，继续传道授业解惑。就儒家学说来说，孔子之后的历代大儒不仅旗帜鲜明地阐发和标举孔子的学说，而且他们进行教育活动使用的教育材料，也都具有明显的传承性和稳定性。比如，历代儒者都注重研究六经之说；再比如，自宋儒开始重视《大学》《中庸》之后，明代诸多学者也都将《大学》和《中庸》视为阐发自己学术观点的中介和佐证。

至于儒家思想政治教育理论的民族特质，自不必说，它是只有在中国这样的地理位置、气候特征、地势特点乃至河流分布等条件之下，才可能产生的学说形态。不仅如此，儒家思想还参与塑造和形成了中国人的民族心理。因此，儒家思想政治教育始终带有鲜明的中国群体心理特色，以至于我们看到一个人，就能根据他的言行习惯大致判断他是否属于“儒家文化圈”。

综上所述，我们在今天创新和发展思想政治教育理论，一方面要注重继承和发展中华民族优秀的历史文化积淀，尤其是儒家这样本身就有思想政治教育学说的学派，另一方面，还必须要积极捕捉和体验中华民族自身的精神特质和特殊的民族心理。否则，我们费尽心力提出的新的思想政治教育理论，就有可能只是无本之木，只是不适用于当今中国人的幻想。

（三）注重更新和修正

思想政治教育理论的创新和发展，必须注重时代发展的要求和人的需求。这就是说，没有一成不变、永不过时、适用千秋万代的思想政治教育理论。因此，尽管评判思想政治教育理论的优劣、对错有多种标准，但最重要的莫过于它是否表达了时代的呼声、适应了时代的要求。自先秦以降，后世儒家不仅继承孔子的思想，而且结合重要的时代要素，对孔子的思想作出了时代性的阐释和发展，鲜明体现了思想政治教育理论的时代性特点。

因此，除了思想政治教育理论本身学理上的贯通、逻辑上的清晰、体系上的严密而外，这套理论本身是否适应时代的要求、恰好切中了人们时代性的心理特点、治对了时代性的心理问题，是审视当前思想政治教育理论是否需要更新和修正的最关键因素。捕捉新时代大众心理的倾向和特点，找出某些可作为基础的因素，以此作为起点来进行修正和更新，就是思想政治教育理论对时代的应答。从这个起点出发，与思想政治教育的目标进行合逻辑和一贯的衔接，就一定能对既有理论作出恰切的修正和更新，实现思想政治教育理论的与时俱进。

第二节　对现时代思想政治教育实践层面的启示

除理论和思想层面外，儒家思想作为一种经历几千年历史考验的思想政治教育理论，还能在实践层面上给予今天以有益的借鉴，其中包括国家在思想政治教育中的作用、教育过程的情境化或生活化、教育方法等几个方面的内容。

一　坚持国家主导的基本方向

儒家思想政治教育的最初形式可归入私学的范畴，孔孟主要都是以私人身份招收学生的，尽管其学术眼界、其所表达的政治追求等都是社会国家范围内的。随着社会的进一步发展，儒家思想政治教育的形态也在发生改变。汉初主要以清静无为的黄老思想为主要的统治思想，实行休养生息的政治政策，同时宽松的政治环境也为各家学术自秦以来的复兴提供了基础。到了汉武帝时期，统治者认为，当时社会的不稳定原因在于政治思想的不统一。其直接结果就是朝廷政策、法令、制度缺乏统一和稳定的指导思想，因而经常出现矛盾和自相冲突，以致于朝令夕改，经常变动，让民众无所适从。为改变这种状况，董仲舒提出“罢黜百家，独尊儒术”之策，正如班固所说，“推明孔氏，抑黜百家，立学校之官，州郡举茂才、孝廉，皆自仲舒发之”（《汉书·董仲舒传》）。董仲舒认为，按照当时的政治社会发展背景，应当用儒家思想来统一人们的思想，这样一来，国家就有了统一和稳定的指导思想，政令和方针清晰、明确、稳定，从而有利于当时国家集中精力办大事（如与域外蛮族之战）。到这里，儒家思想渗入国家统治，儒家思想政治教育理论渗入国家意志，从而在某种意义上成为整个社会的教育和组织原则。在后世，儒家思想政治教育理论亦经常成为国家的统一政策，或国家选拔人才的考试标准。例如，朱子的《四书章句集注》就很明显带有这种色彩。

在传统封建社会，儒家思想政治教育和现实实际政治操作的合流，肯定是有思想学术被用作当时封建统治阶级的统治工具的弊端。但是我们知道，思想政治教育所负担的使命、朝向整个社会的覆盖面，决定了它必定是一元的，而不可能像春秋战国时那样百家争鸣，否则肯定会让人无所适从。思想政治教育的最终目标不是简单的个人性的，也不是少数的群体性的效果，而是社会性的观念和风气的变革。况且，在当今人民当家作主的时代背景下，封建社会思想政治教育思想为私人和某种社会集团所利用的情况不复存在。这样一来，思想政治教育必须坚持国家主导，才能形成统一的声音，从而才可能变成一种社会性和民族性的事业。

按照现时代的标准，教育发达程度、教育投入水平是衡量一个国家、一个民族素质、文明程度的主要标准。改革教育投资体制，合理分配教育经费，加大对教育的投资，这些是只有在国家层面予以操作和协调才有可能完成的大事。从"教育是一个民族最根本的事业"，到"百年大计，教育为本"，再到"教育是民族振兴的基石"，可以看出，坚持教育优先发展，是党中央一以贯之、与时俱进的战略思路。因为优先发展教育，建设人力资源强国，是全面建成小康社会、实现国家现代化的长期战略选择；全面贯彻党的教育方针，实施素质教育，提高教育现代化水平，是新的发展阶段教育工作始终坚持的主题；切实促进教育公平，办好人民满意的教育，是着力保障和改善民生、构建社会主义和谐社会的带有全局性的任务。就思想政治教育而言，就更是这样。

总而言之，思想政治教育作为一种具有最广泛面向的教育样式，作为一项民族性的重大事业，只有在坚持国家主导的情况下，才能获得真正的发展，也才能真正完成其应有的任务。

二　道不远人的生活化教育方式

儒家关于“学”，即我们今天所理解的教育过程的见解，是一套非常完整和符合事情发展的学说。它不仅包含对人的善的行为的根源，即心性的理论上的本体论论证和阐述，而且也有系统的对所谓“修养论”“功夫论”的详细描述和刻画。儒家关于“学”的过程和步骤、阶段的分梳和探究，是中国的传统文化不同于西学的特色和优长之处。阅读古代的典籍，尤其是读史，我们经常发现关于古人“君子之风”“浩然之气”“丰采朗然”的描述，应该说，这正是儒家的“学”在人身上的落实表现，是传统中国人丰沛的内在修养自然而然的向外涌现。毋庸讳言，随着时代的变迁和风气的变化，这种宝贵的心性修养传统正在一步步走向衰微，我们的生活和教育缺少了一个重要维度。从我们当前的思想政治教育具体实践上说，我们理解的“学”尚局限于对教本所列的行为规范的被动摄取和接受，即是说，我们今天已经太过习惯于将学仅仅理解为学知识。

在这样的时代背景下，《中共中央、国务院关于进一步加强和改进大学生思想政治教育的意见》强调，新时代我国大学生思想政治教育必须注重“继承优良传统与改进创新相结合”，指出我国思想政治教育的研究者和施行者应注重吸收和借鉴我国的优良教育传统并进行符合时代要求的创新，这是对时代呼声的回应。我们认为，儒家关于“学”的动态过程的总结、丰富内涵、价值指向和对为学次序的论述，对我们的教育思想和实践有着特殊重要的启示意义。

首先，我们必须重新对教育过程进行符合“事情本身”的理解和界定。当下我国教育界尤其是思想政治教育界，往往过多地注重介绍、引进和习惯性接受已经进入微观化操作的心理学和教育学的研究成果，然而必须注意的是，这些研究所使用的概念系统已经太过偏离乃至遮蔽了我们对教育过程本身的理解。由此带来的后果是，我们的教育研究多偏于细枝末节的论争，而从教育实践上也往往以偏概全地以某几种微观研究流派的观点为指导展开。反思整个教和学的过程，我们必须意识到，教育过程是在生活情境中展开的，我们即便接受心理学上的某些成果，但更为重要的步骤是实现概念和术语的生活化。在这方面，儒家对学的理解扣准了教育过程的描述和总结。在今天，“心”“性”“成己”“成物”“明明德”等术语显然已经过时了，但借鉴儒家对学的动态把握，回到作为整体的教育本身，并在此基础上实现概念和术语系统的创新，实现教育概念与生活情境的无缝对接，显然是最为迫切的任务。

其次，实际的教育过程应适当借鉴儒家“血脉上感移”的熏陶模式，这可以看作是对上述第一点的实现。陆九渊尝言，“吾与人言，多就血脉上感移他”（《陆九渊集》）。众多大儒对教育或学的亲身实践，往往是首先对受教育者的心理变化和可能存在的问题进行准确的感知和把握，然后才有针对性地提出某些言论和措施，而不是抽象地提出某些原则强制受教育者进行记诵和接受。毋庸讳言，今天的思想政治教育工作者大多忽略了对学生思想情绪的时代性把握，自然无法做到从“血脉上感移”，从而我们多数的教育原则都变为死记硬背的教条，学生产生厌学情绪也就是自然而然的了。回到传统儒家诸如孔子、孟子、荀子、陆九渊、王阳明在生活中随时点拨的教育情境，感受和总结学生群体当下的时代情绪并施加教育，是实现“血脉上感移”教育鲜活化的切近路径。

最后，在教育步骤和次序的把握上。思想政治教育的最终目的当然是培养符合我国社会主义精神文明和社会主义现代化建设需要的人才。但这是就外在的结果而言的，相当于儒家之学“成物”的方面。这些得以达成和实现的前提是从学生内在的能动性出发，首先引导学生“自成”和“成己”。传统儒家多注重“成己”的道德内涵，这当然是我们应以继承的。但随着当今世界波谲云诡的变化，引导学生对国内外时事进行敏锐的洞察、做出自己的思考，也是人的内在能动性的成长和实现，这也才是真正引导学生全方位的“自成”。把当今表面上看起来与个人生活相关甚少的国际国内重大时事，与受教育者自身的生活境遇结合起来，即点明重大国际国内事件在经济、政治环境和机遇挑战方面对个人生活的影响，从而引导受教育者自然而然地对大事时事做出自己的思考和反应。这样一来，就能把思想政治教育的最终目标与受教育者个人的实时生活结合起来，使其在鲜活的现实中自我思考、自我教育、自我成长，从而实现教育的生活化。只有做到这一点，我们才能培养出真正德才兼备的人才。

三 有针对性且多元化的教育方法

前文介绍过的几种儒家思想政治教育方法看起来是与其他教育方式通用的或者重合的，但是在儒家那里还是有其明确的特点；另外，儒家还有很多它所特有的教育方法。中国几千年封建社会的历史发展表明，尽管儒家思想政治教育可能有这样那样的缺点，但它具有强大的韧性和生命力，而这很大程度上得益于其教育方法。关于儒家的教育方法，我们在第三章中已经有所论述，所以在这里只是略述其对当今思想政治教育的借鉴价值。

（一）正面灌输理论必不可少

如上文所说，儒家思想政治教育理论的一大特色就是重学，一方面是从自家心性出发，自修自悟；另一方面，也必然是在教育者的启发下学以成人。《论语》记载："宰予昼寝。子曰：'朽木不可雕也，粪土之墙不可圬也！于予与何诛？'子曰：'始吾于人也，听其言而信其行；今吾于人也，听其言而观其行，于予与改是。'"（《论语·公冶长》）据说，宰予颇善口才，言辞动听，并因此深得孔子喜爱，但却有懒惰的毛病。《论语》这一则记载，就是说有一天孔子讲学，宰予缺席，孔子令人寻找，却发现宰予在白天睡觉。孔子非常气愤，说他"朽木不可雕也，粪土之墙不可圬也"，也就是已经到了不可救药的地步。孔子大动肝火，是因为宰予懒惰放弃了闻道进而学以成人的机会。这则故事至少表明，即便在主张有教无类的孔子那里，教育也是带有强制性的。在后世例如汉代的儒家思想政治教育中，教育已经与"养士求贤"、求取功名联系起来，因此，其一定意义上的强制性和灌输性的重要性是不言而喻的。

思想政治教育理论与其他教育样式不同，它负担着教化和陶冶全民族成员思想和政治素养的重任。这决定了其教育内容必定涉及作为社会成员的个人与整个社会的关系问题，私人与公共领域的关系问题，个人对国家政策导向、纲领方针等的认可问题，等等。受教育者由于年龄、阅历、根器、天赋发展等方面的原因，一方面，不可避免地偏爱某些教育内容而排斥某些教育内容；另一方面，可能尚不足以理解关于整个社会的宏观政策并因而产生某些排斥情绪和心理。因此，在力求将思想政治教育理论生活化、情境化的同时，还必须坚持正面的灌输，以利于受教育者在今后的机缘中领悟某些一开始不易接受的内容。

（二）注重内省和启发诱导坚持发展

儒家思想政治教育的起点，即心性论和心性成长论，鲜明地主张教育的起点在于对自己心性的自觉和发展，这也是自先秦儒家以来就非常注重的内省方法。孔子说："见贤思齐焉，见不贤而内自省也。"（《论语·里仁》）这里所谓的"内自省"，即是说以看到所谓不贤之人的缺点，而向内反省自己是否有同样的缺点，有则改之。在这样的前提下，"内省不疚，夫何忧何惧?"（《论语·颜渊》）这就是说，在经过内省之后若无愧于心，那么言行就没有忧惧、理直气壮了。曾子说："吾日三省吾身：为人谋而不忠乎？与朋友交而不信乎？传不习乎?"（《论语·学而》）在这里，即是依照外在的生活情境作为助缘，来反省自己的行为习惯和行为模式，看它尚存哪些缺陷，以利于在以后的生活中改进。

思想政治教育目标的最终实现，还是依赖于它在何种意义上影响和规范了受教育者的行为模式。因此，不论如何，如果缺少了受教育者自觉的反省自身言行，并通过自身的努力予以改变这个环节，思想政治教育是无法达到其目标的。这样也就无从谈及人的发展。另外，儒家思想政治教育的理论体系以及众多儒者的教学实践启发我们，思想政治教育不能仅仅采取正面灌输的方法，更重要的是要根据某些情境性的机缘和受教育者本身的困惑，予以启发诱导，以使其迅速反省自身的行为模式与思想政治教育内容要求之间的差距，从而达到见善则迁的效果。因此，在日常的思想政治教育工作中，一方面要教导学生内省的方法，另一方面，也要利用各种外在机缘，启发诱导学生反省自身的言行习惯，以让思想政治教育理论的内容真正渗透到受教育者的言行中，从而发挥实实在在的作用。

（三）因材施教、学校民主逐渐实施

因材施教的方法的实质，在于正视受教育者接受能力、志趣、天赋等方面的个体差异，不搞一刀切、一风吹，不能以唯一的教育模板面对所有人。人的个体性差异是一个客观存在的事实，尤其是思想政治教育这种涉及整个国家社会发展政策方面内容的教育样式，一定要照顾到受教育个体的接受能力差异。对于那些已经具备了相应的理解能力、已经具备相应条件的受教育者，正常传授相应的教育内容，并施加生活化的

情境教育就足够了。但是对那些在某些方面尚未具备相应条件的受教育者，则应按照其实际的接受能力、知识储备量、思想政治倾向，进行针对性的引导教育，做好其当前的知识背景与教育内容和目标的衔接，从而形成一个平稳的过渡。

思想政治教育活动必须坚持一定程度的正面灌输的教育方式。但同时，正视受教育者的个体差异、重视受教育者的某些疑惑和合理诉求，采取合适的引导和教育措施，也是重要的方面。这种因材施教、学教民主的逐渐实施原则，是一种立足个体差异性从客观现实出发的重要教育原则，我们理应重视儒家思想政治教育理论在这方面的理论资源。

第七章

儒家思想政治教育理论的现代性转化

中华民族形成和发展过程中产生的各种思想文化，记载了中华民族在长期奋斗中开展的精神活动、进行的理性思维、创造的文化成果，反映了中华民族的精神追求，其中最核心的内容已经成为中华民族最基本的文化基因。这些最基本的文化基因，是中华民族和中国人民在修齐治平、尊时守位、知常达变、开物成务、建功立业过程中逐渐形成的有别于其他民族的独特标识。坚守中华文化立场，传承中华文化基因，我们才能在世界文化激荡中厚植根基、站稳脚跟。中华优秀传统文化是涵养社会主义核心价值观的重要源泉。中华文明绵延数千年，有其独特的价值体系。2014 年 5 月 4 日，习近平总书记在北京大学师生座谈会上的讲话中指出："我们生而为中国人，最根本的是我们有中国人的独特精神世界，有百姓日用而不觉的价值观。"① 中华优秀传统文化中的"天行健，君子以自强不息""天下兴亡，匹夫有责""己所不欲，勿施于人""老吾老以及人之老，幼吾幼以及人之幼"等思想理念、价值观念，无论过去还是现在，都有其鲜明的民族特色，都有其永不褪色的时代价值。今天我们培育和弘扬社会主义核心价值观，必须从中华优秀传统文化中汲取思想精华和道德精髓，传承中华优秀传统价值观，否则就不会有生命力和影响力。中华优秀传统文化是我们最深厚的文化软实力，是我国的独特优势。

---

① 习近平：《青年要自觉践行社会主义核心价值观》，人民日报 2014 年 5 月 5 日。

习近平总书记在主持十八届中央政治局第十三次集体学习时针对弘扬中华优秀传统文化就曾指出，“要处理好继承和创造性发展的关系，重点做好创造性转化和创新性发展”①，中华优秀传统文化是中华民族的根和魂，是中国特色社会主义植根的文化沃土。以习近平同志为核心的党中央高度重视中华优秀传统文化，不断推进中华优秀传统文化创造性转化、创新性发展，以新的时代内涵增强其生命力，使之成为治国理政的重要思想文化资源。比如，坚持以人民为中心，汲取了“民为邦本，本固邦宁”“以百姓心为心”的民本理念；全面深化改革，体现了“周虽旧邦，其命维新”“苟日新，日日新，又日新”的变革思想；人与自然和谐共生，秉承了“道法自然”“天地与我并生，而万物与我为一”的天人之道；推动构建人类命运共同体，吸收了“协和万邦”、天下一家的和合智慧；等等。习近平新时代中国特色社会主义思想，坚持把马克思主义基本原理同中国具体实际及中华优秀传统文化相结合，彰显了中国特色社会主义的深厚底蕴，实现了中华优秀传统文化的赓续传承与弘扬光大。这一思想，充盈着浓郁的中国味、深厚的中华情、浩然的民族魂，推动悠久的中华文明在新时代展现新貌、焕发青春。

“创造性转化和创新性发展”是指导儒家思想政治教育理论现代性转化的总的指导方针。中华优秀传统文化体现了中国人几千年来积累的知识智慧和理性思辨，蕴藏着解决当代人类面临的难题的重要启示。在新时代，只有用好中华优秀传统文化的宝贵资源，把跨越时空、超越国度、富有永恒魅力、具有当代价值的文化精神弘扬起来，才能不断提高国家文化软实力，推动社会主义文化强国建设。不忘本来才能开辟未来，善于继承才能更好创新。对绵延5000多年的中华文明，我们应该多一份尊重，多一份敬畏，多一份珍惜，多一份思考。继承和弘扬中华优秀传统文化，绝不能简单复古，也不能盲目排外，而是要本着科学的态度，坚持古为今用、洋为中用，辩证取舍、推陈出新，使之与现实文化相融相通。要做好创造性转化，按照时代特点和要求，对那些至今仍有借鉴价值的内涵和陈旧的表现形式加以改造，赋予其新的时代内涵和现代表达

① 习近平：《习近平谈治国理政》第一卷，外文出版社2014年版，第164页。

形式，激活其内在价值。①

儒家思想政治教育的致思取向、学问理路、教学方法、最终旨趣等方面的内容，我们已经在前文中予以梳理总结。但儒家思想毕竟是传统封建社会的产物，它只是呼应了当时时代的需求，因而不可避免地带有等级尊卑等传统社会的立场和观念上的糟粕。在改革开放已经如火如荼进行了几十年、人民的生活环境已经得到极大改善、社会状况已经翻天覆地变化的今天，要使儒家思想政治教育理论为我所用、为今所用，必须去粗取精、去伪存真，剔除其受到时代制约的某些不合理内容，完成"创造性转化和创新性发展"。为了实现这一根本遵循，首先我们要在总体上反思"创造性转化和创新性发展"的前提性问题。反思创造性转化、创新性发展的标准、原则目的等。在此基础上，我们还需要选择今天仍需要我们继承和发展的相应内容。此外，经过几十年艰苦卓绝的努力，我国教育界已经取得了适合当今时代和社会发展的新的研究范式，思想政治教育的内容、观念、方法、手段，以及体制等方面，都已经迅速获得更新。在这些新的方法观念的视野下审视儒家思想政治教育理论，将其合理正面的因素融入新的框架中，可以使儒家思想政治教育理论获得现代化的理解，从而创造出符合当今时代需求的新的思想政治教育理论形态。

第一节　儒家思想政治教育理论"两创"的前提性思考

一　几个前提性的观念

（一）开放的观念

儒家思想政治教育的内容要注入开放的观念。在现代化社会，思想政治教育肯定不能像传统儒家思想那样将教学的内容封闭在等级和特权的立场上，必须立足于当今社会的发展，在教育内容、手段等方面注入开放的观念。一方面，当今世界，国际形势波谲云诡，各个民族的世界定位和利益范围都处在不断的变化之中。思想政治教育的内容理应在考

① 习近平：《习近平新时代中国特色会主义思想学习问答》，学习出版社 2021 年版，第317—318 页。

察这些变化的基础上，稳中求变，做出相应的调整。因此，尤其是在思想政治教育领域，我们不能幻想能够创造出一成不变的封闭体系，而应在框架和具体内容上保持开放的格局，以迎接不断变化的国际国内形势的挑战。另一方面，教育资源的开放也是一个世界范围内的趋势。正如弗莱德·穆德所说，“2006 年，由休利特基金会资助的欧洲开放教育资源三大计划掀起了开放教育资源运动的新浪潮。互联网上免费提供专为自主学习设计的优质学习材料，而非大学教师的传统教学材料，体现了开放教育资源的额外附加值[①]”。面对教育教学内容和资源的不断更新，思想政治教育工作在坚持精选教育内容的同时，保持开放的观念和心态是当今社会发展的要求。

（二）发展的观念

高烈明总结了现代教育的主要特征：现代教育随着西方工业革命的兴起而产生，在其发展过程中，形成了它有别于农业社会传统工匠教育的两大特征：其一，注重人的全面发展，让受教育者学会适应现代社会发展多变的生存环境的多种基本知识和技能，让学生的个性得以解放，人格发育健全，有创新意识和创造能力，同时还有健康的竞争意识和合作能力。其二，注重全社会人员整体素质的普遍提高。受教育已经不是一部分人的特权，而是作为一名社会人的基本权利，人人享有机会平等的教育权。早在 1972 年，联合国教科文组织国际教育发展委员会的报告《学会生存——教育世界的今天和明天》已经表达出现代教育的精神，该报告指出：“教育已不再是某些杰出人才的特权或某一特定年龄的规定活动，教育正在日益向着包括整个社会和个人终身的方向发展”。“未来的教育必须成为一个协调的整体，在这个整体内，社会的一切部门都从结构上统一起来。这种教育将是普遍的和继续的。[②]”

传统儒家思想政治教育除了注重个人心性的发展和德性的完善而外，主要是考虑恢复某种先前社会的理想秩序。但与社会发展尤其是生产发展的需求相适应，当今的教育理念显然更强调人的多方面素质的全面发展。上文所引述的联合国教科文组织提倡的教育理念，出色地诠释了

① 弗莱德·穆德：《利用开放教育资源推进终身学习》，《开放教育研究》2007 年第 4 期。

② 高烈明：《儒家教育理念的现代价值探析》，《楚雄师范学院学报》2004 年第 4 期。

“发展”这个概念在教育中的应有意义。今天，教育不再致力于使人循规蹈矩地遵从和适应既有的等级社会的秩序，而压抑个性、人格和其他方面的发展。相反，教育开始尊重和重视人的个性和人格，重视人的多方面的兴趣和潜能，从而实现人的全面发展。人的自我实现的欲求、人的体能的发展，审美能力、创新能力的培育等，都是教育本身的应有之义。只有这样，才谈得上让学生的个性得以解放，人格发育健全。另外，当今生产力发展、团体协作的生产模式和人才观念的更新，也使人们更注重受教育者的创造能力、竞争意识和合作能力等。这些不仅仅是外部的社会因素强加给受教育者的压力，当代心理学的发现表明，这些都是人自我实现的需要。

因此，儒家思想政治教育要实现现代化，需要重视人的多方面潜能和自我实现的多种多样的可能方向，促进人的全面发展，而不是将生活的可能性都压缩在伦理道德的单一维度上。这样看来，现代意义上的发展观念的注入，肯定是儒家思想政治教育现代化进程中不可或缺的一个因素。

（三）创造性的观念

由于传统儒家思想政治教育理论产生于恢复周礼约束下的天下秩序的需要，因而自其产生起，偏重于构筑社会伦理秩序，引导人在以尊卑上下为原则组织起来的社会中找到自己的位置。这也是传统封建社会的必然产物。这些外部条件在现代化社会已不复存在，当今，不仅普通的科学教育需要培养创造性的观念，思想政治教育也不例外。培育受教育者的大局观、遵纪守法的意识等固然是思想政治教育的固有内容，然而，当今社会真正需要的是能够为社会作出贡献的栋梁之材。捕捉新的国际国内形势，对该形势的各方面因素进行符合实际情况的创造性排列组合和想象，不仅有助于锻炼学生的思维能力，而且是一个现代人必备的思想政治素养。为传统儒家思想政治教育理论注入创造性的观念，既是一项有挑战性的任务，又是一项一旦成功受用无穷的事业。

二　明晰儒家思想政治教育“两创”的背景和原则

（一）儒家思想政治教育理论的创造性转化、创新性发展要结合中华民族伟大复兴的时代背景，更要结合相关的研究成果

当下我们对中华文化复兴进行的相关研究始于20世纪与21世纪之

交，缘于中国经济达到 G2 及中国崛起、“中华民族复兴”“中国梦”等话题的升温。梳理已有研究，发现相关结果主要基于以下两个方面：一是，侧重民族立场和中国视角的“向回看”，强调深挖并总结中华文化的价值资源和思想资源。在这样的背景下，陈来把中华文明的核心价值概括为“责任先于自由、义务先于权利、群体高于个体、和谐高于冲突[①]”。姜义华概括总结了中华文明的三大根柢（百年来大一统国家的成功再造、家国共同体的传承与转型、以天下为己任的民族精神坚守与弘扬）与四大核心价值（民为邦本、本固邦宁的中华政治伦理；以义制利、以道制欲的中华经济伦理；中为大本、和为达道的中华社会伦理；德施普也、天下文明的中华天下伦理）[②]。二是，侧重从人类立场的世界视角的“全球看”，强调在世界视域定位中华文化复兴重建的责任担当。费孝通先生阐述了“中华民族多元一体格局”对于世界文化关系构成重要参考[③]，倡导在“文化自觉”“和而不同”的文化关系下，建构文化上的“各美其美，美人之美，美美与共，天下大同”全球文化新格局。赵汀阳则提出了一个在结构上和西方完全颠倒的“天下体系”概念[④]。盛洪提出了“天下主义”的主张[⑤]。这类观点在国内国际有广泛的学术影响。还有把文化复兴研究作为中华民族复兴大业中一个领域的观点。

（二）儒家思想政治教育创造性转化、创新性发展的几个原则

首先，儒家思想政治教育的创造性转化、创新性发展要有利于在理论内容上进一步丰富、发展和完善中华优秀传统文化的内涵，也有利于改变和批判那种把中华优秀传统文化的继承和发展简单化、抽象化、复古化的态度倾向。为此我们要自觉地把儒家的传统文化、马克思主义文化以及党在革命时期的革命文化、当代中国特色社会主义文化视为既一脉相承又与时俱进的文化体系，把后者视作是在不同历史时期对前者的继承和发展。其次，儒家思想政治教育的创造性转化、创新性发展要遵循我们在思想史层面上把马克思主义中国化的进程纳入中华文化的内在

① 陈来：《现代儒家哲学研究》，北京大学出版社 2018 年版。

② 姜义华：《中华文明的径脉》，商务印书馆 2019 年版。

③ 费孝通：《中华民族多元一体格局》，中央民族大学出版社 1999 年版。

④ 赵汀阳：《天下体系》，中国人民大学出版社 2011 年版。

⑤ 盛洪：《民族主义到天下主义》，《战略与管理》，1996 年第 1 期，第 14—19 页。

生成逻辑，这有利于我们基于历史唯物主义深入理解和阐发“四个自信”以及“文化自信”的必然逻辑。把文化自信置于中华传统文化、中国共产党创建的红色革命文化、社会主义建设文化之间的历史传承关系和创新发展机制的语境中去探讨。再次，儒家思想政治教育的创造性转化、创新性发展要有利于加强国家的意识形态安全，加强身份认同和民族凝聚力，促进中华民族伟大复兴的实现，也有利于世界文化生态的多元性生成，有力地批判西方中心主义及其背后的文化霸权主义。文化自信的一个重要源头来自中华五千年的文明，儒家思想政治教育的创造性转化、创新性发展要重视阐发中华文化的民族特性，培育民族特性基础上的中华文化主体性意识，在中西文化比较和辩驳中寻求和凝练中华文化的人类性层面的贡献。最后，儒家思想政治教育的创造性转化、创新性发展有利于消除理解和定位中华文化的分歧，也有利于引导和规范自媒体时代的理论宣传工作。为此我们要系统而深入地分析概括中华文化复兴的前提性概念，自觉创造有利于理解现实、引导现实的新表述和新表达。

三　在文化自信的语境中实现“两创”

儒家思想政治教育的创造性转换和创造性发展在文化自信的大语境下才能实现。文化自信成为继道路自信、理论自信和制度自信之后，中国特色社会主义的“第四个自信”。文化自信是实现“两创”的一个前提性的问题，为此，我们需要澄清一些与文化自信相关的问题。

（一）文化自信是最基础性的自信

在建党95周年庆祝大会的重要讲话中，习近平指出“文化自信，是更基础、更广泛、更深厚的自信”①。习近平总书记指出，“文明特别是思想文化是一个国家、一个民族的灵魂。无论哪一个国家、哪一个民族，如果不珍惜自己的思想文化，丢掉了思想文化这个灵魂，这个国家、这个民族是立不起来的”。因为中华优秀传统文化，“可以为治国理政提供有益启示，也可以为道德建设提供有益启发”，“我国今天的国家治理体系，是在我国历史传承、文化传统、经济社会发展的基础上长期发展、

① 习近平：《文化自信——习近平提出的时代课题》，新华网，2016年8月5日08：18：56，http：//www. xinhuanet. com/politics/2016－08/05/c_ 1119330939. htm。

渐进改进、内生性演化的结果”。“只有坚持从历史走向未来，从延续民族文化血脉中开拓前进，我们才能做好今天的事业”，“没有文明的继承和发展，没有文化的弘扬和繁荣，就没有中国梦的实现”①。

（二）明晰文化自信的概念和内涵

习近平所提出的这个“文化”不是静态的认识对象、不是现成的蓝本，而是中华传统文化、马克思主义文化以及党在革命时期的革命文化、当代中国特色社会主义文化之间既一脉相承又与时俱进、有机融合的动态的文化体系。她是一个生命性概念，其生成和发展不仅需要我们正确地把握其内在的生命逻辑，也内在地要求我们知行合一的实践活动。为了理解其内在的生成机制，首先，要把握传统文化与马克思主义的内在统一性。传统文化中心系天下、为国为民的担当，天下大同的社会理想是中国共产党人和先进知识分子接受和理解马克思主义的理论前提和情感前提，更是马克思主义中国化得以可能的奥秘。其次，要理解马克思主义对传统文化的创造性转化。传统文化的历史局限性决定了必须由更加符合时代要求和世界历史要求的马克思主义为指导，加以取舍并实现创造性转化，如毛泽东的《实践论》《矛盾论》就为我们提供了成功的范例。再次，要深入探讨传统文化在建构当代中国特色社会主义文化中的必要性和现实性。传统文化作为中华文明的内在灵魂，是决定中国特色社会主义文化民族特色的关键，也是使我们能够保持自身文化生命力的关键。最后，要理解和界定清楚“自信”的内涵，文化自信不仅是一个理论层面上进行认识和阐释的问题，更是一项长期的艰巨的构建能够范导现实、引领未来的文化价值体系的事业。

（三）阐释清楚习近平关于文化自信重要论述的世界意义和人类性价值

这是理解为什么习近平强调文化自信的民族文明基底而不是认同西方所谓“历史终结论”，进而认同并复制西方普世价值的关键。为此，首先，要深入考察西方思想史，根据马克思主义唯物史观，洞察和把握西方文化的盛衰逻辑，揭示资本扩张的恶的无限逻辑决定了西方中心主义

① 习近平：《文化自信——习近平提出的时代课题》，新华网2016年8月5日08：18：56，http：//www. xinhuanet. com/politics/2016 -08/05/c_ 1119330939. htm。

背后的霸权主义。其次，揭示资本扩张逻辑带来的不可遏制的生产—消费恶性循环不但是西方文明衰败的原因，而且任其发展会使人类陷于自我毁灭的不归路。再次，基于中西哲学文化比较，凸显中华传统文化内在的和平主义和天人合一的终极价值对于西方文化中资本主义基底的对治作用。另外，基于中西政治文化比较，凸显传统文化中“己所不欲，勿施于人”的邦交和处事规则对治西方中心主义和霸权主义的积极意义。最后，引入多元基础主义的哲学观，基于文化多元主义我们尊重世界文化生态的多样性，阐释选择中华文化复兴的必要性和必然性，正是基于多元基础主义的理解才使得中华文化能够坚持自己的民族特性和马克思主义属性，从而使其不同于西方的所谓普世文化，进而保持人类文化的多样性，具有人类性的价值和世界历史性的意义。

（四）把握现实，分析习近平关于文化自信重要论述面临的困难和契机，这是进行文化宣传的前提和准备

首先，我们要正视文化自信所面临的困难。如物质主义对文化精神的挑战，功利主义生存哲学的盛行；文化分化的加剧；文化不自觉、文化不自信、文化不够强；等等。并且分析在自媒体时代，文化宣传的利弊因素，规范和范导建立良好的网络环境，重视网络环境下意识形态安全建设和意识形态教育问题。在此基础上，依托教育体系、社会（网络）监督体系、法律体系建立有利于宣传和发扬优秀传统文化的实体性机制，以及能够抑制乃至消解消极文化、糟粕文化甚至外来入侵文化的实体性机制。其次，寻求当下“文化自信”的现实生长点，这是文化自信的现实基础。这就需要我们寻找当下还活着的文化传统。“礼失求诸野”，依托社会学，寻求民俗、节日以及百姓日常生活中的传统元素，在此基础上，反思当下什么样的文化属性、价值旨趣造就了传统中国人的形象。并且，我们还要深入探究中华传统文化、马克思主义先进文化、党的革命文化和社会主义建设文化对现代中国人心理思维方式的综合影响以及综合作用的机制。这需要我们基于社会学、人类学以及心理学勾勒其中的发生机制和作用机制，除此之外，还要发现世界文化中的中国元素。中国的传统文化一度广泛而深刻地影响了世界。在今天向世界宣传中华文化，要基于已然隐含于其他国家民族文化中的中国元素。以此为契机，引发在今天纵深且广泛的认同。

四　与马克思主义的关系问题

实现儒家思想政治教育的“两创”，一个更为重要的前提性问题是厘清中华优秀传统文化与马克思主义之间的关系问题。关于这一问题，学界已经有很多相关的研究和观点。比如较为典型的方克立的“‘马魂、中体、西用’是习近平文化思想的宗纲”。他认为习近平总书记在对待中国传统文化问题上，既不是保守主义的尊崇儒派，也不是激进主义的反孔批儒派，而是“马魂、中体、西用”有机统一的马克思主义综合创新派。① 逄锦聚先生在谈及中国特色社会主义政治经济学的时候，认为中华民族几千年的优秀传统文化是“根”，而以马克思主义为指导是“魂”。② 还有把中华优秀传统文化和马克思主义作为双“祖宗”，这样的观点也具有一定的代表性。

应该说，学者们的理解一定意义上给出了对于中华优秀传统文化与马克思主义关系问题的理解。事实上，习近平总书记在党的十八大以来，在继承和弘扬中华优秀传统文化问题上除了我们众所周知的“创造性转换和创新性发展”之外，还有“两有”“两相”方针加上前面的“两创”是三个方针。所谓“两有”方针，就是对传统文化要“有鉴别的加以对待，有扬弃的予以继承”，“两相”方针，就是“要使中华民族最基本的文化基因与当代文化相适应、与现代社会相协调”。三个方针为我们提供了根本遵循，也为我们在今天思考儒家的思想政治教育与马克思主义的融合问题提供了根本遵循。

这里需要指出的是，马克思主义一直是一个不断发展不断完善的思想体系。根据马克思主义发展史来看这是一个再明显不过的事实，我们必须避免那种教条式的对马克思主义的理解。因此一个更为重要的事实就是我们今天说的马克思主义是中国化的马克思主义，这也是当今最富有生命力的真正的马克思主义。事实上，马克思主义自从传入中国的那一天开始，就与中国具体的革命实践以及后来的改革实践紧密地结合在

① 方克立：《“马魂、中体、西用”是习近平文化思想的宗纲》，《思想理论教育导刊》2015 年第 5 期。

② 逄锦聚：《把握“根”与“魂”开拓新境界》，《中国社会科学》2016 年第 11 期。

了一起，焕发着勃勃生机的马克思主义实际上就是中国化了的马克思主义。更进一步，马克思主义之所以能够与中国的革命和改革实践相结合，一个更为深层的底层逻辑就是以儒家思想为主体的中国传统文化不仅有与马克思主义结合的逻辑可能，而且已然是一个历史事实。而我们所反思的实际是，我们今天怎样进一步用发展了的马克思主义来推动中华优秀传统文化的创造性转化和创新性发展。往更深远的层面上说，中华民族实现伟大复兴需要我们自己的哲学理论，这样一种哲学理论是在会通中西马的思想传统的基础上所实现的能够范导人类命运共同体更好地发展的理论。这样一种理论一定是有着博大精深的中华民族文化特色的理论。我们必须清楚地意识到，中华民族的文化精神是我们的底色，是最为深层次的文化基因。在 2013 年 8 月 19 日的讲话中，习近平指出，“讲清楚中华优秀传统文化是中华民族的突出优势，是我们最深厚的文化软实力”，“讲清楚中国特色社会主义植根于中华文化沃土、反映中国人民意愿、适应中国和时代发展进步要求，有着深厚历史渊源和广泛现实基础。”① 在意识形态建设的高度，我们知道这其实是一项极端重要的工作，当然，这也是在马克思主义指导下的题中之义。事关我们党的前途命运，事关我们国家的长治久安，也事关我们民族的凝聚力和向心力。

马克思主义能够与中华优秀传统文化相融合有两个重要的原因。一是，马克思主义本身就是在借鉴和吸取人类一切文明成果当然也包括中华文明基础上形成的不断发展和完善的思想。这也是马克思主义能够指导中华优秀传统文化实现创造性转化和创新性发展的根本所在。二是，中华优秀传统文化自身就是种能够包罗万象的和合文明，她可以在历史长河中不断完善和发展自身。虽然在近代我们备受欺辱，但是我们的道统并未断裂，尤其经历了马克思主义指导下的革命和建设实践之后，中华优秀传统文化所焕发的生命力更为壮大。

马克思主义与儒家思想政治教育的这种相互促进又相互影响的关系，决定了我们必须深层地体会和发掘它们各自的思想实质和内涵。只要我们中华民族一代接一代地追求美好崇高境界，我们的民族就充满希望。按照这样的理路去理解我们的传统文化，那么我们的传统文化在今天也

① 习近平：《习近平谈治国理政》第一卷，外文出版社 2014 年版，第 155—156 页。

需要得到实质性继承。这种实质的继承，就像习近平总书记说的，我们要一代接一代地去追求美好的、崇高的道德境界，从而使我们的民族永远充满希望。在这个意义上，这需要一些实质的继承。按照上文现代文明对传统文化冲击的看法，现在我们中国要创造中华民族新的文化，其中可能有一项最重要的任务，这就是要把我们对美好、崇高道德境界的追求和对普遍性、客观性的法律的敬畏和忠诚结合起来。

第二节　方法、手段实施的创新问题

按照我国思想政治教育的现状来看，实际上方法和手段上的转变，要比内容上的更新迅速得多、明显得多。这一方面得益于当今科学技术突飞猛进的发展，另一方面也是由于思想政治教育的内容相对而言稳定性较强，它的转变是渐进式的。积极利用现代化的教育方法和手段完成儒家思想政治教育的“两创”问题，其必要性是不言而喻的。尤其是在“互联网＋”时代，如果不能及时地掌握和占有这一阵地和相应的技术，整合相应的资源和内容，那么我们在新时代的思想政治教育工作就将会是失败的。

一　重视互联网和新技术的运用

党的十八大以来，习近平总书记针对互联网的问题，尤其是基于网络强国战略发表了一系列重要讲话。这些讲话精神一方面为我们推进网络强国建设提供了重要的根本的遵循。同时，也为我们今天实现中国儒家思想政治教育的现代性转化即创造性转化和创新性发展提供了方法和手段层面的根本遵循和重要启示。

“当今世界，科技进步日新月异，互联网、云计算、大数据等现代信息技术深刻改变着人类的思维、生产、生活、学习方式，深刻展示了世界发展的前景。”2015 年 5 月 22 日，习近平主席在致国际教育信息化大会的贺信中，深刻指出互联网是改变世界的力量。2015 年 12 月 16 日，习近平主席在第二届世界互联网大会开幕式上发表重要讲话，指出：“纵观世界文明史，人类先后经历了农业革命、工业革命、信息革命。每一次产业技术革命，都给人类生产生活带来巨大而深刻的影响。现在，以互联网为代表的信息技术日新月异，引领了社会生产新变革，创造了人类生活新空间，拓展了国家治理新领域，极大提高了人类认识世界、改造世界的能力。”① 一定意义上，互联网的发明和诞生是20世纪最伟大的发明之一，极大地改变了我们的思维、生产、生活、学习等方方面面。互联网是20世纪最伟大的发明之一，给人们的生产生活带来巨大变化，对很多领域的创新发展起到很强带动作用，为意识形态教育带来了新的契机，也带来了前所未有的挑战。我们要用好互联网带来的重大机遇。

“坚持正确舆论导向，高度重视传播手段建设和创新，提高新闻舆论传播力、引导力、影响力、公信力。加强互联网内容建设，建立网络综合治理体系，营造清朗的网络空间。落实意识形态工作责任制，加强阵地建设和管理，注意区分政治原则问题、思想认识问题、学术观点问题，旗帜鲜明反对和抵制各种错误观点。”② 这是指导我们思考儒家思想政治教育“两创”问题的一个重要遵循。创新和创造必须注意区分政治原则和思想认识，不能盲目。既要有创新意识又要有底线思维，既要自信开放，又要警惕各种错误的观点，尤其是那些被所谓“普世价值”包装的错误观点。

在当今的信息化社会，教育技术手段的现代化，总避免不了与教育信息化一起谈。张新明、李国祥等认为：“教育信息化是社会信息化的一个重要组成部分，是指现代信息技术（IT）在教育领域的应用、教育信息资源的开发和高效利用，以及在教育领域实现信息社会所特有的重要组织和管理方式的系列过程。”“与教育信息化密切相关的是教育手段现代化，它是指技术变化过程，主要包括教学中技术发展、设备引入、手段更新的过程。教育手段现代化的主体就是信息技术（IT）在教育领域的发展，其中也包括其他技术、手段——例如，机械技术、光学技术、工程技术——在教学中的发展应用。”③ 20世纪90年代以来，随着计算机技术和通信技术在众多领域的运用，教育技术手段的运用也发生了革命

---

① 习近平：《在第二届世界互联网大会开幕式上讲话（全文）》，新华网，2015年12月16日，http://www.xinhuanet.com/politics/2015－12/16c－1117481089.html。

② 习近平：《习近平谈治国理政》第三卷，外文出版社2020年版，第42页。

③ 张新明、李国祥：《教育信息化和教育手段现代化国际综述》，《比较教育研究》2000年第3期。

性的变化。之前单纯依赖教师宣讲的传统教学模式，也因为多媒体技术的运用而发生了相应的变化。“多媒体技术集图、文、声、像于一身，实现了传播的一体化，开拓了主观对客观世界学习和认知的新兴方式。”①

“多媒体教学设计，能将一些十分抽象的知识运用电脑多媒体音像技术，为学生提供大量的感性材料，使学生的听觉、视觉、触觉都参与感知活动，最大限度地调动学生的感官，使学生始终处在一个愉悦的学习环境中，进而变得思维活跃、视野开阔、兴趣浓厚，突出教学重点，达到了化难为易的目的。”② 随着多媒体技术的运用，能够实现情境的跨时空转移，例如儒家思想政治教育教学中的道德两难选择问题，如孟子所说嫂溺叔可援之以手，或经常引起争论的“亲亲相隐”问题，就可以通过选取适当的录像进行课堂播放，使受教育者获得身临其境的感受，从而做出自己的思考。另外，要特别重视网络教学资源，如超星学术视频等教学网站，都提供了优秀高等院校教师讲授儒家思想政治教育的录像视频，可以为受教育者提供更多的学习选择。

传统儒家思想政治教育的教学方式，无论是私学的随生活情境而点拨，还是公学的讲解传统经典，都受制于教学手段的单一，而不利于受教育者广泛地理解各种道理，尤其是无法通过当下并不在场的情境鲜活地理解各种道理。儒家思想政治教育要实现现代化的转变，方法和手段尤其是传播的现代化转变是不可或缺的因素。其最大的效用可能在于，互联网以及各种多媒体教学等手段的应用，可以通过跨时空情境移植，扩大儒家情境化、生活化教育的适用范围和覆盖面，从而使其更大限度地发挥陶冶和教化作用。

二 重视讲好中国故事，重视国际传播

习近平总书记在党的十九大报告中指出，“推进国际传播能力建设，讲好中国故事，展现真实、立体、全面的中国，提高国家文化软实力”③。

---

① 张新明、李国祥：《教育信息化和教育手段现代化国际综述》，《比较教育研究》2000年第3期。

② 席培华、施晓筛：《浅论现代化教育手段与现代教育的关系》，《教书育人》2007年第15期。

③ 习近平：《习近平谈治国理政》第三卷，外文出版社2020年版，第33页。

传播力决定着一个国家的影响力。我国发展成就那么大、发展势头那么好，在世界上做了那么多好事，这是我们做好国际舆论引导工作的最大本钱。我们现在有底气，也迫切需要加强国际传播能力建设。要进一步优化战略布局，集中优势资源，着力打造具有较强国际影响力的外宣旗舰媒体。近年来，中国国际电视台启用 CGTN 融媒中心，推动各频道进入国外主流运营商平台，就是提升国际传播力的有力尝试。要重视公共外交，用好高端智库交流渠道，引导外界以客观、历史、多维的眼光观察多彩的中国。要提高对外文化交流水平，完善人文交流机制，创新人文交流方式，用好多种文化形式，综合运用大众传播、群体传播、人际传播等多种方式展示中华文化魅力。讲好中国故事，要加强话语权建设。话语权决定一个国家在国际上的主动权。国际话语权是国家文化软实力的重要组成部分。尽管我们在提高国际话语权方面取得了重要进展，但客观上讲，国际舆论格局依然是西强我弱。我们在国际上有理说不清的一个重要原因，是我们的对外传播话语体系没有完全建立起来。对国际话语权的掌握和运用，我们总的来说是生手，在很多场合还是人云亦云，甚至存在舍己芸人现象。2019 年 1 月 25 日，中共中央政治局在人民日报社就全媒体时代和媒体融合发展举行第十二次集体学习。习近平总书记强调："必须增强底气、鼓起士气，坚持不懈讲好中国故事，形成同我国综合国力相适应的国际话语权。"① 话语的背后是思想、是"道"，要把"道"贯通于讲故事之中，通过引人入胜的方式启人入"道"，通过循循善诱的方式让人悟"道"。要加强对外话语体系建构，用中国理论阐释中国实践，用中国实践升华中国理论，更加鲜明地展现中国思想，更加响亮地阐明中国主张，增强对外话语的创造力、感召力、公信力。

宣介优秀传统文化，把优秀传统文化的精神标识提炼出来、展示出来，把优秀传统文化中具有当代价值、世界意义的文化精髓提炼出来、展示出来；传播优秀当代文化，着力推动反映当代中国发展进步的价值理念、文艺精品、文化成果走向海外。围绕我国和世界发展面临的重大问题，着力提出能够体现中国立场、中国智慧、中国价值的理念、主张、方案，使其成为世界表达中国故事的源头、读懂中国的标识。我们不仅

---

① 习近平：《习近平谈治国理政》第三卷，外文出版社 2020 年版，第 320 页。

要让世界知道“舌尖上的中国”，还要让世界知道“学术中的中国”“理论中的中国”“哲学社会科学中的中国”，让世界知道“发展中的中国”“开放中的中国”“为人类文明作贡献的中国”。讲好中国故事，要创新方式方法。讲故事就是讲事实、讲形象、讲情感、讲道理，讲事实才能说服人，讲形象才能打动人，讲情感才能感染人，讲道理才能影响人。要讲求情理交融，把“陈情”和“说理”结合起来，让中国声音赢得国际社会理解和认同。坚持以我为主，主动发声，精心设置议题，组织各种精彩、精练的故事载体，把中国道路、中国理论、中国制度、中国精神、中国力量寓于其中，让中国故事成为国际舆论关注的话题。注重中外融通，把握国外不同受众的习惯和特点，把我们想讲的和国外受众想听的结合起来，把“自己讲”和“别人讲”结合起来，使故事更多为国际社会和海外受众所认同。

三 体制、机制的现代化革新

从思想政治教育的教学实践来看，教学的内容、方法、手段等要达到目标明确、风格稳定的效果，最有力的保障还是来自体制和机制方面。体制和机制是对思想政治教育的内容设置、旨趣追求、教学方法采用等的全局性设计和规划。思想政治教育体制和机制的制定，来自于对当今国际国内形势的总体捕捉和考量，对当今思想政治教育目标的深刻思辨，对当今青年心理倾向和心理特征的总体洞察和把握。因此，在当今思想政治教育体制和机制的视野内来审视儒家思想政治教育，实现其体制、机制的现代化更新，在儒家思想政治教育的现代性转化中可能具有最为重要的意义。因为这是关涉儒家思想政治教育现代化的精神取向和稳定运行的最重大问题。

（一）形成中国特色的思想政治教育队伍、教育方法和方式

通过体制、机制强化现代化更新，完成儒家思想政治教育的现代性转化，必须形成中国特色的思想政治教育队伍、教育方法和方式。我们之所以做出这样的论断，是基于张澍军教授对思想政治教育时代水平的理解。张先生指出：“思想政治教育是人们之间思想政治道德等精神元素交互传导过程，本质上是社会、国家或某种社会集团通过教育实施者、各类各种传媒介体以及人文和自然环境等，教育、引导受教育者提升思

想政治道德水准惠及人的精神世界健康发展的实践活动。”①

在此基础上，张澍军先生详细分析了思想政治教育的新内涵：“思想政治教育的普遍性内涵，是指教育源发者有意识地通过教育实施者并运用包括文字、语言、声音、形象、环境等传媒介体影响教育受益者的精神传导运动，是人的思想政治道德素养形成、发展、走向完善的助力，是惠及人的精神世界健康、进步、和谐、愉悦的实践活动；思想政治教育的特殊性内涵，是指进入文明时代以来，思想政治教育基本被纳入阶级关系运行的轨道，成为一定国家或期望并可能掌握国家政权一定社会集团主流（主导）思想文化或意识形态，特别是核心价值观念以及人生观、世界观的基本载体和实现形式之一，实质是一定社会、国家、阶级或社会集团自觉以一定的思想政治观点、道德规范、法制观念特别是核心价值观念，将所属成员有组织、有计划地培养和教化成为适应其需要的守护者和接班人。”②

按照这里的分析框架，尤其是在我国人民民主专政的政治制度下，思想政治教育负有为中国特色社会主义事业培养守护者和接班人的使命。中国特色社会主义的思想政治观点、道德规范和法制观念，理所当然地成为思想政治教育的重要内容。教育的施行者作为思想政治教育理论内容的教授者，必须对我国的社会主义现代化事业有高度的认同感、过硬的自身素质和知识储备。因此，形成过硬的中国特色的思想政治教育队伍、采取适合其教育内容的教育方法和方式，是当今思想政治教育事业必须考虑的因素。有了这种自觉意识，儒家思想政治教育必定可以在新时期找到自身新的生发点。

（二）学校思想政治教育向多样化方向发展

改革开放以来，我国经历了深刻的社会变迁。在社会主义市场经济条件下，经济、社会和文化的多样化发展造成了人们的生活状况、生活方式、思想观念的多样化，这是不争的事实。尤其是当今信息技术的发展造成了所谓的知识爆炸，人们接受各种信息、思想、观念的渠道急剧增多，人们自身的信仰、政治观念等，都在不知不觉中被各种无形的信

---

① 张澍军：《论思想政治教育的历史定位与运行特征》，《教育研究》2015 年第 4 期。

② 张澍军：《论思想政治教育的历史定位与运行特征》，《教育研究》2015 年第 4 期。

息所塑造和改变，从而有了多元的样态。

上述现实状况使中国特色社会主义条件下的思想政治教育事业面临窘境。面对这种困境，按照学者的总结，大概有两种意见："一种认为思想政治教育在复杂多变、价值多元取向的开放环境条件下难有作为，因此对思想道德方面的问题采取姑息迁就的方式，从而使思想政治教育成为一种应付的工具……另一种倾向是忽视现代社会多样、多变、多重客观条件的影响，只讲抽象理论原则和理想状况，回避现实，甚至用大道理掩盖存在的现实问题。"① 实际上，两种意见各有所偏。一方面，我们不能因为当今生活方式和价值取向的多元化就失去了思想政治教育的中国特色社会主义指向；另一方面，我们又不能忽视多样的现实状况，应该实现思想政治教育的多样化和多层次化。在人们各种各样的思想倾向中，大多数其实并不与社会主义现代化的核心价值取向相违背，因而可以鼓励保留，并在思想政治教育过程中辨析清楚它们与后者的关系。这样一来，思想政治教育实际上采取的是社会主义核心价值观主导下的多样化和多层次化的形态。

在历史上，儒家思想政治教育思想经过长期的发展，历经多个代表人物的锤炼，形成了丰富的体系化内容。在不同时代、不同的代表人物那里，儒家思想政治教育学说有不同的侧重点、不同的关注内容乃至不同的理论形态。但总体而言，儒家学说偏重于封建统治阶级的立场没有变化，其内容也是集中于维护和恢复封建社会的统治秩序。因此，历代儒家学说都遵循从自身修养出发逐步扩展到家庭、国家、天下等伦理单位的秩序，其向度总体而言是单一的。在今天，西方国家敌对势力的有意识渗透和所谓的文化战，往往隐藏在新闻、娱乐媒介之中，潜移默化地改变我们的思想倾向和文化认同感。在这样的状况下，儒家学说作为我们本有的心理结构中的元素、作为重新恢复我们民族自我文化认同的重要中介，理应在当今多样化的思想政治理论形态中找到自己的位置，并发挥重要作用。

总而言之，在坚持我国社会主义核心价值导向观的前提下，积极开

---

① 于林平：《论思想政治教育主导性与多样性的统一》，《思想政治教育研究》2009 年第 1 期。

发多样化的思想政治教育理论形态，有利于改进和完善我国思想政治教育的理论生态，丰富受教育者的文化心灵。在这种主导性和多样性统一的理论生态中，为儒家思想政治教育理论找到它应有的定位，不仅有利于其本身实现自己的现代化转变，而且有利于我们在今天的教育教学实践中真正吸收儒家思想的养料。

（三）不断提高学术研究水平和深度

思想政治教育是一项严肃的事业，其理论内容、理论指向、教学手段和方法，都必须经过认真的学术研究和探讨，才有可能被教学实践所采取和使用。正如前文所分析，高校思想政治教育承担着为我国社会主义现代化建设事业培育守护者和接班人的历史使命，如果我们的思想政治教育在理论指向和学术理路上有偏差，那么任何具体的培养目标、教学方法和手段的采用，都会失去意义。因此，我们必须正确地认识到，思想政治教育理论的学术研究和教学实践，不是对立的关系，而必定是相互促进的统一关系。

总体上看，思想政治教育最终采用的理论体系在逻辑上是融贯的和系统的，但学术研究对该内容的探讨则可能有不同的进路和观点，因而是多样的和有争论的。然而，正是学术研究中多种观点和进路的相互碰撞和辩驳，才能锤炼出真正符合时代需要、真正具有逻辑说服力和现实适用性的思想政治教育理论。学术研究对思想政治教育事业的重要作用由此可见一斑。如果回到儒家思想政治教育理论，那么我们可以发现，儒家思想的进步，无不是在融入了切身生命体验的真诚研究中完成的。在历代儒家的经典中，不仅有孟子和告子之辩，性善论和性恶论的冲突，朱子和陆九渊鹅湖之会上的彼此辩驳，而且一个思想家本身思想的成熟也无不经过其呕心沥血的求索，就像夫子自道的自“有志于学”到“从心所欲不逾矩”那样。像《论语》《孟子》《朱子语类》《传习录》这些经典著作，不仅仅是历代大儒教育学生的言行记录，而且是他们倾尽心力进行学术研究的详细记载。

进行思想政治教育不仅是思想政治理论课教师的责任，而且也是所有哲学社会科学工作者的责任。在社会现实状况发生剧烈变化的今天，儒家思想政治教育的现代化进程有赖于众多学者对儒家思想本身的学术理路、思想旨趣的深入梳理和研究，也有赖于学者对当今时代脉搏的灵敏嗅觉和精准把握。只有将两者结合起来，使它们产生某些“化学反应”，才有可能创造出符合今天时代需要的儒家思想政治教育理论新形态。哲学社会科学工作者在学理上对思想政治教育理论的理论内容、旨趣等做出精深的研究，实际上也就真正参与到了思想政治教育事业中来。明白这一点，对推动儒家思想政治教育理论的现代化进程这一特殊事业尤其重要。

结　语

儒家思想政治教育理论在几千年的封建社会中发挥了重要作用，深刻地影响和塑造了中国人的文化心理和文化品格。从历史上发挥的作用来看，儒家思想政治教育理论至少为中华民族注入了进取的开拓精神、道德的践行理念和责任的担当意识；它所设想的安伦尽分、天下大同的社会理想，也成为我国几千年封建社会的乌托邦。儒家思想政治教育理论受制于其立论视角和立场、产生的社会条件等多方面的因素，在历史上也产生了种种消极的后果。但这并不妨碍我们在新的时代条件下认真研究其理论展开进路和体系，并作出符合当今时代要求的内容和形态更新，以使其为今所用。

儒家思想政治教育是儒家思想的重要组成部分，是儒家思想中所涉及的政治、道德、教育等内容的综合，为儒家思想传播起到了重要的支撑作用。如果没有儒家思想政治教育理论，儒家思想体系既不完整，也无法真正在现实实践层面上起到重要作用；当然，如果只有儒家思想政治教育理论而没有儒家思想的其他层面，儒家学说也会失去其思想上的多面性和独特魅力，不可能流传得那么久，影响得那么深远。因此，二者相辅相成，共同构成一个儒家思想体系这样一个整体。站在儒家思想体系整体的高度上审视儒家的思想政治教育理论，不仅有利于厘清其各个部分之间一以贯之的主线，而且可以从儒家最根本的人性关怀出发来理解其思想政治教育理论的丰富内涵，不致有所偏失。这对我们挖掘儒家思想政治教育理论中的宝贵资源、探求其现代化转向来说尤为重要。

对儒家思想政治教育理论进行研究有其迫切的现实需要。随着全球化趋势的深化以及我国经济、政治、社会和文化的迅速发展，国内的教育环境发生了深刻的变化。就形式说，当今思想政治教育的概念框架主要参照了近代西方自然科学的范式，但经验心理学的样本统计模式并不完全适合发现和描述人心的能动性。毋庸讳言，今天的思想政治教育理论由于缺乏对人的能动性的概念层次上的恰切描述，导致从人的能动性到思想政治教育最终目标之间的衔接上，缺失理论和实践层次上的连贯和一贯性，从而一定程度上导致其实现上的困难。这些逻辑和实践环节上的贯通，需要概念层次上的重新发现和组合。与今天的思想政治教育理论相比，儒家思想政治教育反而在充分调动受教育者的能动性方面有其优长。

结合儒家心性观对人的理解，做出教育通用术语和概念的创新和变革，是我们当前面临的迫切任务。只有重新界定了人的能动性，思想政治教育才有了施力的标的，才能避免做无用功。对于人的能动性的发现，实际上是每个个体对自己心性进行切身体验并予以理论总结的结果，在这个意义上，借鉴儒家思想由个人心性到各个层次的伦理单位的逐渐扩展，正是对症下药的举措。正因为如此，儒家心性观等学说才有着重要的借鉴意义和价值。

就内容来说，当今的思想政治教育中我们的传统文化的内容则非常薄弱，这一定程度上造成了当今社会心理的无根感，人们因而更容易无批判和辨别地接受各种所谓的新锐思潮，从而造成人们思想状况的混乱。另外，西方敌对势力有意识的渗透和所谓文化战，往往隐藏在新闻、娱乐媒介之中，潜移默化地改变我们的思想倾向和文化认同感，在这样的状况下，儒家作为仍然存在于我们心理结构中的元素、作为重新恢复我们民族自我文化认同的重要中介，理应在当今多样化的思想政治理论形态中找到自己的位置。

儒家思想政治教育理论作为一种心性论和心性成长论，将思想政治教育目标的实现看作个体心性的自我发明、自我实现，并必然地和合逻辑地把这种实现范围扩张到家、国、天下等伦理单位中。在这个理论体系中，前阶段为后阶段的基础，它是一个层层递进、理论上能够渐次实现的设想，从而它的整个理论体系是一贯的和具有操作性的。从思路上说，儒家从个体能动性的体验和发现出发，逐步扩展，一直到思想政治教育最终目标的思想进路，是值得今天思想政治教育事业借鉴的优秀框架。另外，儒家的心性论本身并不局限于其维护封建社会秩序的外壳，随着时代的发展，它可以获得不同内容的发展和规定，这也是完成儒家思想政治教育现代性转化的理论基础。

儒家思想政治教育理论的核心价值取向、丰富内容、合理内核对今天的思想政治教育有着重要的理论借鉴价值；其生活化和情境化教育和多样化的教育方法，也是我们在思想政治教育实践中可以不断挖掘的宝藏。在今天思想政治教育的视野内，在其内容与观念、方法与手段、体制与机制等方面注入现代化的理念，从而完成儒家思想政治教育理论的现代化转型，达到古为今用的目的，是我们对待优秀传统思想资源的正确做法。

随着市场经济的兴盛和全球化进程的不断深化，传统儒家思想政治教育理论赖以生存的现实土壤，即传统社会的家庭伦理，正在被逐步削弱。但就今天中华民族的心理来说，家庭作为一个伦理单位，依然发挥着重要作用，这是中国乃至东亚文化圈不同于西方文化的显著标志。市场经济发展和全球化进程与家庭伦理的冲突、融合和由此而引发的中国人心理层次上的激变，将是儒家思想或者说思想政治教育理论获得新的时代形态的重要基础和契机。作为事实上一直生活在儒家思想政治教育潜在影响中的中国人，我们理应对这种思想本身作出严肃和同情的考察，发掘它独特的思想魅力和依然有生命力的要素，去粗取精、去伪存真，让其思想精华继续活在我们今天的思想、生活和现实的思想政治教育活动中。只有这样，我们才能在当今时代形势下，获取儒家思想政治教育的新形态，在世界范围内的思想争鸣中发出自己独特的声音。

参考文献

专著类

《马克思恩格斯文集》第1—10卷，人民出版社2009年版。

《马克思恩格斯选集》第1—4卷，人民出版社2012年版。

《列宁选集》第2卷，人民教育出版社1995年版。

《毛泽东论教育革命》，人民出版社1967年版。

《毛泽东选集》第3卷，人民出版社1991年版。

习近平：《之江新语》，浙江人民出版社2013年版。

习近平：《干在实处走在前列：推进浙江新发展的思考与实践》，中共中央党校出版社2013年版。

《习近平谈治国理政》第1卷，外文出版社2014年版。

习近平：《摆脱贫困》，福建人民出版社2014年版。

习近平：《知之深爱之切》，河北出版传媒集团、河北人民出版社2015年版。

《习近平谈治国理政》第2卷，外文出版社2017年版。

习近平：《习近平关于青少年和共青团工作论述摘编》，中央文献出版社2017年版。

《习近平谈治国理政》第3卷，外文出版社2020年版。

北京大学哲学系中国哲学教研室：《中国哲学史》，北京大学出版社2003年版。

编写组：《深入学习习近平同志中国梦重要论述》，人民出版社2013年版。

蔡仁厚:《孔子的生命境界——儒学的反思与开展》,吉林出版集团 2010 年版。
陈秉公:《思想政治教育学原理》,辽宁人民出版社 2001 年版。
陈立思:《当代世界的思想政治教育》,中国人民大学出版社 1999 年版。
陈青之:《中国教育史》,东方出版社 2008 年版。
丁原明:《简明中国政治思想史》,山东大学出版社 1990 年版。
E. H. 卡尔:《历史是什么?》,陈恒译,商务印书馆 2007 年版。
方克立:《现代新儒学与中国现代化》,长春出版社 2008 年版。
费正清:《费正清中国史》,张沛等译,吉林出版集团有限责任公司 2015 年版。
冯友兰:《新原道——中国哲学之精神》,生活·读书·新知三联书店 2007 年版。
冯友兰:《中国哲学简史》,北京大学出版社 1996 年版。
傅永聚、任怀国:《儒家政治理论及其现代价值》,中华书局 2011 年版。
傅兆君主编:《东南大学韩国学论集(第 1 辑)》,东南大学出版社 1998 年版。
何信全:《儒学与现代民主》,中国社会科学出版社 2001 年版。
胡海波等:《哲学导论》,吉林文史出版社 2005 年版。
胡适:《中国哲学史大纲》,东方出版社 1996 年版。
黄钊等:《中国道德文化》,湖北人民出版社 2000 年版。
孔宪峰:《思想政治教育视野下儒家"和"文化研究》,中国书籍出版社 2013 年版。
雷声等:《新中国思想理论教育史》,高等教育出版社 2005 年版。
李合亮:《思想政治教育探本》,人民出版社 2007 年版。
李辽宁:《当代中国思想政治教育意识形态功能研究》,武汉大学出版社 2006 年版。
李明辉:《儒家视野下的政治思想》,北京大学出版社 2005 年版。
李维武:《徐复观》,云南教育出版社 2008 年版。
李泽厚:《中国古代思想史论》,天津社会科学院出版社 2003 年版。
林安梧:《儒学革命:从"新儒学"到"后新儒学"》,商务印书馆 2011 年版。

林丙义：《中国通史（上册）》，高等教育出版社 1996 年版。
林存光：《儒家式政治文明及其现代转向》，中国政法大学出版社 2006 年版。
刘成纪、杨云香：《中原文化与中华民族》，河南人民出版社 2012 年版。
刘德厚：《广义政治论》，武汉大学出版社 2004 年版。
刘放桐：《新编现代西方哲学》，人民出版社 2000 年版。
刘述先：《中国哲学与现代化》，台湾：台湾时报文化出版社 1980 年版。
刘蔚华、赵宗正：《中国儒家学术思想史》，山东教育出版社 1996 年版。
刘泽华：《中国政治思想史研究》，湖北教育出版社 2006 年版。
柳海民：《现代教育原理》，人民教育出版社 2006 年版。
楼宇烈：《中国的品格》，南海出版公司 2009 年版。
鲁洁等：《德育新论》，江苏教育出版社 1997 年版。
吕思勉：《中国政治思想史》，中华书局 2012 年版。
马克斯·韦伯：《儒教与道教》，富强译，安徽人民出版社 2012 年版。
牟宗三：《政道与治道》，台湾：聊经出版事业股份有限公司 2003 年版。
邱伟光：《思想政治教育史》，陕西师范大学出版社 1988 年版。
人民日报评论部：《习近平用典》，人民日报出版社 2015 年版。
人民日报社理论部：《深入领会习近平总书记重要讲话精神（上、下册）》，人民出版社 2014 年版。
萨孟武：《中国政治思想史》，东方出版社 2008 年版。
邵汉明等：《大众儒学》，人民出版社 2014 年版。
邵汉明等：《儒家哲学智慧》，吉林人民出版社 2005 年版。
邵汉明：《中国文化精神》，商务印书馆 2000 年版。
施密特等：《美国政府与政治》，梅然译，北京大学出版社 2005 年版。
石书臣：《现代思想政治教育主导性研究》，学林出版社 2004 年版。
孙正聿：《哲学通论》，辽宁人民出版社 1998 年版。
万光侠等：《思想政治教育的人学基础》，人民出版社 2006 年版。
王敏：《思想政治教育接受论》，湖北人民出版社 2002 年版。
王新婷：《中国传统文化概论》，中国农业大学出版社 2011 年版。
吴乃恭：《儒家思想研究》，东北师范大学出版社 1988 年版。
武东升等：《中国古代思想政治教育史》，南开大学出版社 2013 年版。

熊十力:《新唯识论》,中华书局 1985 年版。
徐复观:《学术与政治之间》,九州出版社 2004 年版。
徐复观:《中国人性论史》,华东师范大学出版社 2005 年版。
徐远和:《儒家思想与东亚社会发展模式》,广西人民出版社 2002 年版。
徐远和:《儒学与东方文化》,人民出版社 1994 年版。
许凌云、许强:《中国儒学通论》,广东教育出版社 2002 年版。
许启贤:《中国共产党思想政治教育史》,中国人民大学出版社 1999 年版。
阎韬:《孔子与儒家》,山东教育出版社 1991 年版。
杨幼炯、萧公权:《中国政治思想史》,上海书店 1989 年版。
余英时:《中国思想传统的现代诠释》,江苏人民出版社 1998 年版。
郁建兴等:《政治学导论》,浙江大学出版社 2003 年版。
袁银传:《中外大学思想道德教育比较研究》,中国社会科学出版社 2005 年版。
曾国祥:《大众儒学语录》,中国人民大学出版社 2014 年版。
张岱年:《中国文化概论》,北京师范大学出版社 2004 年版。
张岱年:《中国哲学大纲》,中国社会科学出版社 1982 年版。
张君劢:《新儒家思想史》,中国人民大学出版社 2006 年版。
张澍军:《德育哲学引论》,中国社会科学出版社 2008 年版。
张澍军:《马克思主义研究论稿》,吉林人民出版社 2004 年版。
张澍军:《马克思主义哲学若干重大问题讲解》,高等教育出版社 2006 年版。
张澍军:《思想政治教育理论前沿论略》,人民出版社 2015 年版。
张彦:《思想政治教育主体性研究》,广东人民出版社 2007 年版。
张耀灿等:《思想政治教育学前沿》,人民出版社 2006 年版。
张耀灿等:《现代思想政治教育学科论》,湖北人民出版社 2003 年版。
张耀灿等:《现代思想政治教育学》,人民出版社 2001 年版。
赵吉惠等:《中国儒学史》,中州古籍出版社 1991 年版。
赵康太、李英华:《中国传统思想政治教育理论史》,华中师范大学出版社 2006 年版。
赵康太:《世界马克思主义理论教育比较研究》,中央编译出版社 2006

年版。
中共中央文献研究室:《习近平关于青少年和共青团工作论述摘编》，中央文献出版社 2017 年版。
中共中央文献研究室:《习近平关于实现中华民族伟大复兴的中国梦论述摘编》，中央文献出版社 2013 年版。
中共中央宣传部:《习近平总书记系列重要讲话读本》，学习出版社、人民出版社 2016 年版。
《中国共产党第十九次全国代表大会文件汇编》，人民出版社 2017 年版。
钟泰:《中国哲学史（一）》，辽宁教育出版社 1998 年版。
周桂钿:《中国儒学讲稿》，中华书局 2008 年版。
周中之、石书臣:《现代思想政治教育理论与实践探微》，人民出版社 2009 年版。
朱日耀:《中国政治思想史》，高等教育出版社 1992 年版。
朱熹:《四书集注》，凤凰出版社 2005 年版。
庄福龄:《简明马克思主义史》，人民出版社 1999 年版。

论文类

安乐哲:《儒学与世界文化秩序变革》，《人民日报》2014 年 11 月 7 日。
蔡德贵:《儒学在港澳台和海外的新际遇》，《学术界》2005 年第 5 期。
蔡振丰:《台湾新儒学与自由主义——以台湾认同论述为主的讨论》，《华东师范大学学报》2010 年第 6 期。
曹效生:《不忘本来才能开辟未来——学习习近平总书记关于弘扬中华优秀传统文化论述》，《求是》2014 年第 10 期。
陈付庆:《荀子的思想政治教育理论探究》，《群文天地》2012 年第 15 期。
陈红娟:《思想政治教育对儒家德育思想的借鉴》，《思想政治教育研究》2007 年第 1 期。
陈来:《论儒家教育思想的基本理念》，《北京大学学报》（哲学社会科学版）2005 年第 9 期。
陈立旭:《习近平系列重要讲话的理论特征》，《广东社会科学》2015 年第 1 期。

陈敏、鲁力：《论儒家文化的思想政治教育价值》，《理论学刊》2015年第1期。

陈万柏：《论思想政治教育载体的内涵和特征》，《江汉论坛》2003年第7期。

成中英、赵长江：《儒家和谐论的六个层次》，《河北学刊》2006年第6期。

戴锐：《中国“和”文化传统的善恶之辩与转型之途》，《学术交流》2010年第4期。

董根洪：《论习近平的传统文化观》，《思想政治工作研究》2014年第9期。

杜维明：《面对全球化的儒家人文主义》，《国际儒学研究》2004年第1期。

杜维明：《文化多元、文化间对话与和谐：一种儒家视角》，《中外法学》2010年第3期。

方朝晖：《现代儒学的困境与出路》，《天津社会科学》2009年第5期。

弗莱德·穆德：《利用开放教育资源推进终身学习》，《开放教育研究》2007年第4期。

傅琳凯、王立仁：《论孟子的理想人格理论》，《东北师范大学学报》2010年第5期。

高烈明：《儒家教育理念的现代价值探析》，《楚雄师范学院学报》2004年第4期。

谷生然：《儒学人文精神及其对科学发展的影响》，《学术论坛》2010年第11期。

郭建宁：《马克思主义与儒学》，《中国教育报》2010年6月30日。

郭齐勇：《儒学与马克思主义中国化及中国现代化》，《马克思主义与现实》2009年第6期。

郭曰铎：《传承与升华：中华优秀传统文化和社会主义核心价值观的有机融合——学习习近平总书记关于中华传统文化与社会主义核心价值观的重要论述》，《青岛科技大学学报》2014年第4期。

韩庆祥：《全面深化改革的新思想——新一届中央领导集体理论创新的聚焦点》，《中共杭州市委党校学报》2014年第2期。

韩庆祥：《习近平治国理政的重要思想和方法论》，《中国特色社会主义研究》2014 年第 6 期。

韩庆祥：《中国特色社会主义的独特优势———坚定道路自信、理论自信、制度自信》，《中国社会科学》2013 年第 1 期。

郝虹：《汉末魏晋时期儒家政治思想的发展》，《孔子研究》2006 年第 2 期。

何宇红：《儒家文化与大学生思想政治教育》，《黑龙江高教研究》2009 年第 10 期。

黄俊杰：《“儒家民主政治”如何可能？——从当代新儒家出发思考》，《开放时代》2012 年第 9 期。

江沈红：《孔子思想政治教育内涵初探》，《理论月刊》2012 年第 12 期。

靳志强：《论习近平党建思想的科学体系、特征和意义》，《福建省社会主义学院学报》2014 年第 4 期。

李存山：《反思儒家文化的“常道”》，《孔子研究》2011 年第 2 期。

李东俊：《儒学教育的根本精神》，《学术界》2006 年第 1 期。

李红、耿亚军：《继承儒家和谐思想，构建高校思想政治教育新局面》，《中南民族大学学报》2005 年第 6 期。

李嘉美：《论当代大学生核心价值取向重构》，《理论界》2008 年第 1 期。

李维武：《从孔夫子到孙中山：我们应当如何继承》，《马克思主义与现实》2009 年第 6 期。

李宗桂：《国学与中华民族精神家园》，《中山大学学报》2009 年第 3 期。

林毓生：《新儒学何往》，《财经》2014 年第 30 期。

刘军宁：《儒家的困境：孔子思想中的自由与专制》，《东方早报》2010 年 4 月 18 日。

刘清平：《美德还是腐败?》，《哲学研究》2002 年第 2 期。

刘清平：《儒家血亲等级观念初探》，《江苏行政学院学报》2013 年第 1 期。

刘书艳：《杜维明：我不是新儒家代表》，《中华工商时报》2014 年 12 月 5 日。

马忠：《习近平关于社会主义核心价值观的重要论述研究》，《兰州文理学院学报》（社会科学版）2015 年第 1 期。

蒙培元:《略谈儒家的正义观》,《孔子研究》2011 年第 1 期。

钱穆:《中国文化对人类未来可有的贡献》,《中国文化》1991 年第 1 期。

卿文光:《从中国人的称谓看儒教精神的缺陷及其社会历史后果》,《同济大学学报》2009 年第 4 期。

邱玥:《孔祥慧·儒道德育思想对当前思想政治教育的启示》,《人民论坛》2012 年第 14 期。

邵龙宝:《在中西文化传统比较中诠释儒学的实质与核心价值》,《道德与文明》2010 年第 2 期。

宋洪兵:《从忧患意识到批判意识——先秦儒家政治思想的历史进路》,《政治学研究》2013 年第 1 期。

宋开之、葛宽余:《论儒家民主思想的缺失》,《南京理工大学学报》2011 年第 2 期。

孙利天:《朴素地追问我们自己的问题和希望》,《吉林大学社会科学学报》2005 年第 3 期。

孙利天:《生命领会和精神自觉》,《社会科学战线》2008 年第 1 期。

汤一介:《儒学与"和谐社会"建设》,《中国社会科学》2010 年第 6 期。

唐国军:《董仲舒与儒家思想政治教育理论的实践化》,《广西社会科学》2008 年第 3 期。

唐国军:《继承与创新:儒家思想政治教育理论的基础》,《广西社会科学》2008 年第 2 期。

唐国军:《"君子"与修身:儒家思想政治教育主体论》,《广西社会科学》2007 年第 12 期。

唐国军:《"亲民"与教化:儒家思想政治教育的客体论》,《广西社会科学》2008 年第 1 期。

唐国军:《"修身"与"教化":儒家思想政治教育体系论》,《广西社会科学》2007 年第 11 期。

唐珊石:《儒家诚信观与我国当代大学生诚信教育》,《辽宁行政学院学报》2011 年第 5 期。

陶文昭:《习近平总书记系列重要讲话的几点学习体会》,《思想理论教育导刊》2014 年第 4 期。

田虹、姜国峰:《孟子思想政治教育理论探析》,《沈阳工程学院学报》

2014 年第 2 期。
王丹:《论儒家文化对现代思想政治教育的价值》,《内蒙古师范大学学报》2014 年第 6 期。
王杰:《习近平传统文化观三个重要方面》,《人民论坛》2014 年第 24 期。
王武子:《张君劢与〈新儒家思想史〉》,《光明日》2009 年 5 月 18 日。
王雅、刘东升:《从社会分层视角解析君子喻于义,小人喻于利》,《人文杂志》2012 年第 6 期。
王曰美:《近 30 年儒家政治思想研究》,《广西社会科学》2004 年第 6 期。
吴传毅:《习近平治国理政的基本框架与核心思想》,《求索》2014 年第 9 期。
吴传毅:《习近平法治思想的基本构架》,《中共福建省委党校学报》2014 年第 8 期。
席培华、施晓筛:《浅论现代化教育手段与现代教育的关系》,《教书育人》2007 年第 15 期。
徐克谦:《“中庸”新探》,《学术月刊》1984 年第 10 期。
许耀桐:《习近平的国家治理现代化思想论析》,《上海行政学院学报》2014 年第 4 期。
叶自成:《“原点”之思:历史、典籍中的执政思想源泉——传统文化精华与习近平治国理念》,《学术前沿》2014 年第 1 期。
于林平:《论思想政治教育主导性与多样性的统一》,《思想政治教育研究》2009 年第 1 期。
俞可平:《传统民本思想与西方民主思想有着本质区别》,《北京日报》2006 年 8 月 7 日。
郧在廷:《简论孔子的思想政治教育理论》,《北京印刷学院学报》2011 年第 10 期。
张澍军等:《世界观教育基本矛盾论析》,《教育研究》2006 年第 1 期。
张澍军:《简论思想政治教育的深层价值》,《思想教育研究》2010 年第 7 期。
张澍军:《略论思想政治教育的深层价值》,《思想政治教育研究》2010

年第 7 期。

张澍军:《论思想政治教育的历史定位与运行特征》,《教育研究》2015 年第 4 期。

张澍军:《试论思想政治教育学科前沿的若干重大问题》,《马克思主义研究》2011 年第 1 期。

张新明、李国祥:《教育信息化和教育手段现代化国际综述》,《比较教育研究》2000 年第 3 期。

张允熠:《马克思主义与儒学异同论》,《思想理论教育导刊》2010 年第 4 期。

赵东海、梁伟:《中国传统文化精髓述略》,《内蒙古大学学报》(哲学社会科学版)2011 年第 1 期。

周溯源:《儒家德治思想缺陷解读》,《人民论坛》2005 年第 10 期。

祖嘉合:《儒家道德教育方法对现代道德教育的启示》,《学校党建与思想教育》2005 年第 12 期。

外文类

Anthony Cohen, *The Symbolic Construction of Community*, Rout-ledge, 1992.

John King Fairbank. *The United States and China*, Cambridge: Harvard University Press, 1980.

JohnBeek. *MoralitynadCitizenshipinEducation*, Cassel, 1987.

Richard Pratte. *The Civic Imperative*, New York: Teachers College Press, 1988.

Torsten Husen, T*he International Encyclopedia of Education: Research and Studies*, Vol. 7. London, 1985.

Thomas Lickona, *Education for Character: How Our School Can Teach Respect and* Responsibility, New York, Bantam Books, 1991.

Wayne J. Urban, Jennings L. Wagoner, Ir. , *American Education A History*, The McGraw-Hill Companies, Inc, 1996.

其他类

习近平:习近平在参观《复兴之路》展览时的讲话,人民日报,2012 年 11 月 30 日。

习近平：习近平在中央党校建校80周年庆祝大会暨2013年春季学期开学典礼上的讲话，人民日报，2013年3月3日。

习近平：习近平在第十二届全国人民代表大会第一次会议上的讲话，人民日报，2013年3月18日。

习近平：促进共同发展共创美好未来——在墨西哥参议院的演讲，人民日报，2013年6月7日。

习近平：胸怀大局把握大势着眼大事，努力把宣传思想工作做得更好，人民日报，2013年8月21日。

习近平：深入开展学习宣传道德模范活动为实现中国梦凝聚有力道德支撑，人民日报，2013年9月27。

习近平：认真贯彻党的十八届三中全会精神，汇聚起全面深化改革的强大正能量，人民日报，2013年11月29日。

习近平：习近平在省部级主要领导干部学习贯彻十八届三中全会精神全面深化改革专题研讨班开班式上的讲话，人民日报，2014年2月18日。

习近平：把培养和弘扬社会主义核心价值作为凝魂聚气强基固本的基础工程，人民日报，2014年2月26日。

习近平：习近平在联合国教科文组织总部的演讲，人民日报，2014-03-28.

习近平：习近平在布鲁日欧洲学院的演讲，人民日报，2014-04-02.

习近平：青年要自觉践行社会主义核心价值观——在北京大学师生座谈会上的讲话，人民日报，2014-05-05.

习近平：习近平在河南考察时强调：深化改革发挥优势创新思路统筹兼顾确保经济持续健康发展社会和谐稳定，人民日报，2014年5月11日。

习近平：习近平在中国国际友好大会暨中国人民对外友协成立60周年纪念活动上的讲话，人民日报，2014年5月16日。

陈奎德：《失踪的“宪法之父”——张君劢》，http：//www.aisixiang.com/data/43758.html.

杜维明：《儒家思想不等同“爱国主义”》，http：//phtv.ifeng.com/program/sjdjt/detail_2011_08/01/8088614_2.shtml.

李光耀：《东西方文化与现代化》，《新加坡联合早报》2004 年 4 月 22 日。

刘周：《全世界都来践行大众儒学，促进和谐社会和谐世界建设（倡议书）》，http：//blog. sina. com. cn/s/blog_ 4d8f263101000d4e. html.

邵汉明：《儒学的未来》，《光明日报》2010 年 11 月 16 日。

王开石：《真正儒者张君劢》，http：//www. 21ccom. net/articles/history/xiandai/20141129116822. html.

薛晓萍：先秦儒家道德价值思想及其现代启示研究，河北师范大学博士学位论文，2010 年。

余英时：《反智论与中国政治传统——论儒、道、法三家政治思想的分野与汇流》，http：//www. aisixiang. com/data/75255. html.

张澍军：《思想政治教育理论学科建设基础性问题的初步思考》，http：//blog. sina. com. cn/s/blog_ 4291618401011gs6. html.

赵秋丽等：发掘中华民族最深厚的文化软实力——学习习近平总书记在山东考察时关于弘扬中华优秀传统文化重要讲话，光明日报，2014 年1 月4 日。

后　记

十年的师大学习，七年的博士就读，最让人难以忘记的除了求学之路的艰辛和成长之外，就是学友们的鼓励与帮助和老师们的指导与鞭策。在博士学业即将结束之际，借此机会，表达我最诚挚的谢意。

非常感谢东北师范大学马克思主义学部给我提供的学习机会。从硕士到博士期间感受着从“尊重的教育”到“创造的教育”办学内涵的延伸与发展，自己在学识和品格方面都得到提升。近距离接触师大学术大师，感受他们对科学的严肃认真，体验着师大年轻的学术精英们治学严谨和刻苦努力，这一笔笔宝贵的财富对我终身受用；还有那些朴实、亲切、耐心细致的教辅管理人员，他们的和蔼可亲让我对师大有一种天然的亲切感，有一种家的感觉。

我最要感谢的是我的导师张澍军教授。在硕士、博士学习期间，我得到了张老师的悉心指导，不管是开题报告的起草还是论文的写作，老师都倾注了大量的时间，从文献选读、论文选题、框架结构到核心概念、章节安排、行文标题和标点符号，老师都耐心细致地帮我把关，结识恩师的十多年间，自己不仅仅在学术方面有所提高进步，更大的提高是思维的拓展、品德的提升和意义的把握。

同时，我还要感谢在研究生学习阶段传授我知识、开阔我思维的各位任课老师：郭凤志老师、王立仁老师、王平老师、赵野田老师、张艳红老师……是你们的无私奉献帮助我在研究生阶段不断地学习与进步；也感谢开题和答辩委员会的各位专家们，正是您们在百忙之中给予我的批评和指导，使我的论文更加丰富完整，并督促我日后不断进步。

另外，还要衷心感谢各位同学，尤其要感谢我的同门师兄弟姐妹：祖国华、刘万民、竭长光、柳丽敏、龙丽达、邓黎、于泉蛟……因为有你们的一路鼓励、帮助和陪伴，研究生的生活才变得更加美好。

最后要感谢我的家人对我默默的支持和鼓励。花甲之年的父母为了解决我的后顾之忧，放弃了悠闲的晚年生活来到陌生的城市帮我带孩子；妻子在忙碌的工作之余还要替我照顾家庭……正是你们的支持，才使我顺利完成学业。感谢你们在我求学路上的支持和关怀，你们的鼓励是我不断前行的强大动力！